一束藁

北齐二十八年

路卫兵 著

中国大百科全书出版社

图书在版编目（CIP）数据

一束藁：北齐二十八年 / 路卫兵著. —北京：中国大百科全书出版社，2022.6

ISBN 978-7-5202-1127-7

Ⅰ. ①一… Ⅱ. ①路… Ⅲ. ①中国历史—北齐—通俗读物 Ⅳ. ①K239.249

中国版本图书馆CIP数据核字（2022）第081160号

出 版 人　刘祚臣
策　　划　陈　光
责任编辑　陈　光
责任印制　邹景峰
封面设计　今亮後聲 HOPESOUND 2580590616@qq.com · 赵晓冉
版式设计　博越创想
出版发行　中国大百科全书出版社
地　　址　北京阜成门北大街 17 号
邮　　编　100037
网　　址　http://www.ecph.com.cn
印　　刷　北京汇瑞嘉合文化发展有限公司
开　　本　710 毫米 ×1000 毫米　1/16
字　　数　294 千字
印　　张　26.25
版　　次　2022 年 7 月第 1 版
印　　次　2022 年 7 月第 1 次印刷
定　　价　78.00 元

本书如有印装质量问题，请与出版社联系调换　电话：010-88390677

目录

历史的情绪

（再版序）

一

这本书初版名为《疯狂的北齐》，2014 年由太白文艺出版社出版。写的是南北朝时期的北齐帝国，从 550 年高氏肇建，到 577 年为北周所灭，共计 28 年的历史。

北齐是一个特殊的存在。中国历史上，游牧民族入主中原，进而被中原同化的例子数见不鲜，北齐则正相反，属于逆向的民族同化——作为一个汉人建立的政权，在民族认同上却高度鲜卑化。这是一个非常特殊、非常有意思的现象，也引起了我的好奇心。

北齐的皇位传承相对单一，实际上只延续了两代。前半段的十五六年，基本是在高洋兄弟之间流转的，他试图传给第二代的计划未能如愿。后半段则是高纬一人独舞，北齐将亡时，他曾退为太上皇帝，让位给年仅八岁的太子高恒，但也只苟延残喘了二十几天，算不得数。

二

北齐存世时间不长，所以各种矛盾集中迸发，冲突反而更加激烈。28年感同身受，仿佛一个人从毕业到退休，孤悬于世的最好时光，期间充满了希望、力量和各种可能性，也充斥着冲突、压抑和自我迷失。

我一直觉得，历史是有情绪的。写作中，也试图寻找属于北齐的独有情绪，扑面而来的往往是恐惧、疯狂以及曼妙舞乐掩盖下的孤独、焦躁，处处充溢着无力感和不确定性。在各种谎言、慌乱和荒唐中，弥漫着末世将近的气息。

这让我想起了加西亚·马尔克斯的《百年孤独》，北齐帝国也像布恩迪亚家族的马孔多一样，充满了不可思议的魔幻色彩。写作中，也不乏对马尔克斯的拙劣模仿，试图通过时空跳跃、情绪捕捉以及不断闪回的方式来强化效果，以突出人物、事件的某种关联性、连续性。

三

我想呈现的是一段鲜活、生动的历史，既不是学术著作，也不是虚构文学。至于文中的情境设定、人物心理以及矛盾冲突，自认是基于逻辑的理解和想象。历史折叠了时间和空间，它既是一种发生，也是一种发现，发生有它独特的魅力，却不能完全取代发现之美。这是历史的哲学，也是历史的归宿。

此次修订包括调整结构、订正错漏、删繁就简，补充了一些新的章节和段落，累计增加约8万字，占到全篇的三分之一。修订断断续续，耗时约10个月，比初版的写作时间还长，然而终因水平有限，错漏难免，还望读者不吝赐教。

本书取材主要依据《北齐书》《北史》和《资治通鉴》，文中不再一一注明。

路卫兵

2022 年 2 月 22 日

（壬寅年正月二十二）

一束藁，两头然。河边羖羉飞上天。

——《古诗源·北齐诗·杂歌谣辞》

李穆叔言齐氏二十八年，今果然矣！

——《北齐书·高孝珩列传》

序曲：金瓯破后各西东

北魏永熙三年（534）七月二十八，一个不寒而栗的清晨，一脸疲倦的皇帝元修离开洛阳，仓皇奔赴长安。武卫将军独孤信匹马单枪不离左右，沙门惠臻肩背玉玺、手提千牛刀紧随其后。一路随行的还有堂妹平原公主元明月、堂哥南阳王元宝炬以及昨晚没有逃走的王室宗亲、中低层官僚和几千骑兵护卫。事关生死，众人一路快马加鞭，保持着高度警惕。

对于后世来说，元修此行踏上了历史的节点，给存世 149 年的北魏王朝（386—534）画了一个清晰的句号。

北魏的历史存在感并不强，许多时候，它都像一个来历不明的乱入者，给人突兀、疏离的感知反馈。事实上，这是一个承前启后、激情澎湃的重要王朝，是结束了十六国乱世、开创北朝的枢纽，也是多种文化交融的母胎，在某种程度上，它还孕育了隋唐。本书的主角北齐也源出于此，因而有必要做个背景交代。

从 3 世纪初到 6 世纪末，在大一统的秦汉、隋唐之间，夹杂着一段近四百年的乱世，史称"魏晋南北朝"，北魏便处于这个历史区间——不过它的名字并没有直接显现，"魏晋南北朝"的"魏"指的是三国的"曹魏"，北魏以低调、漫不经心的姿态，蕴藏在"南北朝"的"北"里面，而这个"北"又包含五个成员，这也是它存在感低的一个原因。

这段历史纷纭杂沓，按字面的时间顺序，大致可分为魏、晋、南北朝三个阶段。先是天下三分魏蜀吴，进入以"魏"为代表的三国时期。而后三家归晋，司马氏经历短暂统一便又金瓯破碎，东晋偏安江南，北方则陷入长达136年的十六国纷争，五个少数民族——匈奴、鲜卑、羯、氐、羌——捉对厮杀、竞相逐鹿。最后北魏扫六合而定中原，完成了北方统一，与取代东晋的刘宋隔淮对峙，拉开了南北朝大幕。作为北朝之始，北魏又衍生出东魏、西魏、北齐、北周四国。

与之前一揽子的十六国不同，北魏虽是鲜卑拓跋氏建立的少数民族国家，却和南朝一样有着高度的民族认同，不仅被中原汉人奉为正朔，还创下了西域五十余国朝贡的盛况。留下的石窟艺术和魏碑书法更是整个中华民族的瑰宝，至今为人津津乐道。

和历史上所有王朝一样，北魏的辉煌属于前半段。属于睥睨天下、横扫北国的道武帝拓跋珪，属于挥鞭南下、饮马长江的太武帝拓跋焘。当然也属于中期之后锐意改革、立志成为中华皇帝的孝文帝拓跋宏，那也是北魏的高光时刻——从这个时候起，拓跋氏改为元姓。此后的北魏盛极而衰，直至六镇之乱敲响丧钟。

六镇是北魏前期在都城平城（今山西省大同市）以北设立的沃野、怀朔、武川、抚冥、柔玄、怀荒六个军镇，主要任务是防御北敌柔然。其构成主要是鲜卑族，也包括一些鲜卑化的匈奴、高车、敕勒、丁零等少数民族和汉人豪族，他们固守着鲜卑的语言、习俗及价值观，享有军功时代的贵族身份，在国家转向时无法回旋，不可避免地走向对立。在北魏灭亡前的最后十年，他们登上舞台，并改写了历史。

首先发难的是沃野镇，匈奴人破六韩拔陵聚众杀镇将，点燃了边镇之火——此时距离孝文帝改革的标志性事件迁都洛阳，已经过去了三十年。战火蔓延六镇并直抵关陇，高平镇（治所在今宁夏回族自治区固原市）敕勒族酋长胡琛自称高平王，举起反魏大旗——其追随者匈奴人万俟丑奴后来自称天子，建国号大赵。

破六韩拔陵最后被北魏骠骑大将军、广阳王元渊联合宿敌柔然打败，二十万俘虏被迁往瀛、冀、定三州就食（大致范围在今河北省中南部），结果又逢水旱灾害。六镇降兵在杜洛周（本姓吐斤、高车族）、鲜于修礼（丁零族）的率领下再次集结，经过火拼、兼并，最后统一到葛荣（本姓贺葛，鲜卑族）麾下。

此时北魏宫廷也开始自残，孝明帝元诩与掌控实权的母后（灵太后）相争，密诏契胡族首领尔朱荣进京勤王，反被后党鸩杀。尔朱荣以匡扶之名攻陷洛阳，发动"河阴之变"（因事发地在洛阳郊外的河阴——也就是黄河南岸而得名），将灵太后、三岁新帝元钊及公卿百官二千余人屠戮殆尽，又立长乐王元子攸为帝，攫取了北魏大权。之后尔朱荣打败葛荣，接收了六镇之兵。

乱世枭雄迭代，从来不缺王者。元子攸不甘做傀儡，设计伏杀了尔朱荣，自己也惨遭对手绞杀。尔朱集团又先后拥立长广王元晔、广陵王元恭为帝，虽依旧掌控朝廷，却发生了内部分裂。在军事重新洗牌中，六镇势力再次冲顶，两支新的力量——高欢和宇文泰——逆势兴起。

高欢是鲜卑化的汉人，出身怀朔，祖籍渤海郡蓨县（今河北省景县），六镇起兵时先跟杜洛周后随葛荣，再后来投靠了尔朱荣。尔朱荣死后，他召集六镇旧部另起炉灶，拥立渤海太守元朗为帝。打败尔朱集团后，高欢废黜元恭、逼退元朗，又立了平阳王元修为帝——史称孝武帝，自己以大丞相、渤海王的身份坐镇晋阳（今山西省太原市），遥控朝廷。为了方便操纵，他还将女儿嫁给元修做了皇后。未想这元修和之前的元子攸一样，秉承了拓跋氏家族遗风，是个有血性的年轻人，在极度憋屈和缺乏安全感的双重压力下尝试各种反抗，终于下决心和老丈人决裂。

元修的底气来自关陇军阀宇文泰。宇文泰是出身武川的鲜卑人，先后在鲜于修礼和葛荣军中效力，葛荣败亡后归顺尔朱荣，因遭猜忌而随故旧、武卫将军贺拔岳（敕勒族）入征关中，在消灭万俟丑奴的势力后成为关陇新贵。后来秦州刺史侯莫陈悦（鲜卑族）因高欢离间刺杀了贺拔岳，宇文泰又收拾残部打败侯莫陈悦，终于独霸关陇。孝武帝元修敕封他为侍中、骠骑大将军、开府仪同三司、关西大都督，还把妹妹冯翊公主嫁给他，准备一起对付高欢。结果高欢警觉，挥师南下，元修只得西走长安（今陕西省西安市），于是出现本文开头的一幕。

孝武帝元修西迁，不仅在历史上留下了"出帝"的名号，还在客观上造成了北魏行政体系的分化，也让高欢把持的朝廷面临合法性的质疑。他慌忙从元氏宗亲中遴选接班人，以保持皇位的正统和连续性。最终，元修的子侄辈、孝文帝元宏的曾孙、清河王元亶的世子元善见脱颖而出。同时他还作了另一个决定，就是避开已然十分敏感的洛阳，将都城迁到东北方向500里外的邺城

（在今河北省临漳县境内），从而在客观上形成一个新的帝国，史称东魏。

两个月后，宇文泰鸩杀元修，立了随他一起入关的堂哥、南阳王元宝炬为帝，开始与高氏政权划地为界，并霸北方，这就是西魏——东魏、西魏其实跟北魏一样，国号都叫"魏"，只是后世为了区分才在前面加了方位词。

东、西魏的形成宣告了北魏王朝的落幕，北方自此一分为二、东西共存，与南朝一起进入后三国时代。六镇出身的新勋贵集团把持着两个新王朝，走向了不同的道路。对于他们来说，这并非结束，而是一个梦幻的开始，更大的考验还在后面。正是：

　　　　金瓯破后虎相争，北魏燔柴累世功。
　　　　六镇烽烟缭乱起，一朝散去各西东。

第一章

皇帝的影子

01

影子皇帝

北魏永熙三年（534年）十月十七日，年仅十一岁的元善见被推上了天子高位，年号也随之改为"天平"。在许多人眼里，这是一个惊心动魄的开始，但对一个懵懂少年来说则没那么纠结，他眼里的天地是干净的，"天平"寓意的天下是太平的。而作为焕然如新的东魏国君，他最初的时光也是快乐的：皇宫的气派、膳食的供给以及文武百官的顶礼膜拜，无不让他感到新鲜、满足，兼有略带慌乱的兴奋。他不用做什么事，而且帝国所有的大小事情，都需得到他的允诺，盖上他的玺印，并以他的名义发布出去才算数。

"天平"的年号持续了四年，而后是"元象""兴和""武定"，十几年过去，元善见的身体逐渐长大，而快乐却未能同步。在逃离懵懂的某个瞬间，他似乎突然顿悟：原来自己并不是不需要做事，而是已经有人替他做好了一切。那些需要他点头恩准的诸项事宜，他也只能点头而已，没有说不的权力。一些时刻，他就像别人的影子，时而拉长，时而缩短，有时还会消失。而另一些时刻，别人又像他的影子，不管去哪儿，做什么，都如影随形，保持着高度黏性——这着实不太令人舒服。

一个内心还有渴望，对未来仍抱希望的人，绝不甘心做别人的影子，被踩在脚下，随之东游西走，摇尾乞怜。元善见也是如此，但他没有办法。他是大丞相、渤海王高欢在众多候选人中精心挑选的一个精致傀儡，能当皇帝纯属偶然——说他精致，不仅在于少不更事的乖巧、驯顺，还包括相对正统的出身以及相较他人更易掌控的家庭和社会背景。

幸运的是，元善见这皇帝当得还算安稳，高欢打着维系元氏的旗号，内心背负着皇帝女婿出走的债以及由此带来的公信力动摇，并未行篡位之实。更为幸运的是，东魏武定五年（547），为国操劳一生的国之柱梁，都督中外诸军事的渤海王高欢，因为西征宇文泰不利，郁闷生疾，在返回晋阳后与世长辞。

元善见亲自策划并操持了这场葬礼，并一直送丧到邺城郊外，就像十四年前，高欢策划并操持他的登基仪式一样，庄重而豪华。一样的还有心情，尽管他表面哀伤欲绝，内心却忍不住地狂喜，因为他苦盼着的春天，终于要来了。

元善见没有等来春天，相反却迎来比冬天还要冷的倒春寒，因为高欢的接班人——世子高澄，比之高欢更难对付。

为了家族的荣耀和帝国的稳固，高欢在临死前特别交代高澄，让他秘不发丧，以稳住晋阳的形势。晋阳是并州的治所，也是东魏的西部前线，担负着防御虎狼之师西魏国的重任，这里有全国最精锐的部队，高氏家族的中坚力量，追随高氏的功勋、权贵全都在这里，掌控了晋阳就等于掌控了东魏的半壁江山。事实上，东魏的政治决定和军事行动多半出自晋阳的大丞相府而不是邺城的皇宫，东魏乃至后来高氏肇建的北齐也一直实行邺城—晋阳二元制政治体系，其重要性可见一斑。同时高欢急命次子高洋去邺城镇守，以防突变。如此，高欢在临死前顺利实现了权力的交接，东魏国也迎来了高澄时代。

高欢是经历过大风大浪、老成持重的人，年龄又大出元善见许多，加之先前孝武帝远走关中的纠结，所以人前人后对元善见还是很尊重的。高澄就不一样了，只比元善见大三岁，论辈分也是平辈——高澄娶了元善见的妹妹冯翊长公主，是元善见的亲妹夫。然而妹妹是妹妹，哥哥是哥哥，就像当年的孝武帝与永熙皇后高氏一样，这场没有爱情的婚姻，也丝毫没能拉近二人的心理距离。他不但没把元善见当主子，还从骨子里瞧不起这个大舅哥。

因为在接下来很长的一段时间里，此二人都将成为东魏国高层争斗的焦点，所以有必要对他们的体貌特征、脾气性格以及行为做派，做一个简单的比较。

从颜值上讲，二人都属于偶像级的帅哥，元善见风度翩翩，高澄英俊潇洒——他十二岁娶冯翊长公主时，身形就跟成人差不多，像吃了激素般早熟。从爱好上讲，二人都是文武全才，高澄擅长宴射赋诗，骑马围猎。元善见也是吟风弄月，诗酒为伴，并且秉承了草原彪悍的遗风，能挟着石狮子翻墙跨院。

挟石狮翻墙，有武林宗师飞檐走壁的既视感，此事在《魏书》《北史》中有专门记载，还不是市井评书的桥段。尽管如此，也不免让人质疑它的可行性——这石狮子想来绝非大门口摆放的大石狮子，人力不可能达到那个境界，但也不应该是袖珍把玩的小石狮子，否则记载毫无意义。而挟着石狮子翻墙这种彰显力量，或者训练体能的非常规操作，也着实令人匪夷所思。不管事实如何，此公精力充沛、身强体壮是毋庸置疑的。

不同的是二人的脾性。长身玉立的元善见也像他舞弄的石狮子一样徒有其表，不但没有"狮心""石心"，反而包藏着一颗敏感、脆弱的心。长期的桎梏，让他的个性压抑，缺少自由延展的空间。而风姿绰约的高澄则少壮气猛，内心狂野。更重要的是，他非常喜欢权力，对权力有着无尽的、极其迫切的渴望。他领悟能力超强，自小就表现出非凡的政治天赋，这点就连他的老师杜询都忍不住竖指称赞。父亲高欢试着让他对一些军国大事发表意见，他也说得头头是道。他的履历高端、漂亮，且提神醒脑，是无数青年梦寐以求的升迁神话。

天平元年（534），也就是元善见被立为影子皇帝的同一年，十四岁的高澄被授予使持节、尚书令、大行台、并州刺史职位，开始接受政治历练。天平三年（536），十六岁的高澄入朝辅政，加领左右京畿大都督，成为重权在握的卫戍区司令。因为岁数小，那些国之栋梁对他都没抱太大希望，没想到高澄上任后军纪严明，处事果断，小试牛刀便彰显出非同寻常的气量和见识。

元象元年（538），十八岁的高澄升任吏部尚书，一改前任论资排辈、按勋晋阶的人事弊政，开始选贤任能，唯才是举，大刀阔斧地进行改革。他果断罢免了几个资格甚老却极不称职的尚书郎，让朝野为之一振，他也就此立威，赢得了满堂彩。兴和二年（540），刚刚年满二十岁的高澄又被加授大将军衔，领中书监，同时仍兼任吏部尚书。为了惩治贪腐，也为了树立威信和排斥异己，他开始笼络、重用汉人贵族，并推荐吏部郎崔暹为御史中尉，专门纠劾、打击勋贵，那是雷厉风行，六亲不认。

元善见碰到这么个主儿，苦日子才刚刚开始呢。

02

两桩花案

为便于对高澄有个更加深入的了解，我们将他和元善见之间的事放一放，先来说两桩花案。所谓花案，就是男女之事，无外乎爱情、偷情、奸情、滥情、虐情等种种情事，五彩斑斓，活色生香，都是坊间最感兴趣，也最为津津乐道的话题。这件事之所以要在这里单独叙说，是因为这些各式各样的"情"，未来将在北齐高氏这个独一无二的家族中轮番上演，争奇斗艳，甚至乱到难以置信的地步。在这方面，高澄与他的那些兄弟子侄相比，简直就是小巫见大巫。

高澄为官雷厉风行，在好色方面也不含糊。他不只满足于妻妾成群，或在外面花天酒地，还近水楼台先得月，把魔抓伸向了父亲的小姜郑大车，为此差点玩掉自己的世子之位。

郑大车是鸿胪卿郑严祖的女儿，名字起得跟闹着玩儿似的，粗犷而接地气，听着不像女孩子，更不像一个美女。然而恰恰相反，叫龙叫凤不一定能成人中龙凤，她虽叫着一个反气质的名字，却生得天生丽质，睹之如沐春风。似"大车"一般颠沛的或许是命运，她最初嫁与广平王元悌（元修的哥哥），后来元悌在"河阴之变"中被害（"河阴之变"是北魏权臣尔朱荣针对元氏皇族发动的屠杀，因事发地在"河阴"——也就是黄河南岸而得名），她年纪轻轻便守了寡。

高欢攻灭尔朱氏后，纳郑氏为妾，并跟她生了个儿子叫高润。郑氏时来运转，一度宠冠后庭，高欢之前的那些旧爱——包括原配娄昭君、蠕蠕公主郁久闾、初恋韩智辉，以及大尔朱、小尔朱等一干大小老婆，全都靠边站了。无与伦比的美艳、高贵，也让少年高澄青春勃发，蠢蠢欲动。机会来自东魏天平二年（535），父亲高欢出征稽胡的真空期。

稽胡又称山胡，属于匈奴的一个分支。北魏孝昌元年（525），部落首领刘蠡升在云阳谷自称天子，改元"神嘉"，成为北魏边疆之患，时人谓之"胡荒"。高欢费了好大劲儿才将其平定，未想却后院起火，儿子高澄与爱妾郑大车眉来眼去地做到了一处。当他拖着疲惫的身躯凯旋后，一个忠诚的婢女揭发了这桩"好事"，还拉来另外两个婢女作证。

出了这样的家丑，高欢自是气急败坏，当下打了高澄一百军棍，然后把他关押起来。受牵连的还有高澄的母亲娄昭君，负有教子无方、看管不严的连带责任，也被幽禁起来。一番歇斯底里之后，高欢并未完全泄愤，事态的发展也越来越严重，他甚至有了政治上的考量。当时彭城太妃尔朱英娥，去年刚为他生了个儿子叫高浟，聪明伶俐，很讨人喜，高欢在厌恶摒弃娄氏母子的同时，内心也为之波动，明确表露出要废掉高澄的世子之位，让高浟取而代之的想法。

打一百军棍，关上几天，这都不算什么，可要废掉世子之位，这事儿就闹大了。当时高澄的事业如日方升，官儿瘾正大，此举无疑刺穿了他预想的心理底线。惊骇之余，他赶忙疏通关系，让人给尚书令司马子如送信，火速前来营救。之所以找司马子如，是因为他和高澄私交不错，而且能跟高欢说上话。他很早就追随高欢，并极受赏识和重视，后来两人还一个头磕地上，结成了异性兄弟。每次司马子如来拜访，高欢都要与之同桌吃饭，然后掏心掏肺地畅所欲言，从日上三竿一直说到夕阳西下，最后仍意犹未尽。找此人当说客，应是不二人选。

司马子如匆匆赶到，一路上早就想好了计策。他先是假装不知道此事，与高欢照例寒暄、喝酒、聊天，之后以不失礼节为由，请求拜见一下嫂夫人娄昭君，高欢这才将事情的原委告之。司马子如假装恍然，却并不惊讶，连连摆手，装出一脸无所谓也不在乎的样子，说这事很平常啊，不瞒您说，我那儿子司马消难跟我的一个小妾也有一腿，这有什么大惊小怪的，呵呵，小妾嘛，路边一株枯草而已，至于这么在乎嘛！

就像天下所有说客的伎俩一样，司马子如先淡化了主题，将这件有悖人伦、挑战道德的恶劣事件，悄无声息地转化成一件无关痛痒的芝麻小事，然后开始避重就轻地切入另一个主题，一脸严肃地提醒高欢：像这种不大光彩的事，应该捂起来，盖起来，如此大张旗鼓地行事，怎么你生怕别人不知道啊？

接着便是晓之以理，动之以情了。司马子如充分发挥自己擅长的口辩之才，滔滔不绝、语不加点地说了娄昭君一大堆好处：娄王妃是大王你的结发之妻，过去你没发达时人家就老从娘家拿东西贴补您。你在怀朔被杖责，打得体无完肤，是人家小娄日夜相陪，喂水喂饭，治好了你后背上的伤。为躲避六镇叛军首领葛荣，你俩一起逃到并州，短吃少穿，饥寒交迫，是人家小娄烧马粪做饭，还亲手给你缝制马靴。还有那娄领军（即娄昭君的母弟娄昭）屡立战功，功勋盖世，不遗余力地为您的事业增砖添瓦。这样的恩情，这样的义气，您怎么能说忘就忘呢？

高欢眼神游移，显是有些动容。司马子如察言观色，赶紧亮明自己的观点：夫妻之间本来就应该相亲相爱，相互包容，世子是您未来的接班人，关乎高家的兴盛，万不可轻易改易。一席话说得高欢自己都不好意思起来，倒觉得揪住屁大点儿事不放有些小气。见目的达到，司马子如又不失时机地给主子递去一个下台阶的梯子，极其肯定地质疑道：我看这事儿未必就是真的，那些下人的话也不能全信。高欢彻底没了脾气，索性顺坡下驴，把此事推给了司马子如：我有点累了，这事你就看着处理吧。

完成了第一步，接下来便是如何给高欢找回面子。因为此案若没一个实质性交代，即便高欢暂时被说服，将来想起也会如鲠在喉，不会太痛快的。为了让案情"真相大白"，司马子如先去见了高澄，劈头盖脸就是一顿训斥，说你一个大老爷们儿也忒没骨气，怎么一吓唬你就把子虚乌有的事都承认了呢！你虎啊，往自己身上扣屎盆子。哦哦，子虚乌有？高澄随即会意：是啊，我怎么就随便承认了呢？我什么也没干啊，况且我才十五岁，一个未成年人，也不是干这个的年纪呀，糊涂，真是糊涂！

与高澄沟通好，接着司马子如找到那两个作证的婢女，让她们翻供。又将那个告发的婢女叫来，一番威逼利诱，最后迫使其上吊自杀。一切办妥，司马子如兴高采烈地给高欢报喜：不出所料，那几个婢女说的果然都是假话。高欢如释重负，即刻召见娄昭君和高澄，三人抱作一团，鼻涕一把泪一把地享受着亲情的感动。这是多么温馨和睦的一个家庭啊，差点让我亲手给毁了，高欢感慨之余设宴庆祝，席间真诚举杯，向司马子如敬酒，感谢他不遗余力地帮衬。微醺之后，大手一挥，又赏了他许多黄金。

也不知是高澄自小在大家庭中成长，看着父亲诸位娇姬美妾心痒难搔，还是天生就喜欢姐弟恋，或是有俄狄浦斯情结，高欢死后，高澄收拾好悲伤的眼泪，又开始对父亲的另一位妻妾下手了。这次的目标不是偏妃，而是高欢的另一位正室郁久闾氏。

高澄将目标锁定郁久闾氏，说起来也是有渊源的，因为当年她差一点儿就成了自己的媳妇儿。

郁久闾氏不是个普通女子，是蠕蠕国的公主，即蠕蠕国主郁久闾阿那瓌的女儿。蠕蠕即柔然，是一个比北魏还靠北的游牧民族，柔然变蠕蠕是北魏太武帝拓跋焘的杰作，当时柔然经常进扰北魏边疆，拓跋焘气得够呛，骂他们无知，说他们像虫子，并改称他们为蠕蠕。后来拓跋焘三次御驾亲征才消除了北患，柔然一蹶不振，蠕蠕这个名号也在北魏流传开来。

然而经过一百多年，高欢拥立元善见建立东魏后，北方的蠕蠕再次强大起来，后来更与西魏联手准备一起对付东魏，这让高欢十分头疼。为了拆散两国联盟，高欢决定主动出击，与蠕蠕国联姻。他派行台郎中杜弼出使蠕蠕，为世子高澄求婚，要娶郁久闾阿那瓌的女儿。结果郁久闾阿那瓌并不买账，不屑地说：要是高欢自己娶我家闺女还差不多，他儿子？玩儿去。

听了杜弼的汇报，高欢很犹豫。儿子娶亲，这是两国联姻，他和郁久闾阿那瓌是平等的，自己娶亲就不一样了，郁久闾阿那瓌成了他的老丈人，平白高出一辈儿。虽说为了国家可以委曲求全，可当人家女婿也太没面子了。见高欢为难，娄昭君和高澄都来劝说，让他以大业为重。尤其是娄昭君女士，为了丈夫的前途大业，毅然作出避让正室的决定，也就是让蠕蠕公主过来坐正位，自己退居偏房，从而大大加重了这次联姻的砝码。娶亲这天，郁久闾阿那瑰让弟弟郁久闾秃突佳去送女儿，喜悦之情溢于言表，并一再叮咛嘱咐：你一定要亲眼见到我那大外孙子出世再回来。给他下了硬性指标。

高欢娶蠕蠕公主完全出于政治上的考量，说到底就是一桩交易，并非感官或情感上的喜欢。史籍中也没有任何记载提示这位蠕蠕公主的样貌，反而从规避的角度，证明了其长相的普通，风沙吹面、牛羊为伴的环境，估计也很难孕育出皮肤白嫩、气质高雅的美女，高欢缺乏喜欢她的最基本的理由。而且这位蠕蠕公主还很有个性，有着公主的高傲，也有着强烈的民族自尊，终其一生都不肯说汉话或者鲜卑话，唔哩哇啦地满嘴蠕蠕语，要不干脆就指手画脚，两人在沟通上实在成问题。

尽管不喜欢，也没有共同语言，但高欢还是要勉为其难，表现出十分开心的样子，因为只有她开心了，远方的老丈人郁久闾阿那瑰才会开心，拥有彪悍武装的蠕蠕国才会安生，他亲手缔造起来的帝国才会平安无事，这是一连串动态平衡的基础。

不过这种违心的爱并不能持久，有段时间高欢抱病，便借着因由没去和公主同房，结果皇帝不急太监急，公主还没说什么，前来监督生孩子的叔叔郁久闾秃突佳早坐不住了，整天心急火燎，如坐针毡，骂骂咧咧不停地发牢骚，倒像他是新郎官儿一样。这也难怪，他是带着任务来的，见不着外孙子不让回去啊，高欢老这么耗着不但耽误下一代，也耽误他的大好春光。

情急之下，郁久闾秃突佳只得放下身段儿，向侄女婿高欢诉说衷肠，一边嘘寒问暖一边挤眉弄眼儿，似在说：大王好点儿没？好点儿了就去看看我那侄女吧，要加油哦。高欢没办法，只得带病坚持和公主睡觉。然而睡归睡，却没啥子实质性进展，也不知高欢使了什么手段，反正郁久闾阿那瑰那大外孙子一直也没个着落。

郁久闾阿那瑰最终也没能看到女儿和高欢的孩子出世，倒是看到了女儿和高澄的孩子出世。高欢死后，高澄依据蠕蠕国"子妻后母"的习俗，以最快的速度接手，纳蠕蠕公主为妾，遂了父亲高欢多年前未了的心愿。蠕蠕公主自此苦尽甘来，如沐春风，很快为远方望眼欲穿、翘首企盼的父亲，添了一个大胖外孙女，叔叔郁久闾秃突佳在异国客居多年之后，也终于能兴高采烈地回国报喜了。

03

貌合神离

  高澄当然不会只满足于一个女人。他现在已经接替父亲，成为东魏国的实际掌门人，重权在握，自然可以随心所欲。先前一直被父亲压抑着的欲望也像开闸的洪水一般，迅速奔涌、泛滥开来。他专门交代他的亲信——大将军中军参军崔季舒，要想方设法，克服一切困难为他物色美女。

  上司如此重视和信任自己，又是这样一个美差，崔季舒自然乐得表现，各色美女供应源源不断，满足大将军各种可能的审美和生理需求。高澄每日春风缱绻，好不快活，享受着不受约束的自由、权力和性。昔日冷峻威严的大将军府，似也添了几分温和与热情，不断传出欢声笑语。

  高澄本人也没闲着，桃花运一桩接着一桩，有一次外出游猎，竟然偶遇了老熟人元玉仪，开心得不要不要的。这元玉仪是北魏时期高阳王元雍的女儿，生得妩媚妖娆，美艳绝伦，让惯看秋月的高澄为之怦然心动，而情窦初开的元玉仪对伟岸英俊的高澄也是一见倾心。可惜二人刚一眉目传情，还没来得及有任何实质性进展，元家便惨遭"河阴之变"，元玉仪的父亲元雍被尔朱荣杀死，元玉仪因藏于民间才侥幸躲过一劫，自此便流落风尘。

山水相逢，四目含情，一个馋涎欲滴淫心大动，色眯眯强压欲火；一个媚眼桃腮春心荡漾，羞怯怯欲攀高枝。二人当下一拍即合，情缘再续，高澄兴高采烈地将元玉仪带回府中安顿，日日眉欢眼笑，如胶似漆，感到一种从未有过的舒坦和满足，那是从心底泛起的快乐，藏都藏不住。为了赢得美人芳心，高澄上表东魏皇帝元善见，敕封元玉仪为琅琊公主。

让元玉仪无比感动的是，为了她这株昨日黄花，高澄竟然舍弃了一整片草原，不再垂涎那些四处搜罗来的美女。为了二人世界免受打扰，他甚至搬到了北城的东柏堂——即后来的北宫——去办公，并且下令身边侍卫全部撤到宅院外警戒，谁也不许在眼前晃悠。沉湎于温柔乡的高澄那时不会想到，不久之后，正是他的这个有意无意的决定，最终让他魂断寓所，身首异处。

高澄喜欢女人，需要女人，像一头精力充沛、两眼放光的饿狼，不断捕捉着猎物，但这也仅仅是他业余生活的一部分，和帝国的许多王侯一样，是缓解焦虑、释放压力的一种休闲方式，并非他的全部人生，甚至都不能成为他人生的重点。他有更让自己兴奋的野心，也有他想超越的目标，就是元善见以及他屁股底下那把让他垂涎已久的龙椅。这个人才是阻挡他攀登人生最高峰的最大的一块绊脚石，这一点他是无论如何不会忘记的。

既然兼具狼的特性，高澄当然不希望身边再出现另外一头狼和他分抢食物。他心目中的元善见，应该是一只羊，甚或是一只兔子，一只胆小、柔弱而又听话的乖乖兔。但元善见显然不符合他的心思，这位大舅哥和他一样年轻，一样精力充沛，一样对各种诱惑充满了期待，包括随心所欲的权力。身体是一切可能性的基础，如果元善见整天和药罐子打交道，保命都来不及，也就不足为患了，偏偏其身手技艺还在自己之上，这就让未来充满了悬念，具有极大的不确定性，这是非常令人不爽的事，高澄不能不提高警惕。

为了知己知彼，高澄又找来崔季舒，对他最近一段时间的工作提出表扬，然后又给他压了压担子，提拔他为中书、黄门侍郎。崔季舒激动万分，热血还未冷却，便接到高澄交给他的一项更为艰巨的新任务：去元善见身边做卧底，时刻观察其一举一动。就像所有特工都与上司单线联系一样，崔季舒只对高澄一人负责，并向他作及时、专门的汇报。

高澄对此项工作非常重视，对崔季舒的督导也很勤，有时为了听汇报，竟能忍住淫心，暂时放下他心爱的女人。有时回晋阳了，还要不断写信给崔季舒，问他：那呆子最近在干什么？老实不老实？有没有精力充沛到胡思乱想的地步？

再儒雅的人，其内心也有狂野的一面，正如再凶残的人也偶尔会发恻隐一样。凭空多了一双眼，元善见心里并不舒服。在高欢时代，他虽说也不自由，但起码拥有一个尽管狭窄却完全属于自己的独立空间，可以安安静静地发呆，任由思想驰骋，也可以做一些自己想做的与庙堂毫无关联的事情，以忘记来自庙堂之上的压力和苦恼。可如今不一样了，连有限的自由都被剥夺了，自己的一举一动都受到严密监控，犹如一个人被剥光了衣服，羞怯地暴露在阳光下，承受围观者的品头论足、窃窃私语，还录了视频传向远方。作为一个身体和思想都已渐趋成熟的年轻人，他当然不想这样，只是他惹不起，也没办法。

当时的形势也不容许元善见有任何非分之想。高欢入土为安之后，高澄顺利接掌了晋阳的兵权，高氏家族的铁骑雄兵一直都在西北方向虎视张望。而高家的另一头猛兽——高欢的二子高洋则掌控着京畿，时刻威胁着皇宫的安全。对此他一点脾气都没有。况且国际形势也不容乐观，因为高欢的死，河南大行台侯景业已叛国，勾结了西魏和南梁，从西、南两个方向，对东魏发动了猛烈进攻。帝国的一切还都离不开高氏家族的鼎力维系，倒不如做个顺水人情。

元善见下诏晋封高澄为使持节、大丞相、都督中外诸军、录尚书事、大行台、渤海王，将高欢生前的一切职务全都转给了他。高澄呢，此时反倒行事低调起来，他铭记父亲生前的教诲，以笼络人心为目的，上书要求辞去这些职务，甚至还高风亮节地表示愿意停止王爵和封国的食邑，将这些好处分给那些更辛苦的大将、都督们。此举可谓一箭双雕，一则它是一个人心工程，是做给众人看的。二则也是为了进一步考验元善见，看他如何答复。高澄心里明镜儿似的，只要手里有兵，一切还不都是我说了算！

元善见当然明白这是高澄的障眼法，是要看看自己的态度，绝非对官位、爵位不感兴趣，所以坚决不予理睬，也开始打起了太极。过了一阵子，见元善见没反应，高澄坐不住了，再次上书，提出辞去丞相的职位。

这回元善见不能再装糊涂了，而且态度不明是为政者的大忌，不表态、弃权或者保留意见，本身就体现了一种态度——一种与当事人意见相左的态度，这个结论显然不妙，而且极其危险。元善见慌忙下诏，以居高临下的口吻"训斥"高澄，说你既然是朝廷的顶梁柱，肩负着国家安危的使命，就不能由着性子想怎样就怎样，这些职位你接也得接，不接也得接，这不是为了你，是为了国家。言辞切切，纸短情长，让高澄着实受用。

对元善见来说，这些还都是小事。毕竟以前高欢在，这些官衔和权力也是高家的，现在换了个人，也不能说有多糟糕，只是没有达到心理预期而已。最让元善见不能容忍的，是现在连玩儿的自由都没有了，甚至连发脾气——这种很自然的情感宣泄——都成了一件奢侈的事。

有一天高澄心血来潮，邀请元善见一起去邺城东郊狩猎。元善见乍出皇宫牢笼，狠狠呼吸了几口自由空气，一时玩心大盛，激起了当年挟石狮越墙的豪情，翻身上马，疾驰如飞，于天地间酣畅驰骋，倒把那监卫都督乌那罗受工伐给吓坏了。吓坏了不是害怕元善见有什么闪失，为皇帝的安危着想，而是害怕高澄看见元善见撒欢儿怪罪于他——直觉告诉他，如此开心露脸的事情，绝对不应该属于元善见这个衰人。

元善见渐行渐远，乌那罗受工伐急忙扬鞭奋蹄，边追边在风中呼喊：陛下不要跑那么快，大将军会生气的。玩兴正浓的元善见大扫其兴，只得勒住缰绳，怅然若失地慢慢溜达回来。

人在长久压抑之后，一定会有些反常表现，比如一些不经意的小动作，说话的语气，或者仅仅是一些哀伤、愤恨、呆滞的表情，总之不会像平常一样自然。元善见这种受气包的角色并不好当，尤其是当他试图麻醉自己、摆脱身份焦虑时，旁边还有人不断提醒他，让他迅速归位，对号入座。

有一次高澄心情不错，与元善见一起饮酒，可能是喝多了酒精起了作用，也可能像元善见一样，长久伪装的顺从，需要一个释放、发泄的出口，高澄站起来举高了杯子，说臣高澄与陛下喝一杯酒。嘴上虽称臣，表现也算客气，却透射出与之相反的、高高在上的霸气。元善见一下被触到了灵魂底线，血往上涌，竟然直接省略喝酒的客套，脱口而出内心独白，说自古就没有不灭亡的国家，朕干吗要这么窝囊地活着！

一个习惯了众星捧月的人，会对质疑的声音特别敏感，从而做出过激反应。一向低眉顺眼、唯唯诺诺的元善见，竟敢如此口出不逊，高澄压抑的怒火也噌一下被点燃了，敬你酒你还跟我来劲了，自己啥情况心里没个谱儿吗！于是他歇斯底里地冲元善见吼道：朕！朕！你算个狗脚朕。扭头扫了一眼崔季舒：给我揍这个狗脚朕！

老崔也真不含糊，如武林高手般猛身而上，当胸捶了元善见三记老拳。看着在崔季舒组合拳下趔趄欲倒，再也威风不起来的元善见，高澄泄了怒火，冷笑一声，拍拍屁股扬长而去。

醒了酒，高澄也很后悔，虽说自己是人人敬畏的老大，但名义上和元善见毕竟还是君臣关系，更为重要的是，他现在还需注重自己的形象，朝中还有许多需拉拢的势力在作壁上观，万不可有此低级鲁莽的举动。第二天，高澄早早便让崔季舒带了礼物去慰劳元善见，以表达自己诚挚的歉意。

兀自苦闷的元善见没想到高澄会回头，摸着隐隐作痛的胸口，竟然有些受宠若惊，又偷瞄了一眼崔季舒摆弄礼品的双手——或"铁拳"——一时恍若隔世，不知如何是好。尴尬片刻，他忙不迭地调整表情，用温和的笑容、舒缓的语气和感激的话，让崔季舒体会着谨言慎行的大家风范——这一连串儿的微表情，借着崔季舒的眼、耳和嘴巴，带着满园的春色，晃晃悠悠地飘向热闹的大将军府。

光嘴上说感谢不行，还要有行动。在温暖和感动的双重驱动下，元善见又命人取来几捆彩绢聊表心意，无论如何都要崔季舒收下。老崔想要却又不敢伸手，生怕高澄误会，便踅回去请示主子，高澄闻言微微一笑，说皇上既然有这心思，你不拿也不合适，可以拿一段儿意思意思，也别太折了皇帝面子。

见崔季舒去而复返，惶惶不安的元善见大喜过望，随即让人捆扎了四百匹绢给他，和蔼可亲地说：这也就是一小段儿嘛，没超标，不算违背大将军的意旨。瞧瞧人家这涵养，这会来事儿的劲儿，论道行我还差得很远呢，崔季舒内心一笑，也就一脸诚惶诚恐地接受了。

看着崔季舒的背影渐行渐远，直至消失在大门外，元善见一直咧开的大嘴像慢动作一样逐渐合拢，最后生硬地凝固成一个怪异而又尴尬的表情，我过的这叫什么日子啊——估计他这会子也没心思称朕了！作为一个皇帝，天之骄子，万乘之尊，这种事情本来应该是他看别人表演的，犹如正义尚存之人违心拍马后的失落，又如先前的上司巴结已升高位的下属，个中滋味，难以言表。

元善见心情低落到了极点，南朝山水诗人谢灵运的几句应景诗句却赫然从心底泛起，冲口而出：

韩亡子房奋，秦帝鲁连耻。本自江海人，志义动君子。

想象着自己幻化成为复兴韩国而奔走的张良和战国时襄助齐国复兴的鲁仲连，重演着当年气吞山河的壮举，又将谢灵运引为知音，元善见那颗被糟蹋得七零八碎的心才稍稍得到些安慰。那时的他当然没有想到，正是这几句抒情诗，让他赔上了卿卿性命。

04

地道行刺

一些投机者总是会察言观色，在上司最开心时送上最诚挚的祝福，或在他最失意时送上一剂最宽心的良药。前者是上司放松自我，放大喜悦效果，最大度也最包容的时刻。后者则是封闭自我，放大心灰意懒，最沮丧也最狭隘的时刻。二者的共同点，就是彼时都没有什么分辨力，智商近乎零。元善见随口吟诵谢灵运的诗，被侍讲荀济偶然听到，出于一个老政治家的敏感，他闻诗知意，感觉现在是该做点什么的时候了。

荀济悄悄找来好友——祠部郎中元瑾以及华山人王大器、淮南人王宣洪、济北人王徽等人，一起商量着把欺君罔上的高澄做掉，替魏帝元善见出口恶气，也在主子面前立一大功。这事儿是有风险的，而且不是一般的风险，搞不好就会人头落地、满门抄斩，甚至株连九族。但这事儿也是有诱惑力的，一旦事成就会飞黄腾达，成为帝国功臣。成功和风险总是并存的，世间一些升迁神话，往往就是那些不给自己留退路的人创造的，荀济等人抱定主意，决心拼上老命赌一把。

不过光有风险意识和上位意识显然不够，这终究只是理论上的冲动，想成事还要有头脑，要靠真本事。这帮人商量了半天，最后想出一个笨法子，就是假装要在宫院里修一座假山，然后明修栈道暗度陈仓，悄悄挖地道，一直挖到北城千秋门高澄的府邸之下，然后再招募死士，出其不意地蹿出去刺杀。

这方法确实够笨的。策划刺杀需要极其周密，极其隐秘，知道的人越少越好，影响的范围越小越好，此举大动干戈，耗时长久，首先便犯了大忌。而且即便这哥儿几个守口如瓶，小心行事，但挖地道总不能亲自上阵吧？莫说那些雇来的民工不是哑巴，就是那锹挖镐刨的动静儿，也不会隐瞒太久。不过对于几个手里没兵的文官来说，出此下策也实属无奈。

地道挖掘工作秘密推进，荀济等人小心翼翼却难掩兴奋，他们无不认为在做一件功德无量、意义深远的大事，并一厢情愿地期待着一个完美的结果，他们见面时用坚定的眼神交流，互相传递着信心和力量，感觉未来充满无限的可能性。

果然，此事很快便被巡逻的门吏发现了。他隐隐约约听到地下传来沉闷的铿锵声，感觉蹊跷，急忙向高澄做了汇报。高澄也很疑惑，便找来几个民工，让他们循着声源挖掘，结果可想而知，地道的秘密终于大白天下，方向直指自己的宅邸。高澄吓得出了一身冷汗，继而暴跳如雷，凶性大发，好小子，这是想要我的命啊，你不仁就别怪我不义，咱们看谁先见阎王，我先宰了你再说。当下召集人马，气势汹汹地杀进皇宫。

高澄这次是真生气了。一个人最不能容忍的，不是比他强很多的人的高傲，而是不如他的人对他的蔑视。高澄本来就从骨子里瞧不起元善见，这下更是连表面的尊重都没了，见到元善见也不行礼，大模大样地往胡床上一坐，呼呼喘着气，眼里喷着火，瞪着元善见呵斥，说陛下为什么想要造反！

想是高澄被气糊涂了，这话问得有些可笑。一个全副武装的大将军带人来逼宫，竟然问皇帝为何要谋反。元善见听了，长久压抑的怒火也噌一下升腾起来，一反往日的唯唯诺诺，二目圆睁，也冲着高澄大吼，说自古只听说过臣子反叛君王，还没听说君王反叛臣子的，你自己想谋反，为何反来责怪于我！——他是真的不敢称朕了——这简直是天大的笑话！

这话很顶，尤其是当着众人的面。高澄自知失言，赶忙调匀呼吸，让语气略显平和，开始往回打圆场，说臣与家父功存社稷，什么时候辜负过陛下的期望啊？想来陛下也不会害臣的，一定是身边的嫔妃从中谗构，陛下才有此一举。到底是谁没事挑事？把她交出来宰了就是。

高澄说这话是想给双方找个台阶，把矛盾引向别处，找个替死鬼了事。未想此时元善见血性激发，并不买高大将军的账，他怒愤兀自难消，语气也很难一下子缓和，说出的话依旧很顶：这事跟我的嫔妃没半毛钱关系，我就是不害你，你也迟早会害了我，如果你一定要谋逆弑君，就请自便吧。

元善见豁出去了，高澄反倒软了下来，毕竟弑君谋逆的罪名太大，他承担不起，就是和皇上这样说话也是很过分的。在元善见的厉声断喝中，高澄陡然机灵了一下，那大将军的屁股也不在胡床上坐着了，起身双膝跪倒，一个劲儿地磕头，哭着请求皇上原谅——这哭当然是做给别人看的，是干嚎不掉泪的那种。

见高澄示弱，元善见也冷静下来，知道见好就收是此刻最好的结果，若不依不饶，惹得对方凶性大发，最后吃亏的还是自己。

他上前慢慢将"爱臣"扶起，强颜欢笑地慰谕了一番，接着让众人退下，吩咐御膳房弄了几个小菜，和高澄推杯换盏，把酒言欢，以示冰释前嫌，君臣无隙。

天子请客，自然是对臣子的莫大殊荣，然而却并未达到预期效果。高澄表面应承，心里却憋着一肚子火，回到府中已是夜半，心中越想越气，又独自喝了半宿闷酒。第二天，高澄兀自怒气未消，派人彻查此事，要求务必揪出幕后黑手，于是荀济等人很快浮出水面。一听是荀济，高澄更是气不打一处来，原来这荀济和高澄还有过一段不小的渊源呢。

荀济本是南朝梁人，自小心高气傲，眼高手低。梁武帝萧衍还没发达时，二人曾是布衣之交。然而世事如棋，大家同在一个层次是朋友，等一方发达了，友谊的小船可能说翻就翻。如果萧衍到死都没有显赫，与荀济一起诗酒人生，长啸清谈，二人或许会书写一段相视莫逆的友情佳话，可萧衍后来偏偏发达，还篡齐称了帝，效果就大不一样了。

荀济心里不服，觉得萧衍德不配位，也觉得他违背了初衷，总是自觉或不自觉地找人发牢骚，说萧衍的坏话。萧衍掌控南朝萧齐军政大权后，荀济变得更加激烈和怒不可遏，说萧衍若行僭越之事，他一定会在盾牌上磨墨，撰写檄文进行讨伐。这话传到萧衍耳朵里自是气得够呛，但碍于之前的友情——或者还有发达后的大度与不屑，也没拿他太当回事儿。

当然，刨除一些表象和情绪，二人最终的分歧可能源于信仰的不同。萧衍最后变成了一个虔诚的佛教徒，不但斥巨资建造佛塔，还好几次舍身，而荀济是反佛教的，经常指摘佛寺、嘲讽佛法，极尽挖苦之能事，不断给萧衍添堵。萧衍终于出离了愤怒，下决心让他提前往生，多亏舍人朱异传信，荀济连夜逃去东魏投奔高欢，这才免遭横祸。

高欢起初对荀济的印象还不错，也一度想重用他，后来感觉这小子锋芒太露，自我意识太强，又渐渐疏远了他。高澄任京畿大都督时，荀济着力表现，高澄认为他是可塑之才，便推荐他做侍讲。高欢听后摇了摇头，说有些事你还不明白，此人心术不正，我之所以不用他，正是想要保全他啊。结果高澄不听，固执己见，高欢最后勉强答应。等于这高澄对荀济有知遇之恩。自己亲手提拔的人反对自己，还想要了自己的命，高澄的气愤可想而知。

高澄将几人逮捕下狱，然后派侍中杨愔审讯。杨愔问荀济，说荀侍讲岁数不小了，身子骨也不结实，何苦还要做这种荒唐事呢？荀济犟劲儿上来，义正辞言不亚于当初的盾牌磨墨，说正因为我年纪大了身体不好，所以才要奉皇命诛逆臣，建立功名！——荀济于两次皇朝变革之际，均表现出强烈的忠君保皇思想，从某种程度上说，也是一种价值体系的坚持，由此审视他当初反对萧衍，或许并非羡慕嫉妒恨那么简单。

看了杨愔的审问笔录，高澄不由得想起父亲当年的话。亲自审讯时，他问荀济，说你为什么想不开要造反啊？荀济依旧言之凿凿，站在东魏江山社稷的高度反问高澄：我这是奉御诏诛杀你这逆臣贼子，怎能算谋反呢！

高澄本有意宽恕荀济——否则就不亲自过问了——希望听到一些辩解的话，结果荀济就像对待当年的萧衍一样，早把高澄当成了仇人。高澄失望而去。有司考虑到荀济年老多病，换了一种行刑方式，用小车载他到东市，连人带车一并烧成了灰。

05

变生肘腋

在与元善见的冲突中，尽管最后高澄示弱，君臣和谐收场，但在外人眼里，元善见与高澄的矛盾是渐趋明朗化的，就差一层窗户纸，捅破了会出大事。人们私下里纷纷议论、观望，对这两支帝国的"白马股"有着不同的看法和分歧。

看好高澄的，认为他手握重兵，让元善见滚蛋是迟早的事儿，这种人占了大多数。然而这也就像炒股，当大家兴高采烈跟风入市后，往往迎来出其不意的大跌。看好元善见的人虽然不多，却像操控股票的幕后黑手，你甚至都不知道他在哪里，长什么样，只能藉着那些不断释放的烟雾，懵懵懂懂地感觉到他们确实存在，而且离你很近。就在高澄如日中天之时，邺城早有童谣传出：

百尺高竿摧折，水底燃灯灯灭。

预言高耸入云却摇摇晃晃的"百尺高竿"高澄，注定会像"水底燃灯"一样熄灭，成为此次博弈的败者，而且结局很惨。

一些大事件发生之后，人们总会习惯性地回忆——或者有意附会——一些事先的征兆，以证明一切事情的发生都不是偶然的，藉此解释那些人们不理解或不能接受的事实。就连高澄出事的前几天，心腹崔季舒无缘无故地吟诵了两句鲍照的诗，也被拿来疯狂炒作，认为是冥冥中的一种暗示。那天崔季舒刚从大将军府汇报出来，准备继续回宫中履职，走到北宫门外巧遇几个准备觐见的王公贵戚，大家寒暄一番，有意无意地攀谈，也不知触动了哪根神经，崔季舒捋着胡子开始背诗：

将军既下世，部曲亦罕存。时事一朝异，孤绩谁复论。

诗句格调灰暗，意境悲凉，不免引人遐想。更为蹊跷的是，当事人事后回忆时，对其中一个细节非常肯定，就是老崔诵诗时音调断续凄厉，诵完竟泪如雨下，泣不成声，有如鬼上身一般——这就更加印证了一种悲剧发生的可能性。

要说高澄的死，确实有些突然。谁能想到，一个威风八面的大将军，一个世人瞩目的大丞相，策马扬鞭冲锋陷阵，纠劾百官主宰升迁，没有死在敌兵敌将手里，也没有死在政敌手里，却死在家中一个小小的厨房杂役的菜刀之下。而且这个杂役还不是本国人，是从敌国擒来的俘虏，地位形同奴隶。这的确容易让人浮想联翩。

"闯宫事件"之后，元善见为了表现自己的大度与真诚，在官职无以复加的情况下，又进一步晋封高澄为齐王，并特许他"赞拜不名，入朝不趋，剑履上殿"。这是古来帝王对爱臣或功臣的一种隆重礼遇，彼时的人都是席地而坐，上殿前要脱鞋，走小碎步，以显得庄重和诚惶诚恐，佩剑是坚决不允许的，万一行刺怎么办！上殿时赞礼官要向皇帝高声通报，说高澄如何如何。可此后就不一样了，他可以穿着鞋，大踏步、慢悠悠地上殿，腰里还能佩着宝剑，赞礼官也不再高呼姓名，而只敢称官职，说大将军如何如何，或者齐王如何如何，为尊者讳，这地位一下子就上去了。

当然这只是走了个形式，那高澄都已经骂他"狗脚朕"，而且还带兵杀进宫殿，对他怒目而视、大呼小叫了，这些遮人耳目却如同一叶障目、掩耳盗铃般的礼仪，早已和高澄没有半毛钱关系了，还不如痛痛快快地明确下来，倒显得自己大方，搞不好还能缓解二人的紧张关系，给高澄以亲近感，何乐而不为呢？

高澄是不会仅仅满足于这些形式的，再怎么"不趋""不名"、不脱鞋，他们之间的关系还是君上臣下，没有实质性改变，他需要的是颠覆，是乾坤反转，彻底改变二人之间的地位。为了尽早实现既定目标，他先做了一个试探，以社稷永存、江山永固的名义，向元善见提出早立太子，明确帝国接班人的战略构想。按照他的如意算盘，元善见应该知道自己的斤两，认清形势高调让贤，把未来的皇位腾出来给他。未想，可爱的元善见先生却天真地以为，高澄是被自己的隆恩浩荡感动得良心发现了，欣慰之余，毫不犹豫地立了儿子元长仁为太子，令高澄大跌眼镜，大失所望。

好吧，既然你不识时务，那也休怪我不客气，高澄痛下决心，一不做二不休，将元善见幽禁在了含章殿，并召集近几年培养起来的几个汉人心腹散骑常侍陈元康、吏部尚书杨愔、黄门侍郎崔季舒等，开始在柏堂密谋抢班夺权的具体事宜。就在高澄按部就班、紧锣密鼓之际，意外却抢先降临了。

高澄的后厨房有个叫兰京的杂役，本是南朝梁徐州刺史兰钦的儿子，在随父北伐东魏时不小心做了俘虏。高澄将其安排在自己府中当了杂役，端茶送饭伺候自己。兰钦曾多次致信高澄，要求用钱财赎回儿子，均被高澄严词拒绝。

兰京从将军到奴隶，憋气带窝火，也曾壮着胆子，厚着脸皮向高澄提要求，让他高抬贵手放自己一马，结果赶上高澄心情不大好，让监厨的苍头（奴仆的代称）薛丰洛给他来了一顿板子，将他屁股揍开了花，还吓唬他，说你给我放老实点，再提这种无理要求就宰了你。

兰京心里恨极，觉得这种日子左右是过不下去了，便悄悄联络了另外六个帮手，一起卧薪尝胆，准备找机会逃走，或者干脆拼个你死我活。这六个人可能也是来自梁国的俘虏，或者平日里被高澄吆来喝去，跟兰京有着共同遭遇的人，总之是命运将他们连接在了一起。

不过引爆高澄之死导火索的，并非兰京有预谋的叛乱，而是高澄不经意的一句话，因为事情发生时兰京还没有完全做好准备，正是这句话的刺激让他临时起意，仓促动手。大约中午时分，兰京像往常一样过来送饭，偏巧头天晚上高澄做了一个奇怪的梦，梦见兰京想要杀他，心里别扭——可能也顺带联想起那招人恨的元善见，一时火大，指着兰京对众人发狠说，昨晚梦见这小子拿刀砍我，我迟早会要了他的小命。

要说高澄这梦做得也够离奇的，是冥冥中的天意，还是后人为了渲染效果而有意杜撰，咱们不得而知。不过类似这种心灵感应的东西也并非子虚乌有，它在某些时候的确真实存在，被人们称作"预知梦"，是一种心理和生理的状态反应。"预知梦"现在还没有科学上的例证，我的理解，它或许就是生活中一些不被重视的细节、纠结或困扰——比如高澄对兰京的态度，兰京的微表情等，刺激大脑皮层后留存的抽象化影像，通过梦潜移默化地反映出来，类似一种潜意识的自我暗示。

不管这梦是真是假，有一点可以肯定，就是高澄要杀兰京的那些话，也只是随口一说，发泄一下心中的怨气和晦气，不是真想要了兰京的命。这话又不是头一次说，要杀早就杀了。可说者无意听者有心，主动说话的一方，说出来的话不可能按照自己的思维轨迹，被另一方完全接受和感知，况且这另一方本就属于命如草芥的弱势群体，新近还有了叛乱搏命的心理负担，只会把事态想得更严重。兰京听完果然又惊又怕，腿如筛糠地退下，继而旧仇新恨一起涌上心头，一咬牙，将一把菜刀悄悄藏在食盒里，再次出现在高澄议事的大堂。

这次密晤属于高度机密，参与的人不多，而且这柏堂本是高澄和琅琊公主元玉仪秀恩爱、躲清静的地方——咱们前文说过，高澄当时曾特别交代，没他的命令侍卫们谁都不准入内，只能站在堂外值守，这就在客观上给兰京行刺制造了绝好机会。高澄几人刚吃过饭不久，继续热烈讨论逼宫禅让的细节，见兰京去而又返，便没好气地大声呵斥，说我叫饭了吗你就过来？你想干什么！兰京扔掉食盒，抽出菜刀，表情登时凶神恶煞起来，说给你送饭？做梦吧，我是来杀你的。说毕抡刀而上。

高澄无论如何也没想到会有如此变故，一下子没躲利索，扭伤了脚脖子，倒在地上连滚带爬，慌乱中用卧床做遮掩，躲避兰京疯狂的进攻。与会的其他几位先是一怔，而后开始各自的表演。杨愔撒丫子就跑，夺门而出时一只鞋早不知道甩哪里去了，崔季舒则慌不择路地直奔厕所，只有陈元康大义凛然，情急中以血肉之躯迎菜刀而上，被兰京一刀劈成重伤，瞬间失去战斗力。同时以性命相搏的，还有库直王纮和纥奚舍乐二人，前者被砍伤，后者在搏斗中身殉。

大堂中嚎叫、怒骂，伴着鲜血飞溅，场面一度失控，也彻底激发了兰京的野性。他拎着滴血的菜刀四处追砍，不经意间又瞥见了狼狈不堪的高澄，冲上前一把掀翻了卧床，手起刀落，结果了他的性命。

类似这种事件，死了的会被称作英雄，没死的会被质疑。比如在兰京菜刀下逃生的王纮，虽说此后仕途还算顺利，一度履职宁远将军之位，却一直没能摆脱当年的阴影，甚至多年之后还成了随时可挖的黑历史。

那时高洋早已篡魏建齐，并从一个心思缜密的君王蜕变成了无日不醉的瘾君子，有一次他喝得通体舒坦，感慨了一句人生真是痛快。一旁在侧的王纮出于本能的责任感，趁机加以劝谏，说有大乐就会有大苦，高洋问什么是大苦，王纮说，长夜荒饮，却意识不到国亡身死的危险，就是大苦。高洋默然放下酒杯，感觉这话异常刺耳，便把苦乐之争搁在一边，开始挖王纮的简历，找他过去的毛病，说你当初与纥奚舍乐共同护卫我哥哥，纥奚舍乐舍命护主被贼人砍死，你当时为什么没被砍死？是不是躲得远远的，根本就没有以命相搏？

王纮心中一凛，知道高洋生了气，急忙分辨，说君亡臣死是应该的，臣当时也被砍了一刀，只是贼人力气小砍得轻，又没砍中要害，所以臣才没有死。这下高洋听出了漏洞，说你的意思是劲儿小砍得轻是吧？咱们试试劲儿大砍得重的，即刻让侍中燕子献反绑了王纮，又让长广王高湛抓着头发往前拽，往下按。待王纮露出了细长脖子，高洋抄刀上前，举刀就砍。脑袋马上就要搬家，王纮一下子急了，说杨愔、崔季舒两人一个逃一个躲，却升任仆射、尚书的高位，臣冒死效命反而被杀，这是旷古未有之事，不是明君所为。高洋此时酒早醒了一半，又被架在高处，刀便停在了半空，想了想，最后竟饶过了王纮。

·第二章·

沉默的羔羊

06

家族往事

秋天是落叶纷飞的季节，也是果实收获的时期。对于高澄来说，他就像一片曾经散发着勃勃生机的绿叶，在褪掉最后一点颜色之后，慢慢地枯萎、死去。而对于高洋来说，则犹如无意中洒落在田间的种子，收获了累累硕果。

作为一路王侯，东魏国的重臣，高氏家族的第二代柱石，高洋手握兵权，执掌京畿，除了名誉上的天子元善见，就是他的哥哥大将军高澄，此外没几个人比他威风，也没几个人的地位比他高，要么平起平坐，要么就是他的下级僚属，无不对他尊敬、仰慕。对此他很满足，也不敢有什么非分之想，做好本职工作，尽量不让别人抓到把柄，才是他最应该考虑的。他有一个温馨的家，老婆李祖娥漂亮、贤淑，让许多人艳羡，包括他的哥哥高澄。这还不够吗？人生如此，夫复何求！

然而机会说来就来，犹如烦扰的思绪，一觉之后会一扫阴霾，突然变得明朗。说起来机会这东西很怪，你热切期盼时，它不一定如你所愿，而你彻底绝望时，它往往峰回路转，突然降临。高洋是在晚些时候知道哥哥出事消息的，听完报告他心中一凛，潜意识里感觉出了大事，但他来不及细想，即刻带人赶往北宫。他不能耽搁，必须第一时间赶到现场，控制局势。作为同一个母亲的亲弟弟，担负京畿安全的大将军，于公于私他都要这样做。况且哥哥是东魏国的实际掌控者，高氏家族的掌舵人，事关重大，来不得半点马虎。

　　一路上，高洋也设想了很多，哥哥到底出了什么事？现在是死是活？不过他没敢往深处想。临近出事现场，他突然嗅到一股死气沉沉的腥臭味道，瞬间打了个冷战，继而头脑变得愈加清醒起来。

　　如果哥哥高澄一直活着，也许高洋会被一直压制、嘲弄，老老实实地过完一生，很难再达到一个新的高度，因为哥哥一向瞧不起他。高洋和哥哥没法比，高澄是嫡长子，被父亲立为世子，继承父业是理所当然的事，尽管在诸多兄弟之中，父亲对他一直比较偏爱，可是长幼有序，这个祖宗章法他改变不了。

　　高澄瞧不起这个弟弟，也是有原因的。高洋的长相怪异而惊世骇俗，他不但皮肤黝黑，宽脸尖下巴，还浑身长满鳞一样的东西，一只脚还生了两个脚后跟——《北齐书》的记载或许有夸张成分，文字在某种程度上也存在歧义，但长相让人不敢恭维还是有的。长相不能说明一切问题，却是人们最直观的感受。眼缘儿往往决定态度，一副面善、极具亲和力的脸孔，会得到人们内心的美好祝愿，也算一种投桃报李的回报吧，因为他给了你舒适感，让你获得了愉悦体验。而那些贼眉鼠眼、面相凶狠的人，也会给人带来莫名的不适，进而心生排斥。高洋超乎想象的尊容，很容易成为高澄鄙夷、嘲讽的对象。

其实不光是高澄，高洋的三弟高浚对这个二哥也很轻视。要说这高洋也不争气，长得不好看也就算了，那毕竟是胎里带的，没法改变——至少那个年代是这样。可这哥们儿还总流鼻涕，还不经常揎，也不知是有鼻炎还是怎么回事，总之很不利索。有一天午后，高浚和高洋一起去见高澄，唠家常或谈工作，说着说着，高洋又流起鼻涕来，他自己浑然不觉，高浚早在一边腻歪得够呛，故意责骂高洋身边的人：你们就不知道给我二哥擦擦鼻子吗！一句话弄得高洋手忙脚乱，尴尬万分。几年之后，高洋脆弱的神经濒临崩溃的边缘，对此事依旧耿耿于怀，高浚最终也为此付出了沉重代价。当狰狞的二哥举着冰冷的长矛无情地刺进他的胸膛时，他的脑海将绝望地浮现出，他让高洋揎鼻涕的那个遥远的下午。

哥们儿之间也就算了，可就连父亲高欢，对儿子的这副尊容也不感冒，继而开始怀疑他的大脑发育是否正常。等长大一些，高欢试着问高洋一些时事，想听听他的见解，判断一下他的智商，高洋什么事倒都能说上一通，逻辑也算缜密，高欢这才略微宽心。也就在那个时候，高欢发现了高洋一个极为突出的性格特征：喜欢思考，并且过于深入。他叙述一件事一定先说原委，然后再亮观点，对高欢所问之事，也总喜欢弄个水落石出，有股不撞南墙不回头的犟劲儿。高欢为此喜忧参半，这样的性格做学问可以，为人处世就不行了，会不招人待见。

长相令人倒胃口倒还好说，眼不见心不烦，躲远点少看他就是了。让高澄最忌讳的，是这个二弟丑人多做怪，抢尽了他这个大哥的风头。

小时候，母亲娄昭君曾找来晋阳城的一个沙门，给她的几个宝贝儿子看相。这个沙门颇有些蹊跷，说话不着四六，有时高深莫测，有时冥顽不灵，常出惊人之语，而且行踪飘忽不定，颇为神秘。人们往往对未知领域心存向往，而对熟识领域加以排斥和怀疑，这个沙门也是如此，谁也摸不清他的底细来路，加之当时人们对寺庙和尚无理由、无条件的信任，最后竟越传越神，将其捧到大师级高度，虔诚恭顺地呼之为"阿秃师"。

彼时的高家还没有后来的发达，娄昭君好不容易才把这位日程排得满满的"神仙"请来，想借他的慧眼看看几个儿子未来的命运，能否富贵，能否做官，以及富贵到什么程度，做多大的官，文官还是武官，诸如此类。阿秃师一一看过，摇头晃脑指指点点，嘴上兀自喋喋不休，和一般算命先生说的也没多大差别。可看到高洋却突然怔住，叨叨不停的大嘴也定格在了半路，一个劲儿地用手指天。娄昭君与众子自然会意，这是在说小高洋有天子贵相。

人的思维和记忆，是大脑皮层的折射和存储，所以人们对那些强烈的刺激总是极难忘却，尤其是有伤颜面和自尊的事。阿秃师的话对娄昭君来说无所谓，因为哪个儿子出息当妈的都开心，可其他几个弟兄就不一样了，这无异于说他们不如高洋。尤其是高澄，看着流着鼻涕、傻里傻气的高洋，心里登时翻江倒海。高洋虽说是他的亲兄弟，但他内心是排斥、讨厌他的——这也算不得嫉妒，更像是瞧不起的升级版。此事对高澄的刺激很大，后来他多次为此事发牢骚，说连这等尊容都能发达，还有天理吗！还有王法吗！那相面之言不信也罢。一脸的不屑和怨恨。

除此之外还有两个邪乎事儿，有一次高欢带着几个儿子路过凤阳门，竟然发现有条巨龙盘旋在门上。比这还邪乎的是，这条龙除了高欢和高洋看得真切，其余诸子谁也看不见。这事儿高澄肯定也会不舒服，你们爷儿俩在那兴高采烈指手画脚，指点江山似的，我瞪大眼却什么也瞧不见，傻不傻呀，而且那还不是寻常东西，是一条龙，一条神秘的、有着非凡象征的龙啊。更让他受刺激的是，高洋跟他一起过辽阳山，竟然望见远处天门大开，而他又是两眼一抹黑。

　　这两件事是高洋夺位之后刻意渲染，还是史官有意杜撰，抑或臣子们的马屁奉承，我们不得而知，类似的事在官方记载中俯拾皆是，似乎哪个帝王的诞生都不寻常，并非高洋先生的专利。看见"龙"肯定是假的，别说世上根本没这个物种，就是有也禁不住推敲，高欢诸子后来当皇帝的不止高洋一人，六子高演和九子高湛也都位尊九五，要按"见龙为龙"的说法，他们也应该看得见才对，况且高欢本人并没有正式称帝，按理说应该看不见。沙门阿秀师的事儿倒有几分可信，面相这东西有时很难说，它是一个人气质、气度和气场的综合体现，倒也不能完全归为疯癫之语。

　　神乎其神的事儿暂搁一边。高澄、高洋这哥儿俩的实质性矛盾，其实也和红尘众生一样，还是发生在生活、工作的接触中。同在一个锅里吃饭，饭勺难免碰到锅沿儿，同为高氏家族效力，步调也难保完全一致，况且兄弟之间还有个比较，父亲眼中还有个偏好。比如，有一次高欢为了检验诸子的能力，给他们每人发了一团丝麻，让他们理出头绪来。诸子那时估计也不会脑筋急转弯，全都忙不迭地找丝头，试图抻出一整条线来。唯有高洋逆向思维，先是不动声色，继而抽出佩刀，将一团乱麻斩成两截，并说乱者须斩。高洋当机立断，也为后世留下了"快刀斩乱麻"的典故。此举颇具武者气魄，高欢期待的就是这个结果，当着众子的面，他对高洋竖指颔首，连连称赞。

　　还有一次，高欢把几个渐渐长大成人的儿子叫到跟前，分发兵刃，配以马匹，对他们说，拿起你们的武器，去外面的世界闯一闯吧。同时却暗中指使彭乐等几个精明强悍的士兵，假扮成强盗在路上拦截，以此试探诸子临危应变的能力。结果高澄哥儿几个还真以为遇到了强盗，一下子慌了神儿。这时唯有高洋镇定自若，一边让大家散开，一边指挥兄弟们与彭乐等人殊死搏斗。彭乐见众王子玩真的，索性说明实情，要求休战，高洋却兀自不依不饶，最后将几人绑了，带回高欢那里。高欢自此对高洋更加高看一眼，还自豪地对长史薛琡夸赞，说这小子有主意，有胆识，比他爹还出息。

高欢赏识高洋，伤害的却是高澄，因为高洋排行老二，对自己世子的地位威胁最大。这点高洋也意识到了，所以他处处加倍小心，也从不轻易说话。祸从口出，言多必失，这几乎是招惹是非最不经意的代价，无论是朋友反目还是同室操戈，好多都是由说话不当引发的多米诺效应，倒不一定真是有什么深仇大恨。高洋早熟，加之兄弟们的不断取笑，对此体会颇深，也就特别留意。晋升到帝国中枢，履职东魏国尚书令、中书监、京畿大都督后，他更是三缄其口，甚至散衙回府后，也是一个人关在屋子里静坐，整天不说一句话。对待哥哥高澄，他除了言听计从，还经常自我贬损，把自己摆在一个很低的位置，或将内心的不情愿暂时抛开，挤出一个讨好的笑，以此打消哥哥的疑虑。

在外面小心谨慎惯了，倒让高洋养成了精细的性格。他的手很巧，经常为夫人李祖娥做一些精巧的小玩意儿，哄她开心。未想这一点也遭到了高澄的嫉妒，不知是看不上弟弟的巧思，还是看不了二人的恩爱，上前一把就抢了过去。如此次数多了，李祖娥也长气性，便和高澄对着抢，这时高洋就会出来解围，笑着劝自己老婆，说这不过是个玩意儿，我还可以帮你弄，大哥既然喜欢，你给他就是了。话说得入情入理，云淡风轻。

高澄并非只抢李祖娥的玩具这么简单，有一次喝高了，他还趁机乱性，非礼弟妹。就连这个高洋最后都忍了，涵养之深还真不是盖的。不过飞扬跋扈的高澄那时绝然不会想到，他的这个流鼻涕的弟弟有一天会真的当上皇帝，他对弟弟的所作所为，也埋下了一桩惨案的伏笔，十几年后，他的老婆元氏以及家中所有女眷，全部遭到高洋野兽般的报复。

高洋装傻，却不是真的傻。他时常赤膊露背，也不穿鞋，光着有两个脚后跟的大脚丫子，在狭小的屋子里又蹦又跳，直至大汗淋漓。李祖娥见状不解，问他这是干什么，高洋气喘吁吁，动作却不停，轻描淡写地回答：没什么，做个游戏让你开心开心。他当然不是在玩游戏，而是锻炼身体，时刻准备着，所谓卧薪尝胆，大概也就是这样了。经年不懈的锻炼让高洋变得高大威猛，周身充满活力。他目光专注，性情内敛，颇具王者之风。

往事如昨，思绪像开闸的水，汹涌奔腾而至漫延舒缓。进入大堂，高洋一眼便看到了哥哥，这个打心眼里看不起他，抢过他老婆玩具，让他敬畏有如老鼠见猫的人，躺在血泊之中，早已断气多时。凶手兰京和他的几个同党也被抓住，捆成粽子般跪在一旁，等候着处理。高洋的到来，让大堂的沉闷气氛稍稍有了些缓和，看着人群投射过来的急切目光，他隐隐感觉到，他内心一直渴望的事情就要到来了。

07

发情猛兽

　　高洋多年来养成的沉稳性格，此刻终于得到了极致发挥，面对惊慌失措的人群，面对案发现场的恐怖，他神色不变，指挥有序：你们几个抬尸体，放到里屋榻上；你们几个清扫地面，收拾桌椅；你们几个把这帮贼人拖到后院，先扇几个嘴巴……就像当年对付彭乐那伙假强盗一样，高洋表现得异常镇定，在最短的时间内，以最快的速度，将一切安排得井然有序。

　　之后高洋把所有人召集到后院，在众人有意识压低声响的诡异气氛中，举行了一个庄严肃穆的行刑仪式。他命人将兰京等人的脑袋砍下，然后用漆漆了，挂起来当反面教材。目睹高洋毫不手软的冷酷，众人纷纷投射臣服的目光，渲染出一个王者的高大形象。

　　见大家的情绪逐渐稳定，高洋下令封锁消息，对内则统一口径：几个家奴闹事，已被正法，我们尊敬的大将军只是受了点皮外伤，并无大碍，请大家安心工作。这个做法和当初父亲交代哥哥高澄秘不发丧一样，都是为了争取时间。不同的是，这次的决定是高洋自己作的。

对于见义勇为的陈元康，高洋的处理也十分妥当。当时陈元康被刺成重伤，让功曹参军祖珽替他写下遗书之后便一命呜呼，追随先主而去了，高洋将其秘密收殓后放在府内，对外则宣称陈元康外出办事去了。为了扰乱视听，他还煞有介事地任命陈元康为中书令，以表彰其护主有功。假装给死人升官，也是为了进一步让人们打消疑虑，从而彻底相信高澄未死。做好这一切，接下来高洋要尽快赶去高家的老巢——晋阳，接手哥哥在那里的一切。在此之前，他必须掌控好邺城的局势，不能出现半点差池，因为他知道，高澄的死讯隐瞒不了几天。

当天夜里，高洋便紧急招来大将军督护唐邕，让他抽派兵力，控制邺城以及周边的形势。唐邕是父亲时代的亲信，对高家一向忠心耿耿，他有个特殊的才能，能一心三用，处理军务时，一边写着文书，一边听着汇报，一边顺嘴给出条理清楚的处理意见。天才唐邕也是一个贯穿北齐始终的人物，他智慧的双眼见证了北齐从辉煌到没落的全过程，多年以后，已经当上皇帝的高洋连年出征塞北，时任给事中兼中书舍人的唐邕为其得力助手，他对各军督将以下将领们的履历以及各军战斗力的强弱、人数多少、调驻往返情况、兵器精良与否、粮草储备多寡，无不烂熟于胸，检阅好几千人的部队也不用拿花名册，随口点名，从未出过半点差错，为北齐军不断营造着胜利的神话。高洋为此由衷赞叹，说唐邕一人能抵千人。再后来，北齐没落，北周大军兵临晋阳时，后主高纬落荒而逃，唐邕为了守住高家基业，毅然拥立安德王高延宗为帝，誓死守城，为北齐帝国谱写了最后的辉煌。

按照高洋的指示，唐邕很快安排、分配完毕。与此同时，高洋又委派太尉高岳、太保高隆之、尚书令司马子如、侍中杨愔等人，加强对皇宫内外的监控，包括皇室宗亲们的言行、禁军的动向以及坊间的舆论。果然，只两天的时间，高澄的死讯便迅速传播开来。不过现在高洋一点也不担心，邺城的一切尽在把握，他甚至抽出时间泡了个热水澡，以便让自己的神经松弛下来，因为他还有许多事情要做。

元善见听到高澄的死讯，也着实兴奋了一家伙。这个不把自己当人看，讨厌自己如同讨厌一堆臭狗屎的人终于死翘翘了，这是冥冥中的天意，是上天在助我元氏翻盘啊。和高洋一样，元善见也看到了新的希望，竟一时掩饰不住内心的喜悦，对身边侍从投过去一个暧昧、加油的眼神，似在说：是时候该我们说了算了。他也鬼使神差地泡了个热水澡，以祛除两年来郁结心底的晦气。

可惜元善见这次又想错了。高洋主动找上门来，而且不是一个人，身后跟着八千名全副武装的精壮武士，杀气腾腾，一看就是训练有素的虎狼之师，如同大军压境一般威风凛凛地前来觐见。到得宫中，武士们迅速占据有利地形，放置警戒，严阵以待。随高洋一起入殿的有二百来人，都是精英中的精英，全部撸起衣袖，手按刀柄，一副气势汹汹随时开打的架势，眼里显然只有高洋而没有孝静帝元善见。

高洋并未把元善见怎么样，也没有叩头行礼启奏圣上，而是让人代为传话：臣有家事，须去晋阳一趟。说完扭头便走。这哪里是觐见，分明就是打招呼、下通知。元善见登时给整懵了，脸色一下变得很难看，目送着高洋高大威猛、虎虎生风的背影，顿生叹息：这小子看来更不好伺候啊，别说让他交权了，我哪天死都不知道呢！

高洋如此这般地在皇宫走了一趟秀,其目的就是要震慑元善见,意思是虽然我哥哥高澄死了,但这邺城还是我老高家说了算,别打如意算盘,也别动啥歪心思,没用。元善见果然没敢轻举妄动,不但没动,而且还很快下了一道圣旨,晋升高洋为使持节、丞相、都督中外诸军事、录尚书事、大行台、齐郡王——不久又晋位相国、晋封齐王,将高澄生前的所有头衔,一股脑儿全转给了高洋。打落牙齿和血吞,为了保命他也只能委曲求全。

稳住了邺城,高洋下一步的目标就是晋阳。父亲时代的勋贵,高家最得力的干将以及听命于哥哥的嫡系部队全在那里,撑着东魏的半壁江山。虽说都是高家的,但父亲、哥哥说了算,不等于高洋说了也算,所谓的高家那也得看谁当家,晋阳的那些旧臣、宿将自视功高,向来没把高洋放在眼里。而且,新领导新气象,你总得给我们个服你的理由吧!

高洋很快给了他们充分而又不容置疑的理由——实力和魄力。到晋阳后,高洋将一干文官武将、功臣权贵全都召集起来开会,照例是亲兵卫队负责警戒,手按刀柄随时待命,之后宣布了哥哥的死讯,并传递自己即将继承遗志的明确讯息。他讲话时神采飞扬,言辞切切,分寸拿捏到位,气场威力十足,众人一下子全被震住了,惊醒之后纷纷宣誓效忠,唯恐落后。

接着,高洋大刀阔斧,修正高澄之前纠劾勋贵略显苛刻的政令,释放重新倚仗的宽松信号,努力营造一个和谐、充满活力的政治环境。有了更多实惠,受到更大重视,晋阳勋贵自然乐在其中,跟谁卖命不是卖!

高洋又采取打一批拉一批这种古来官场一以贯之的伎俩,局势就更加稳固了。比如,司马子如和陈山提二人一直痛恨度支尚书崔暹，跟他叔父崔季舒也不大对眼儿，便在高洋面前说他们的坏话。崔氏叔侄是高澄的死党，正好借机除掉，高洋毫不犹豫地赏了他们每人二百皮鞭，之后发配边疆为奴，给所有高官敲了一记警钟。

晋阳城的春天来了，高洋感觉格外精力充沛，信心满满，像一头发情的猛兽，总感觉应该做点什么了。

08

天助我也

在武定八年（550）的春天到来之前，攫取了东魏军政大权的高洋，对自己的未来仍然没有过高奢望。能代替哥哥，达到当年父亲的威望和地位，已经让他十分兴奋了。可是随着这个春天的到来，高洋的心也像经历漫长冬天的少男少女，身体的复苏催生情感的迸发，变得活跃、躁动不安起来。

整个春天，高洋几乎一刻也没闲着，不停地在高氏家族的大本营晋阳与帝国的首都邺城之间来回穿梭。此外他还开始思考一些别的事情，和哥哥高澄一样，他有了更高的渴望：他要逼宫，让元善见把皇位让给他。这个想法一经出现，他的心如小鹿乱撞，快感直冲天庭。

最先给高洋出这个主意的是两个窥出端倪的汉人贵族：金紫光禄大夫徐之才和北平太守宋景业。这哥儿俩精于河图洛书，八卦占卜，某天测出一句谶语：

太岁在午，当有革命。

二人兴奋异常，迫不及待地找到记室参军高德政，将"天机"一五一十地泄露给他，让他规劝高洋尽早行动。高德政是高洋最信任的心腹，就像当年的高欢与司马子如，二人情趣相投，无所不谈，他的话高洋一定会听。而且这哥儿俩坚信，皇位对于高家来说，有着无可比拟的诱惑力，他们也十分清楚高氏家族历年来为此所做的艰苦努力。

世间一些最大胆的构想，有时并非源于顶层设计，而是出自底层市井。这些人思维活跃，可以任意天马行空，因为他们不必为此承担什么责任，反倒可能因为想法的怪异、奇特，得到别有用心的褒奖和赏识。徐之才和宋景业就是这样的人，他们渴望被重视，渴望有进一步升迁的机会。

高洋果然动了心，眼中光芒迸射，一闪即逝，却没能躲过高德政的慧眼。再稳妥之人，也会有激动失态的一瞬，而且这事儿在高洋心中也隐约闪现过——只是闪现，还远未提上议事日程——有此反应再正常不过了。试探成功，高德政更加了然自己在主子心中的地位，如此大逆不道的事，不是无话不说的亲信谁敢轻易建言？搞不好会掉脑袋的。高德政受到鼓舞，开始更加坚定地劝进，同时不失时机地把他的两个老朋友徐之才和宋景业引荐给高洋。

不过彼时的高德政并不知道，高洋此刻的动心，实则是潜意识作怪，是埋藏心底的渴望被一下子撩拨出来，又摆到桌面上的悸动，和对高德政的宠信没半毛钱关系。几个月后，在是否立李祖娥为皇后的问题上，高德政将真切地感受到这一点。而几年之后，高洋性情突变，高德政成了刀下鬼，更加印证了这一事实。

沉静下来的高洋眉头紧锁，一如既往地心事重重。他有些犹豫，这毕竟是改朝换代的大事情，不但要承受国内外巨大的舆论压力，还要预防突发性变故，父亲的谨慎和哥哥的前车之鉴他也不能不考虑。父亲高欢有过好几次夺位称帝的机会，但一直到死也没付诸行动。哥哥高澄急于求成，结果功亏一篑，一个小小的意外让一切灰飞烟灭，要不是他高洋力挽狂澜，高氏家族两代人的基业很可能就此毁于一旦。

万分纠结的高洋想到了母亲，这个高氏家族最有主意也最为传奇的女性。期许着在她那里得到肯定答案，未想却碰了一鼻子灰。娄昭君闻言惊诧莫名，说你的父亲和哥哥如龙似虎，尚且不敢有这种大逆不道的想法——高澄想篡位的事她可能不知道——一直老老实实北面称臣，你何德何能？也敢效仿当年的舜、禹禅让？

母亲的惊讶、怀疑和毫不客气的讽刺，不断刺激并吞噬着高洋的自尊，让他羞愧、无地自容，也让他的心情沮丧到了极点。回到住处呆坐半晌，他找来新近引为心腹的徐之才，把母亲的话原封不动地复述了一遍。徐之才受宠若惊，激动之余口无遮拦，竟然说出一句极富诡辩色彩的话：正因为您不如您的父兄，所以才更应该早升尊位啊。

对于这种移花接木、颠倒乾坤的神逻辑，高洋没有表现出任何的怀疑。事实上，这种逻辑也符合他一贯的思维方式，并在他此后的人生中不断发扬光大，如青烟缭绕一般，始终挥之不去，让他做出一件又一件匪夷所思的事来。他也终究成为这种思维的受害者，被自己制造的神逻辑搅得心神不宁，搅得精神分裂。

除了神逻辑，徐之才的理论支撑，依然是两个神乎其神的童谣和谶语，童谣曰：

一束藁，两头然。河边殺殓飞上天。

"藁"是一种多年生草本植物，"然"同"燃"——《说文解字》中说："然，烧也。"一束藁草两头燃烧，也就是"藁"字烧掉了容易燃烧的"草"字头和"木"字底，只剩下中间坚韧挺拔的一个"高"字。"殺殓"指山羊，"河边殺殓"是河边的羊也就是"羊"加"水"，也就是高洋的"洋"。"飞上天"好理解，自然就是当皇帝。谶语不像童谣那么直白、朗朗上口，但大致意思相同，而且也与羊有关：

羊饮盟津角挂天。

"盟津"就是孟津，古黄河的一个渡口，在今天的河南省洛阳市孟津区境内，"羊饮盟津"是说羊在津口饮水，添了"水"的"羊"还是高洋的"洋"。而"羊角挂天"也和上面的"飞上天"一样，都有一飞冲天、荣登大统之意。

与此同时，在阳平郡的面星驿，还出现了一桩怪事，驿站旁本来有一片水域，近来有人经常看到几百头羊在那里喝水，或立或卧，活灵活现，可走近了却又看不见，正好贴合谶语的一些情景。徐之才由此得出结论，说哪有这么凑巧的事？分明是上天的安排，劝高洋切勿怀疑。

古代的童谣、谶语，不管是彼时有意为之，还是后世牵强附会，多以改朝换代为文化表征，谣、谶的作用不是预言，更像一种政权更替合法化的舆论介入。徐之才说的童谣其实并不新鲜，早在十六国时期，北燕第一任皇帝高云取代慕容氏所建的后燕时，就有类似的童谣传世，只是后半句不同：

　　　一束藁，两头然，秃头小儿来灭燕。

　　不管事实如何，这童谣和谶语经过徐之才添油加醋、手舞足蹈的一番解释，再次与高洋的内心发生碰撞，让他重新点燃欲火。这只"羔羊"决定不再沉默，他无论如何都要试试运气了。

　　当一个人的期望太高而又不知能否实现时，往往就会把它交给命运，古今皆然。这和科学的普及与进步没有任何冲突，因为在平静的课堂获取的只是一些枯燥的理论，并未感同身受。况且寄托命运也并非就是迷信，这是两个概念，有时它也是缓解压力或聊以自慰的方式之一，属于心理学而不是玄学范畴。不过那时的高洋思想还没有这么进步，他可能真的深信不疑。接下来，他决定再铸造一个金人来试试手气，成就干，不成就算了。高洋焦急地等待结果，未想金人竟一下子铸成了。高洋那颗被云雾遮笼的心，又霎时变得清澈明朗起来。

　　彼时的"铸金人"，其实就是铸造铜人——不是真的黄金人。它是鲜卑族用来占卜吉凶的习俗之一，也是拓跋氏（元氏）宫廷一直延续的一个习惯。铸金人算是一个检验，你铸造得好，鼻子、嘴、眼啥的和你本人很像，这就是天意，如果铸得不好，还是铜疙瘩一块，没个人模样，也就天意难违了。当年尔朱荣想篡位，便曾铸金人试手气，结果怎么也铸不成，以至于精神恍惚，差点得了精神病。

　　铸金人在鲜卑人心中有着神圣、崇高的地位，高氏家族不是鲜卑人，却世代在鲜卑为官、生活，早已高度鲜卑化，并一向以鲜卑人自居。况且高洋的母亲娄昭君可是一个地地道道的鲜卑人，从这方面讲，高洋也有着二分之一的纯粹鲜卑血统。所以高洋铸金人成功，内心自是无比激动、喜悦——这或许就是天意！

在"天助我也"的感召下，高洋依旧做了一些接地气的基础性工作。他先是派他的表弟兼大舅哥——也就是开府仪同三司段韶（其母与高洋之母娄昭君是亲姐妹，其妹是高洋的小妾，后来被封为昭仪），去征求一下肆州刺史斛律金的意见，以期得到进一步的肯定和支持。

斛律金是高欢的左膀右臂，敕勒族人，也就是歌唱北朝民歌《敕勒歌》的那个民族，有资料显示，说《敕勒歌》的作者——或者首唱者和普及者——就是斛律金。当年高欢率军与西魏在玉壁决战，最后败北，失落之余让斛律金作了《敕勒歌》。斛律金为了安慰高欢，用鲜卑语高声清唱，翻译过来就是大家熟知的歌词：

敕勒川，阴山下。
天似穹庐，笼盖四野。
天苍苍，野茫茫，风吹草低见牛羊。

歌声雄浑辽远，热辣滚烫，将天、地、人以及山川、草原、牛羊融为一体，高欢置身其中，也跟着哼唱起来，一时胸襟开阔，却又胸怀悲壮，不知不觉流下了激动的泪水。高欢一直倚仗斛律金，死前曾特别交代高澄，要信任斛律金。斛律金戎马一生，建功立业，在帝国军政两界都有着极高的威望，彼时更是手握重兵，防御着北方的柔然，他的话是有分量的。结果，高洋一颗火热期盼的心被浇了一瓢冷水，斛律金听完大摇其头，坚决反对逼宫，甚至当他听说宋景业参与其中时，还雷霆震怒，要求杀宋景业以泄其愤。

碰了钉子，高洋并不甘心，决定再努一把力。就像当初夺权一样，他把在晋阳的一些重量级头面人物集合起来，推心置腹地和他们交流想法，争取他们的支持，然后相约一起去说服母亲。

未想这些头面人物不置可否，而娄昭君闻知此事后更加愤怒，并把怒气全撒在了高德政身上，颤着声对众人发飙，说你们这是要干什么？我的儿子一向耿直懦弱，绝不会有这种想法的，一定是你高德政教他这么做的！之后转身进了里屋，不再理会高洋和高德政。母亲护犊子，不管错在何人，总会找出一万个理由来回护儿子。

但此时，高洋心中的烈火早已熊熊燃起，断无浇灭的可能。他决定亲自作一番调研，切实掌握第一手资料，以验证此事的可行性。为此他作了两方面的安排：一方面，因为高德政在母亲那里全然没了好印象，索性派他去邺城，了解一下那些王公贵族的动态；另一方面，他亲自带兵去高氏家族的另外一个据点平都城（在今山西省和顺县境内），召集那些功臣勋贵和高氏族人商议。最后两方面的结果都不尽人意。

在平都城，众人拿捏不准，谁也不敢多说话，但不说话实则已经亮明了态度，因为高洋需要的是积极、肯定的表态。这时长史杜弼打破了沉默，他站在国际大势的高度，对高洋逼宫问题予以坚决的否决：我们当前最大的敌人是关西的宇文泰，如果大王接受了魏主的禅让，就会授人以柄，宇文泰也会举着道义的大旗堂而皇之地出兵，到那时我们该如何抵抗呢？

杜弼提出的是一个很现实的问题。前文说过，东魏和西魏本是一家，都是从北魏分裂出去的，但双方势同水火，高欢时代便时有战争，高欢死后，驻守河南的大将侯景反叛，西魏趁机拓展地盘，边疆一时硝烟弥漫，很不平静。高洋正思索着该如何回答杜弼的疑问，徐之才早已挺身而出，替主子反驳道：那宇文氏又何尝不想称帝呢？大王称帝，宇文氏大不了也跟着称帝，就是他们打来了，难道还能阻挡我们称帝不成？言辞咄咄逼人，一副大义凛然、大公无私的样子。杜弼一时语塞，最后会议不欢而散。

时任并州刺史司马子如听说高洋到了平都城，也急匆匆赶来，反对高洋逼宫。高德政那里反馈来的消息也不乐观，那些王公贵卿全都作壁上观，没有一个明确表态支持的。母亲及勋贵们的反对让高洋彻底泄了气，从平都城回来后整天郁郁寡欢，本来就表情极少的一张黑脸，变得更加凝重阴郁起来。

比高洋还郁闷的是徐之才和宋景业，二人自然不想前功尽弃，他们现在已是高洋的心腹，可如果禅让的建议得不到落实，这种宠信也不会长久，所以仍需努力。二人几乎每天都到高洋那里报到，灌输他们阴阳杂占的复杂理论，加上高德政的不断鼓吹、劝说，高洋利令智昏，那颗僵死的心犹如春天发芽的种子，又开始萌动了。

为了验证天理，高洋找来精通卦术的武邑太守李密，郑重其事地给自己卜了一卦，结果竟得到了"大横"卦，那是汉文帝刘恒卜过的吉卦，当初还是代王的刘恒本来无缘皇位，但因为吕雉专权、宫廷内斗等机缘，最终坐稳了江山，这显然是个好兆头。接着他又让宋景业占卜，得到"乾之鼎"卦，宋景业解释说："乾"代表国君，"鼎"乃五月之卦，"乾之鼎"预示大王将在五月受禅。

高洋很高兴，却又将信将疑，问宋景业：阴阳书上说，五月份不适合当官上任，否则以后不会升迁，这又怎么解释呢？宋景业进一步答疑解惑，说这是大吉大利的话啊，您想，大王既然当了天子，当然不需要再升迁了。

是夜，一道亮光照进高洋的卧室，刹那间有如白昼，睡梦中的高洋感觉有人用笔在他额头上轻轻点了一下……翌日，高洋将梦中情境告诉了幕宾王昙哲，问他：这是老天要让我后退吗？王昙哲赶紧拜贺，说王字上面加一点便是个"主"字，这是让大王您勇往直前，入主皇宫啊。

原来如此！高洋茅塞顿开，这次他不再犹豫了，即刻整顿队伍，开始向邺城进发。

09

唯我独尊

东魏武定八年（550）五月初夏，年方二十一岁的相国、大都督、齐王高洋骑着一匹黑色高头大马，威风凛凛地从晋阳出发，去国都邺城逼迫当朝天子元善见禅位。跟他一同前往的，有记室参军高德政、金紫光禄大夫徐之才、长史杜弼、并州刺史司马子如，父兄一辈培养起来的一部分嫡系以及维系高氏家族的嫡系部队。

高德政早已把在邺城察访到的情况、动向，逐条做了记录并呈送给高洋。在出发的同时，高洋早命近侍陈山提快马急行，带着高德政进呈的事条和一封密信，去知会侍中杨愔，让他提前做好部署。陈山提就是之前和司马子如一起构陷崔季舒的人，鲜卑族，与之前提到的侯莫陈悦一样复姓侯莫陈，本名侯莫陈山提，后来改汉姓成了陈山提。陈山提侍奉高家两代，一贯忠诚得力，让他办事高洋放心。

杨愔看完信，即刻召来太常卿邢邵和秘书监魏收，让邢邵负责议定礼仪制度，让魏收起草有关加九锡、禅让、劝进等诸多文告，并把东魏的宗室以及诸王全部召集在北宫，命人看管起来，吃喝全在这里，不准离开半步，只等高洋的到来。

逼宫队伍一路行进顺利，距离目标也越来越近。高洋打起十二分精神，不敢有丝毫的懈怠，每次驿站休息时，他都要反复思考每一个细节，然后才放心地进入梦乡。然而当队伍走到一个叫前亭的驿站时，却发生了一个小小意外，打破了他一直刻意伪装起来的平静。也许是路途劳累，也许是生了病，其所乘白马忽然倒地，着实让高洋晦气了一番。等到了平都城，白马再次不复前行，怎么打都不挪地方。高洋开始变得焦躁起来，认为这是不祥之兆。

见高洋不快，知道主子又在犯嘀咕，高德政、徐之才二人急火攻心，在苦苦哀求未果之后，不得已使出撒手锏，说开弓没有回头箭，陈山提估计现在早就到邺城了，我们若不前进，时间久了恐怕消息会泄漏。这招果然管用，高洋凛然一惊，即刻恢复了斗志，忙命司马子如和杜弼二人先行奔驰入邺，进一步观察邺城的事态发展、人心所向。

与内心的焦躁正好相反，邺城竟是出奇的安静。邺城的守军本来就是高洋的旧部，又有唐邕节制，所以一切井然有序，而见到司马子如等人进城，那些左摇右摆的大小军官知道局势已定，无法撼动，反倒安下心来。超乎心理预期，高洋一扫之前的晦气，重又回到沉稳、淡定的正常轨道。

进城后，高洋着手做了两件事。第一件是修筑祭天圆坛，他命人召集邺城的民夫工匠带着工具到城南集合，开槽夯土，热火朝天干了起来。期间，太保高隆之乍见人潮汹涌，好不热闹，没头没脑笑嘻嘻地问了一句：您老这是打算干什么呀？

高隆之明知故问，自是打心眼里反对，高洋闻言勃然作色，瞪着这个自小拿他寻开心的捡来的叔叔，气不打一处来。高隆之本不姓高，姓徐，其父徐干因为被高氏收养，故改为高姓，后来高欢又认他做了从弟，与高氏的联系就更紧密了。作为高欢时代倚仗的重臣，高隆之与司徒孙腾、尚书令司马子如、太尉高岳并称"邺中四贵"，一度势焰熏天。不过再怎么紧密他也是半路出家，很难融入高氏大家族，高澄履职大将军、吏部尚书兼领中书监后整顿吏治，就曾与"四贵"交锋过。

　　高洋万难才压住怒火，从牙缝里挤出冷飕飕的几个字，说我自然有事，你问这干什么？是不是活腻歪了！吓得高隆之猛然间想起自己姓什么，连连谢罪，诺诺而退。四年之后，皇帝当得风生水起的高洋对此事依旧愤愤难平，让几个高大威猛的壮汉狠狠揍了高隆之一百多拳，然后遗弃路边，任其死去。

　　第二件是逼宫，由杨愔出面，委派司空潘乐、侍中张亮、黄门郎赵彦深、中书郎崔劼、裴让之等人入宫奏事，共同推戴高洋。东魏孝静帝元善见在昭阳殿召见诸人，张亮直奔主题，煞有介事地说：五行历来递代运行，帝命也有始有终，这都是天意。齐王高洋天下归心，万民景仰，希望陛下效法尧舜禅让，就不要为国事太过操劳了。

　　元善见知道这一天迟早会来，但真的来了，而且来得这么突然，还是感觉有些不适应。他沉吟半晌，这才神色凝重地回话，说这件事朕早就想过，理应谨遵众意，逊位让贤。随即话锋一转，又试图迂回些时日，说如果非要这样做，也不忙于一时，怎么也得先写个正式的禅让诏书吧？崔劼、裴让之二人立马跟进，说诏书什么的我们早就准备好了，您签个字盖个章就成。

事已至此，元善见只好极不情愿地拿起笔，签署完毕，又问：朕退了休住在哪呢？这个当然也有准备，杨愔朗声回答：臣等为陛下在北城准备了一套大宅院，早已收拾干净，被褥什么的都是新的，很不错。请陛下移驾。

元善见心情沉重地离开那个陪伴他十几年的熟悉的龙椅，无限惆怅地背了手，向东廊走去，边走边吟咏范晔《后汉书》中的一段话，那是对汉献帝的一段赞辞：

献生不辰，身播国屯。终我四百，永作虞宾。

这段话代入感极强，元善见似乎找到了当年汉献帝生不逢时的感觉，有前人作伴，心里也好受了些。

元善见还没发完感慨，负责催宫的人早就不耐烦了，很客气却又很生硬地催他赶紧上路。元善见可怜巴巴地望着来人，说古人尚且顾念遗簪敝履，朕想跟后宫嫔妃道个别，可以吗？一副商量哀求的口吻，完全没了皇帝的威风。此景让一旁的高隆之豪情顿生，他大声呵斥众人，说今天的天下依旧是陛下的天下，你们这是干什么！见王爷发威，催宫的人倒也不敢说什么，元善见这才又溜达到后宫，与诸位妃嫔话别。

后宫也早已得到消息，嫔妃们罕见地团结一致，互相泣诉衷肠，见元善见过来，霎时哭得莺声一片。有个李姓嫔妃沉浸其中，竟然诗兴勃发，一边哭一边背诵曹植的几句离别诗：

王其爱玉体，俱享黄发期。收泪即长路，援笔从此辞。

受诗句感染，现场气氛瞬间被推向高潮，给这种离愁别绪平添了些生死缠绵的味道。

直长（官名，隶属门下省，为奉御等主官的辅佐）赵道德早就备好了一辆牛车，在东阁门外等候。元善见登车，早就等急了的赵道德随即上前，想抱扶或者帮一把。然而，这个不经意的小动作触动了元善见的敏感神经，自尊心一下子伤到极点，他气急败坏地对着赵道德怒吼：朕出让帝位是畏天命、顺人心，你算个什么东西，敢这样放肆！然而赵道德并不理会。

牛车出了云龙门，王公大臣们前来拜辞，元善见触景生情，忍不住泪流满面。到了北城，才知居所是尚书令司马子如的南宅。一切安顿停当，元善见这才委派太尉、彭城郡王元韶等人，捧着自己的玉玺、印绶交给高洋，算是正式让位了。

犹如那些屈辱条约的签字者，尽管他们不是战争的罪魁祸首，却往往成为替罪羊，被后世屡屡提及，并随口唾骂，奉命去交玉玺和印绶的彭城王元韶，便饱尝了个中滋味。

元善见当时之所以选择元韶，不仅因为他温和儒雅，与世无争，可能还因为他的多重身份。他是前任彭城王元劭的儿子，同时也是北魏孝庄帝元子攸的侄子，高欢的女婿——高洋的姐姐最初被当作筹码嫁给了孝武帝元修，元修出走关中后改嫁元韶。由他出面过渡，感情上不至于那么纠结。

对于这个费力不讨好的活儿，元韶也只是奉命行事，未想却卷入了是非漩涡，负面影响远远超乎想象。他不但在家族内部落了个胆小怯懦、奴颜婢膝的名声，更可悲的是，获益的一方对他也不感冒。高洋打心眼里瞧不起他，先是将其降为彭城县公，后来还剃光了他的胡须并施以粉黛，让他穿上女人的衣服每天跟在身边。

元韶本就仪容俊美，面似妇人，这一打扮更像一个花枝招展的大姑娘。高洋看着乐呵，逢人便说，这是他新纳的嫔妾或新招的侍女，最大限度地蹂躏、践踏其尊严。这个梗一度成了高洋生活中最高级的段子，让他开心、快乐了好一阵子。

家门不幸，曾经的东魏朝宰相、刚刚被降封为美阳县公的元晖业（北魏景穆太子拓跋晃的玄孙），把怒气全撒在了元韶身上。有一次他随驾前往晋阳，一路目睹元韶的媚态和丑态，到宫门时忍不住破口大骂，说你的德行还不如一个老村妇呢！接着又旧事重提，说当初你为什么要把皇帝的玉玺送给别人，为什么不摔碎了它！元韶扫了一眼元晖业，没做任何反驳，只嘴角不经意地抽搐了一下，旋即低眉顺眼，不再理会。

元晖业以被高洋杀死后丢进汾河冰窟窿的代价，换来一通酣畅淋漓的情感宣泄，也挽回了落寞皇族的些许尊严。与他一同倒霉的，还有恰巧在一旁侍立却没有上前阻拦的临淮县公元孝友。临刑时，元孝友骇得惊慌失措，没了往日的淡定，元晖业则依然不输气质，他是真的觉得有些东西超越了生命。

不过那个时候的元晖业、元孝友以及彼时在场的所有人可能都没想到，九年之后的某个时间节点，就是这个毫无尊严、谁也瞧不上的元韶不经意的一句话，让元氏家族惨遭灭顶之灾，无数男女老幼枉死的冤魂在邺城上空盘旋，场面血腥凄惨，气氛诡异恐怖，那也是高洋精神分裂之后的最后一次疯狂。

得到玺绶两天之后，高洋在邺城南郊登基为帝，随即大赦天下，建元"天保"，定国号为"齐"——史称北齐，以区别南方的萧齐或南齐。追尊父亲齐献武王高欢为献武皇帝（后改为神武皇帝），庙号太祖（后改为高祖）；哥哥文襄王高澄为文襄皇帝，庙号世宗；母亲娄昭君为皇太后。

之后高洋大封宗室功臣，都冠以王的称号：高洋的堂叔高岳为清河王，高欢从弟高隆之为平原王，高欢族弟高归彦为平秦王，高归彦兄子高普为武兴王，高欢从子高思宗为上洛王，高欢从祖兄子高长弼为广武王，高欢从祖弟高显国为襄乐王，高欢弟弟高琛之子高睿为赵郡王。

不久，高洋又诏封儿子高殷为太子，父亲高欢的其他儿子也都封了王：三子高浚（母亲王氏）为永安王，四子高淹（母亲穆氏）为平阳王，五子高浟（母亲大尔朱氏）为彭城王，六子高演（母亲娄昭君）为常山王，七子高涣（母亲韩氏）为上党王，八子高淯（母亲娄昭君）为襄城王，九子高湛（母亲娄昭君）为长广王，十子高湝（母亲小尔朱氏）为任城王，十一子高湜（母亲游氏）为高阳王，十二子高济（母亲娄昭君）为博陵王，十三子高凝（母亲大尔朱氏）为新平王，十四子高润（母亲郑大车）为冯翊王，十五子高洽（母亲马氏）为汉阳王。

高洋子侄辈封王的有两个，都是大哥高澄的儿子，嫡出世子高孝琬（母亲元仲华）为河间王，庶出长子高孝瑜（母亲宋氏）为河南王。功臣方面：库狄干为章武王，斛律金为咸阳王，贺拔仁为安定王，韩轨为安德王，可朱浑道元为扶风王，彭乐为陈留王，潘相乐为河东王。

以上诸王又分别委任不同的官职，执掌帝国的行政、军事大权。东魏的一切彻底收入高氏家族囊中，高洋自此迎来了他为期九年的皇帝生涯，也奠定了北齐帝国二十八年的基业。

高家旭日东升，元氏则日薄西山，皇帝元善见被降封为中山王，不同的是，礼节和待遇方面要高于其他诸王。高洋特别恩准，元善见上书时可以不称臣，高洋回复也不称诏，他出行的车驾仍可以插着天子的旌旗，以褒奖元氏家族的高风亮节，并彰显高氏家族的宽阔胸怀。

这些待遇比元善见当年给高澄的优渥多了，但再怎么优渥、突出，再怎么情境相似，元善见现在也不是天子了，他犹如昨日黄花，零落成泥，将渐渐被人遗忘。

10

帝国雄风

在精神没有狂躁之前，高洋雄心勃勃，有着美好的理想和抱负，也颇有一番作为。在他称帝之后最初的几年里，北齐帝国旧貌换新颜，发生了翻天覆地的变化，让他一扫夺宫时留下的阴霾。

新君即位和诏封太子，照例要大赦天下，百官进阶，男子赐爵，臣僚的待遇都提上了一档，过去拖欠的俸禄也都补齐了。一些民间弱势群体如鳏寡孤独以及倡导大义的义夫节妇，都给予了不同的照顾和赏赐，以弘扬帝国正能量。从庙堂到江湖都获得了巨大实惠，未来可期的美好生活，着实让人欢欣鼓舞。

高洋很重视农业，要求各地官员亲自劝农。他把全国的户民分为九等，并采取富人多纳税、穷人多出力的平衡法则，既增加了财税收入，又极大地缓解了社会矛盾。值得一提的是币制改革，这也是高洋在位期间一项极为重要的举措。北魏末年因为战乱等原因，货币制造和流通都很混乱，民间私铸也很盛行，这种状况直到东魏也没得到改善。鉴于此，高洋在称帝后的第四年（553），敕令铸造了一种新钱币——常平五铢，以取代先前的货币，对稳定帝国的金融秩序起到了不可估量的作用。

伴随帝国经济长足发展的，是文化教育事业的繁荣兴盛。高洋支持兴建学堂，并下诏广招天下英才，唯才是举，充分发挥"人"的作用。国都邺城一时烟霏雾集，不可胜纪，一大批有学问、有本事的可造之才进入帝国中枢，为北齐的文教事业提供了新的可能性。比如樊逊、高乾和、马敬德等十一名秀才奉诏校勘群书，以供皇室阅览，一些珍本、私藏得以重现天日，不但五经诸史搜集齐全，还获得了别本三千多卷，可谓弥足珍贵。

当然，最值得称道的还是修史。即位第二年，高洋便命魏收为前朝撰写《魏书》，并打消他的顾虑，说你只管秉笔直书，朕不会像前朝皇帝拓跋焘那样滥杀史官。《魏书》成书后即遭集体抵制，许多人认为自己的先祖没有得到应有的尊重，最后群起而攻之，向高洋告状的人川流不息。高洋顶住压力，一方面命魏收进一步修订《魏书》，一方面以谤史罪处理了几个人，事件才得以平息——不过此事后劲儿很大，北齐灭亡时，魏收早已作古，这些人的后代又将魏收从坟里刨出来，进行鞭尸泄愤。

高洋是个很节俭的人，他认为浮华是削弱国力、造成社会矛盾的一个顽疾，为此他专门下了一道《禁浮华诏》，对诸如浮靡浪费、奢华攀比以及婚丧嫁娶大操大办等不良风习说不，并提出除旧布新、反朴还淳的指导性意见。在整顿吏治上高洋也颇费心思，他鼓励御史纠劾百官，要求他们定期巡视、巡察州郡，广泛采集民意。此外他还亲理狱讼，刊订《齐律》，北齐风气一时为之清爽。

如果在高洋诸多优点中找出一个比较突出的，纳谏绝对应该被提倡。有一次赵道德为了一件私事，派人向黎阳太守房超疏通，房超二话不说，命人抄起木杖将来人活活打死。高洋闻知此事不但没有怪罪房超，还颇为嘉许，并当成典型在全国推广，他特别诏令各地方官，大堂内都要摆设木杖，专门杖杀那些请托之人。

都官中郎宋轨认为此举不妥，上表高洋，说奉命去行贿说情的都要诛杀，那背后指使、教唆他徇私枉法的人，又该如何治罪呢？应该考虑一下量刑的问题，而且这样不分青红皂白也解决不了根本问题。高洋思忖再三，感觉这样做确实有失偏颇，又下令废除了这一重刑。皇帝一言九鼎，朝令夕改虽有损权威，但高洋能主动纠错，还是非常难得的。

高洋的头脑非常清醒，不易受人左右，这也符合他一贯沉稳内敛的性格特质。比如，已经荣升司空高位的司马子如恃老资格，要求高洋给他封王，高洋一怒之下撤了他的官，不是不满意吗？这个都不让你当了。搞得司马子如肠子都快悔青了。

再比如，广武王高长弼（高欢的侄子，阳州公高永乐之弟）与并州刺史段韶不和，瞅机会在高洋面前放烟雾弹，说段韶恃武而骄，要提防他有不臣之心。高洋大摇其头，说段韶这人忠心耿耿，绝不会那样做的，没给高长弼留出任何遐想、腾挪的空间。后来高洋与段韶交谈，有意无意地慨叹人心，说像你这样忠诚的臣子，尚且有人说三道四，何况其他人呢！段韶吃了颗定心丸，从此更加死心塌地。

作为武将出身的高洋，最擅长也最重视的当然还是帝国的军事，他在御敌、强兵以及开疆拓土方面均有建树。为了防御北疆，高洋监督修建了从黄栌岭到社平的长城共计四百多里，并在沿途设置了三十六座屯兵戍所，形成一道坚固屏障。

为了提高鲜卑军人的战斗力，高洋精选六坊宿卫组成一支名为百保鲜卑的新部队，要求他们练就以一当百的本领，并在作战时抱有必死之心——你不怕死，敌人就会害怕。百保鲜卑在北齐享有殊荣，也很快成为战场上避之不及的虎狼之师，成为北齐帝国安身立命、大展军威的王牌部队。

高洋还从汉人中挑选精壮、孔武有力之人，授以勇士称号，补充到帝国西部、南部的战略要地，以防范西魏和南朝梁的进攻（550年高洋篡东魏建北齐时，西边依旧是西魏政权，七年后亦即557年，宇文护才逼西魏恭帝禅让，拥立宇文泰之子宇文觉肇建北周。南朝则一直是萧梁政权）。

高洋显然非常清楚荣誉的力量。一个国家层面的荣誉不但令人艳羡，还会振奋人心，激发热血，催生使命感，发挥出刻苦训练所不能达到的神奇效果。他们也确实没让高洋失望，在随之而来的帝国征战中表现卓越，创造了一个又一个军事神话。

听说高洋篡位称帝，西魏丞相宇文泰果然挑起正义大旗，率讨逆军大兵压境。高洋御驾亲征，驻扎在晋阳东城。军容庄严雄盛，让宇文泰真正见识了百保鲜卑的威风，那是一点不逊于老对手高欢治下的队伍，似曾相识的场景让他气势大泄，发出"高欢不死"的慨叹。可巧那段时间天公也不作美，久雨成灾，连绵不绝，从秋天一直下到入冬，西魏的战马死了不少，宇文泰只好灰溜溜撤兵。北齐大军趁机掩杀，将黄河以南、洛阳以东以及黄河以北、平阳以东的广大地区，全部纳入北齐的版图。

西魏不攻自败，让高洋信心激增，他终于找到了自己的价值所在。接下来，高洋南征北战，无往不利。向南，北齐军多次侵犯南梁边境，攻占了江淮大片领土。后来高洋又派郭元建在合肥训练了两万水军，准备攻取南梁都城建康（今江苏省南京市），梁元帝萧绎急调大将王僧辩前去增援，着实忙乱了一阵子。

西魏攻杀梁元帝之后，扶持萧詧建立后梁小朝廷，高洋也趁机抬出贞阳侯萧渊明，由上党王高涣带兵护送回南国上任，充当北齐的傀儡——萧渊明是梁武帝萧衍的侄子，侯景叛魏投靠萧梁时，萧衍曾派他去接应，结果在与东魏作战时被俘，此时算是派上了用场。后来大将陈霸先虽然废黜了萧渊明，拥立萧方智为帝，但也一直向北齐称臣，直至陈朝建立。

向北，高洋更是威风八面，游牧帝国无不臣服。征讨库莫奚，北齐军一次便俘虏了四千余人，缴获牲畜十几万头。对柔然的打击更是毁灭性的，柔然进犯肆州，高洋亲自征讨，率先头部队进至恒州时，柔然部众溃散，高洋在黄瓜堆一带宿营，晚上高枕而卧，一觉睡到天亮。未料清晨时分，柔然的另一支部队数万铁骑从天而降，将北齐军团团围住。高洋神色自若，依据山川地形，指挥将士抗敌，在敌众我寡的情况下，终于撕开一个口子，杀出重围。之后高洋汇合后援部队，开始发起猛烈反击，杀得柔然溃不成军，死尸堆满了二十里的道路。此后高洋又发动了几次针对柔然的战事，每次都是迎着枪林弹雨冲在前头，最后一直把柔然打到阴山，然后驱赶着二万多人口，数十万牛羊凯旋。

高洋身上流着鲜卑人的血，有着游牧民族豪放的特性。他喜欢在空旷的天地间纵马奔驰，喜欢发出狼一样吼叫，喜欢喝最烈的马奶酒。热血在他心中沸腾，浑身有着使不完的劲儿。契丹骚扰北境，高洋带兵奔袭，一路上披头散发，光着膀子走在队伍的最前面，精力那叫一个充沛。

他饿了吃点肉，渴了喝泉水，在饮食上从不搞特殊化，这个稀松平常的举动激发了将士们的豪情，像打了鸡血一样兴奋，战斗力不止上了一个层级。此次奔袭，北齐大获全胜，共俘获契丹十多万人口，掳掠牧畜几百万头。志得意满的高洋欣慰之余，还捎带脚登临了一下碣石山，东望沧海，诗趣盎然，沉浸式体验了一把魏武挥鞭的快感。

回到晋阳不久，高洋又马不停蹄，开始攻打刚刚兴起的突厥。突厥不敌，请求投降，此后年年向北齐进贡。被突厥打败的柔然也南下投诚，高洋废掉柔然可汗库提，另立郁久闾阿那瑰的儿子——郁久闾庵罗辰为可汗，把他们安置在马邑川一带，由朝廷供给粮食和俸禄。

高洋的威风达到了极点，北齐帝国蒸蒸日上，在后三国时代碾压西魏、南朝梁，成为无可争议的老大——后两国也很快被北周、南朝陈取代。

应该说，北齐初期的鼎盛有着一定的必然性，它继承的是东魏乃至北魏的主体——包括相对强大的军事、财政及更为富庶的地域。在这方面，西魏、北周一系一直处于从属地位，无法与之抗衡，所以宇文氏称帝也比较晚，在高洋上位七年后才敢代魏兴周。然而情势最终逆转，弱北周后来居上，强北齐却每况愈下，二十年后更是为北周所灭，成为三国中最先亡国的一个。究其原因，实则与两国的政策有关。

高家发迹倚仗的是反对汉化的六镇鲜卑，立国后掀起逆向的鲜卑化风潮，这是对北魏孝文帝改革弊症的一次警醒和修正，他们反对改革、崇尚军功的热忱和张力会激发短期的亢奋，从而形成反向红利，东魏及北齐前期正是得益于此。然而从大历史角度看这并非进步，而是一种逆流和回潮，注定只能昙花一现。

北周集团虽说也有六镇班底，却走了另一条路线——一条表面鲜卑化实则汉化的温和路线，从而以虚为实地化解了复古思潮和民族矛盾。比如重用关东汉人的同时却让他们改姓鲜卑姓，遵循《周礼》组建二十四军的同时也参照了鲜卑八部制，等等。这本质上是对孝文帝改革的灵活继承，是顺应历史潮流的。

　　高洋应该也意识到了这个问题，他逼宫禅让时倚仗汉人心腹、上位后重用宰相杨愔、组建汉人勇士等都是对鲜卑化政策的纠偏——此意识在高欢、高澄把持的东魏时期就有，高澄谋篡前一起商讨大事的便有杨愔、崔季舒等汉人股肱。然而高洋也无法忽视鲜卑勋贵及鲜卑化的高氏族人的力量，他在两者之间左支右绌，始终无法突破。在无所不在的焦虑和焦躁中，他以酒为药、以杀立威，带着北齐一起走向了不归路。

· 第三章 ·

分裂的人格

11

行为艺术

天保年间（550—559）的最后几年，在酷暑难当的夏日，在北齐国都邺城熙攘热闹的大街上，市民们时常惊诧地看到这样的奇异景观：一个二十多岁，生得五大三粗的年轻小伙儿，披散着头发，赤裸着身体，坐在太阳底下暴晒。他黝黑的皮肤反射着太阳的强光，那张并不俊俏甚至有些丑陋的大脸活像匆忙上台的艺伎，胡乱涂抹了一层白白厚厚的脂粉，目光散乱、游移，表情呆滞、迷茫，样子很吓人。

等晒得差不多了，他便提起身旁寒光闪闪的大刀片，再背一把强劲有力的牛角弓，开始在大街上四处溜达。他像充满了电一般，两眼突然放光，狼一样逡巡着周边的各个角落，所到之处人群为之炸开，一片恐慌。

这个到处炸街的青年就是高洋——当朝的天子，高氏家族的掌门人，北齐帝国的肇建者。他这不是在唱戏——戏瘾再大也没有在大街上溜达着唱的，况且还浑身赤裸一丝不挂，踱方步也不自然不是？他这样做只是觉得好玩儿，心里舒坦。

在变成暴虐的杀人魔头之前，高洋的思维已经开始混乱，而在混乱思维支配下的肢体行为，也开始变得怪异、荒诞不经，甚至到了疯癫、发狂的地步。他突然有了暴露癖，这种自我暴露的意志强烈而突然，不仅局限于衣衫单薄的夏日，还常出现在冰凌封冻的数九寒冬，只要想起来，高兴了，便迅速脱光了衣服，昂着头，在人群中骄傲地裸奔起来。

高洋的裸奔极具突破性。他不受任何约束，以一种忘我的姿态彻底回归自然，形式也渐趋多样化、复杂化，有时全凭人力撒丫子狂奔，有时也借助工具——比如骑马裸奔。这马也和他一样赤条条的，没有任何马鞍、笼头以及缰绳等外物的加持，比他多的只是一身天然的长毛，高洋就那样光溜溜，如坐毡毯一样坐在上面，有好几次差点儿摔下来。

而且高洋也不仅限于骑马这种经过人类驯化的交通工具，还有驴、牛、骆驼以及异域进口的大白象，不一而足。当然也少不了人，有时高洋会让身边的亲信，比如黄门侍郎崔季舒、大力士刘桃枝等，背着他到处遛逛——也不知这二位穿没穿衣服，想来应该是穿着的，都不穿就太匪夷所思了。挺胸抬头、高高在上的高洋，斜挎着胡鼓，边走边用手敲打着鼓点儿，成为邺城街头首屈一指的吸睛狂人。

高洋去的地方也不固定，有时是热闹的集镇，有时是僻静的郊野，更多的则是那些元勋、贵戚的府邸宅院，不管白天黑夜，也不管人家是在吃饭还是睡觉，不打招呼，推门就进，之后就是手舞足蹈、敲锣打鼓地可劲儿折腾。

行为如此怪异，又极具突然性，让高洋身边的人很难堪。他们的精神并未出问题，当围观群众多时，便会羞羞讪讪，替主子难为情。而每每这时，高洋却人来疯似的愈加兴奋，待马或驴、牛、骆驼、白象、人等立稳之后，摆个 Pose，秀一下那被太阳晒得黝黑如抹了橄榄油一般强壮、有型的酮体，开始向人们展演他那别具一格的"行为艺术"。

这还不是最可怕的。有时折腾累了，高洋先生便一屁股坐在地上——此景细想也够震撼的，我们不妨脑补一下：光着身子，在大街上，盘腿卧脚，一副旁若无人而又咄咄逼人的自信表情……或者干脆露宿街头，就在那儿光屁股睡了。

如果说类似的疯癫玩法还有些积极作用的话，那就是激发了高洋的一些内在潜能。谁能想到，这个北齐帝国的政坛新星，一生戎马倥偬的战场将军，竟然在杂技方面天赋异禀，超乎常人。邺城重新扩建的三台宫殿（三台即东汉末年曹操在邺城修建的铜爵台、金虎台和冰井台，北齐整修扩建后，分别更名为金凤台、圣应台和崇光台），梁柱高达二十七丈，两根柱子之间距离超过二百尺，就是那些施工的工匠们上去，也都是战战兢兢、如履薄冰，须用绳子拴牢身体后方敢作业，而高洋则站在梁脊之上一溜小跑，犹如飞檐走壁的武林高手，平衡能力不是一般的强。

更令人惊叹的是，高先生不只在上面跑这么简单，还时不时想着来点轻灵优雅、潇洒飘逸的高难度动作，像戏剧舞台上的亮相，又像平衡木上的舞蹈，节奏舒展不失美感，直看得那些近臣侍从汗毛倒竖，冷汗频出。

在北齐帝国文治武功达到鼎盛之时，也迎来了高洋狂躁暴虐的人生高潮。他一反深沉内敛、淡定自若的性情，从骨子里迸射出杂乱、跳跃和不可逆的情绪因子，开始高调展现他不为人知的另一面。除了当街裸奔和屋顶杂耍这类小众文艺，高洋还喜欢大众娱乐，每天歌舞升平，通宵达旦，不知疲倦，就像当年金戈铁马、征伐四方一样，看到兴处还要亲自上场，扭腰摆臀，金蛇狂舞一番才算过瘾。这种情感和行为的恣意宣泄，最后终于演变成了肆意的淫乱和残忍的虐杀。

没有资料能够清楚地说明，高洋是从什么时候开始变得精神不正常的，也没有资料能够证明他产生这种状况的根本原因。唐朝史学家李百药在《北齐书》中说他"以功业自矜"，于是沉湎酒色，荒淫暴虐。就像历史上无数个前期励志而后期堕落的皇帝一样，功成名就之后开始骄傲、自满，不求上进。事实恐怕远非如此。

人的性格具有双面性，高洋也一样。他沉稳内敛的背后，一直隐逸着烦躁、暴虐的情绪，只是最初并不明显，又被环境抑制和日常的表象遮掩，没有表现出来罢了。高洋的脾气其实大得很，有强烈的家暴倾向，后宫那些女子不管多柔弱，稍不合心思他就皮鞭子伺候，一点儿也不绅士。

当皇帝前，高洋娶了大将段韶的妹妹（也就是后来的段昭仪），段韶的老婆元氏认为两家现在成了一家，没啥隔阂了，又喝了点儿小酒，一兴奋，就按照民间闹洞房的习俗，开始戏耍这个段家的新姑爷。这种戏耍当然是有节制、看眼色的戏耍，犹如下属跟上司小心翼翼地说笑，不过是想把关系搞得更近乎一些罢了，结果这高姑爷也像不懂幽默的领导，一下子恼羞成怒，万难忍住才没和元氏当场翻脸。事后，高洋把气全撒在了大舅哥身上，他指着段韶的鼻子咬牙切齿，说你小子等着，我迟早宰了你那不懂事儿的婆姨。吓得元氏当天便躲到了娄昭君家里，此后直到高洋归西都没敢再出来走两步，算是躲了高洋一辈子。

高洋不想让任何问题在心中淤积，进而影响他的心境。一直以来，他心里都有一个解不开的结，如梦魇一般始终纠缠着他，就是他的逼宫禅让——他知道那把龙椅得来并不光彩。元善见虽然退了位，高洋对他却并不放心，每次出远门都要让元善见跟随，如此心里才踏实些。这块心结最终发展成了疑心病。

而曾经的皇后高氏也就是高洋的亲妹妹、高欢与娄昭君的二女儿太原长公主，在元善见禅位后也随之被降格为中山王妃后，也和她的亲哥哥一样，几乎在同一时期落下了同一种疑心病。她寸步不离夫君左右，对高洋表现出极度的不信任。高洋给元善见送来吃的、喝的，她全都原封不动地退回去，然后亲手做给老公吃。

如此，一方的芥蒂变成双方的敏感，如火上浇油，更加剧了高洋的疑惑与困扰。他最终没能承受住这种与日俱增的焦虑折磨，派人给元善见送去了毒酒，以期彻底解决这块心病。为免后患，高洋还斩草除根，将元善见的三个儿子也一并做了。

肉体的消失并未祛除精神上的顽疾，高洋此后仍不踏实，后来竟又挖开元善见的陵墓，把棺椁抬出来扔进了漳水河，还把供奉在七帝寺中的北魏历代宗祖牌位也拿出去烧了——他不允许有任何能勾起他记忆的东西存在。

疑心病让高洋的思维变得混乱，而随着病情加剧，他的自信也开始缺失。高洋最初的心气儿是非常高的，说睥睨天下、傲视群雄都一点不为过，然而帝国的轨迹却并未按照他的预期前行，反像一支冲高回落的股票，在抵达峰值后急转直下。

我们不得不承认一个事实，就是人的精力是有限的。一个人可以做好 A 事，也可以做好 B 事，但不一定能做好 AB 事。能同时做好 AB 事的人也有，我们称之为天才，然而天才毕竟是少数，而且这天才也只是常人眼里的天才，因为世间事远不止 A 和 B 这么简单，还有 C、E、O 等三百六十行的事。三百六十行，行行出状元，但绝不会出现一个三百六十行的总状元，何况这个世界还有诸多未知领域。

帝国接下来的各种遭遇，不断刺激着高洋脆弱、敏感的神经，节奏跟不上思维运转，步伐也无法与预期合辙，最后无可奈何地淤积成英雄未竟的怨气。柔然可汗郁久闾庵罗辰突然起兵反叛，让高洋始料不及，盛怒之下亲自征讨。这次，打了胜仗的高洋没有一丝胜利者的快感，相反却表现得很急躁，他没逮到郁久闾庵罗辰，便把怒气撒到了下属身上。

倒霉的是安定王贺拔仁，起因是一件屁大点儿的小事。高洋嫌贺拔仁这次挑选的马匹不够漂亮，不够英姿勃发，不够敏捷矫健，所以此仗才没有预期的干净利落。高洋把贺拔仁叫来，命人把他按在地上拔头发，一根儿一根儿地揪成了秃瓢儿，然后下放到晋阳炭窑去背炭。从地位尊贵的王侯一下子降为出苦力的搬运工，贺拔仁躺着中枪，好一阵子没回过神儿来。不过劳动改造几年后，贺拔仁又被重新启用，还一度位极人臣。高洋死后，高演发动兵变篡夺侄子高殷的皇位，贺拔仁忙前跑后发挥了至关重要的作用，这都是后话。

当此时，那些少了安全感的王公大臣们，也并不就认为高洋有什么不正常。古来任何一个成年帝王，脾气秉性都是不太好琢磨的，伴君如伴虎嘛，他们有这方面的经验和准备，也能接受高洋对他们的呵斥、谩骂和羞辱。吃哪碗饭都不容易，况且他们还有发泄的出口，可以把无端得来的呵斥、谩骂和羞辱，转嫁给更低一级的官员或僚属，达到心理上的强制平衡。

更重要的，除了些许的不愉快，他们的生活还是蛮滋润的，每天锦衣玉食，车马伺候，依旧是万人敬仰和世人瞩目的对象，其光鲜亮丽足以冲抵殿堂上的不快。可他们万万没有想到，高洋的性情最后竟转变到一个无法理喻的境地，也最终改写了他们的人生走向。他们开始感到岌岌可危，每天如芒在背，没了为官者的满足，也失了富贵者的快乐。

山胡部落的狡猾，也同样激怒着高洋。山胡人马彪悍，其中盘踞在吕梁山西麓石楼（今山西省石楼县境内）的一支，依据有利地形经常南下、东出，从北魏开国一直骚扰至今，从未被彻底征服过。天保四年（553）春天，山胡再次来袭，包围了离石城（今山西省吕梁市离石区境内）。高洋亲率大军征伐，部队还没到离石，山胡便跑得无影无踪，高洋一腔愤懑无处发泄，去三堆（故址在今山西省静乐县境内）打了一通猎才回去。可高洋刚一收兵，山胡又杀了回来，你进我退、你退我扰地玩起了游击战，气得高洋暴跳如雷。

来年春天，肝火憋了一年的高洋再次出征。这回他动了个心眼儿，没有大张旗鼓，而是兵分两路，派大将斛律金取道显州，常山王高演取道晋州，两相迂回，突然夹攻，一举大败山胡兵，平定了石楼。这下高洋可算出了气，他下令将山胡十三岁以上的男子全部处斩，剩下的儿童及妇女赏赐军中为奴，彻底终结了这支部落。山胡其他部落无不震撼，纷纷表示臣服。

打了胜仗，血洗了山胡，可高洋心中仍荡漾着一股没来由的气。有一位都督在战斗中受伤，跟随他的什长（一种军职，十人为一什长）没来得及出手相救，高洋便命人将什长带来，开膛破腹，剐骨剔肉，然后让另外九个人分着吃，一个活生生的人迅速被零割成了一顿美餐。也不知这九个人平时就对什长有意见，还是被高洋逼得没办法，吃相比打仗还生猛，下嘴毫不留情，瞬间吃得一片狼藉。

如此小题大做，还整得这么血腥恐怖，人们终于惊讶地发现：高洋的性情确实变了，而且不可逆转。在酷刑中找到快感的高洋，从此开始了他触目惊心的虐杀历程，当年南征北战的雄风，也开始在帝国的皇宫中，以另一种震撼的方式重新上演。

12

酒瘾人生

让北齐文武百官印象最深刻，也最为惊心动魄的一次经历，是差一点儿没被集体屠戮。

天保七年（556年）的八月十八——这个在后世看来非常吉祥的日子，秋高气爽，微风不燥，北齐皇帝高洋准备去西部巡边，文武百官按惯例齐聚城郊为其饯行。在事先没有任何征兆的情况下，高洋突然让凶悍的骑兵卫队把这帮人团团围住，大声吆喝着说，以我举鞭为号，即可冲进去宰了他们。说完让人准备酒菜，开始在包围圈儿里喝酒。

高洋喝得很痛快，脸上洋溢着为尊者的霸气，畅想着未来的乾坤一统，百官们则提心吊胆，魂不守舍，一边偷瞧周边铁血无情却蠢蠢欲动的武士，一边强颜欢笑地紧张应付。日薄西山时，高洋已喝得酩酊大醉，黄门侍郎是连子畅乘机劝他，说陛下您摆的这阵仗太吓人了，群臣不胜惶恐，哈哈，俩腿都在那筛糠呢。高洋醉眼惺忪，咧嘴一笑，大着舌头秃噜了一句：都怕了吧，怕就饶了他们吧！

百官侥幸躲过此劫，这要感谢高洋喝嗨了，喝美了，加上是连子畅同样醉人的马屁一拍，有些飘飘然，这才高抬贵手。高洋性情改变跟喝酒有着莫大关系，随着酒量和频率的增多，一些偶然、突发的事件也多了起来。比如长了一把美须髯的殿中尚书许惇，就被高洋握着胡子连连称美，然后反手一刀齐刷刷地割下，只留下盈盈一握的一小把，被人戏称为"齐须公"。

许惇没被误割喉咙实属万幸。不过类似的可控的情景并不多见，高洋喝酒惹出的乱子，要远远超过它起的好作用。高洋逼宫时的大功臣杜弼，就是在高洋醉得稀里糊涂的时候见了阎王的。

当皇帝后，高洋曾问中书令杜弼，治理国家应该启用些什么样的人。杜弼老老实实回答，说治国应该多启用有学识、经验丰富的汉人，不能光用鲜卑人，鲜卑人多是些驾车骑马的粗人，擅长打仗，却不适合治理国家。

杜弼或许出于公心，为国家大计着想，说得也入情入理，不过作为汉人，说得如此直白，难免节外生枝，无端招致飞来横祸。这说来也是杜弼无法规避的一个短板。杜弼才华横溢，写文章从来不打草稿，其以讨伐南梁为主题的《檄梁文》，写得大气磅礴、文采飞扬，读之朗朗上口，堪称文学经典。他为人宽仁，为官清廉，却像个不合时宜的知识分子，只会直言利弊，不会迂回逢迎。

有个例子很能说明问题，杜弼在做高欢幕僚时，曾就官吏贪腐问题向后者建议，高欢说现在搞这个不合适，国家（指东魏）如今两面受敌，西有西魏，南有南梁，我若刑法严苛，文武百官就会南投、西奔，削弱国势，这事儿不能着急，得慢慢来。话说得够明白了吧？可杜弼不明白，过了一段时间又旧事重提。高欢招呼一大帮士兵分列两排，抽刀举槊，弯弓搭箭，让杜弼从夹道里走过去，并特别提醒他放心，不会伤他一丝一毫。就这样，杜弼仍然骇得汗流浃背，两腿发颤。见效果达到，高欢直言不讳，说现在刀槊未动，弓箭未发，你尚且吓得魂飞胆丧，那些将士们每天枪林弹雨，九死一生，即便有点贪赃枉法，比起功劳来也是小巫见大巫，不能按常理对待啊。杜弼这才明白高欢的深意。

当年高洋逼宫，杜弼也曾站出来反对，最后搞得不欢而散。这次答高洋之问，杜弼说得也在理儿，可就是话说得太绝，打击面也太宽。彼时的北齐帝国，民族间的矛盾依然尖锐，如此说不但于事无补，反会掀起波澜，况且他也没照顾到高洋的面子。前文说过，高氏家族早已高度鲜卑化，而且高洋在事实上还有着一半的鲜卑血统，听了这话自然很不高兴，此后便渐渐疏远了杜弼，并将其下派到地方任胶州刺史。

此举让高洋逼宫时的另一功臣，时任尚书右仆射兼侍中的高德政看到了契机。杜弼对高德政一向不服，说话也不管不顾，从不留情，经常让高德政下不来台。高德政怀恨在心，一有机会便在高洋面前说杜弼的坏话，他还多方收集证据，甚至连杜弼当长史时替人操办婚嫁赚点外快的事儿都刨了出来。

这些坏话或轻描淡写，或蜻蜓点水，或直击要害，一点点在高洋心中淤存、发酵，终于在一次醉酒之后翻腾出来。他派人带着自己的圣旨，快马加鞭赶赴胶州，将杜弼就地斩首。等高洋酒醒后悔，派人去追时，杜弼早已人头落地了。

高洋从什么时候喜欢上喝酒的，这个无从考证，只是在他执掌帝国的最后几年，喝大酒、耍酒疯已然成了家常便饭，甚至到了连亲妈都不认的地步。娄昭君见儿子喝酒不加节制，出于心疼忍不住要骂他两句，说你父亲那么英雄好汉，怎么生出你这么一个混账东西？情急之下也没细想这个混账儿子的出生也有着她的一份功劳，抢起拐杖便要打。高洋不闪不避，瞪着通红的双眼厉声断喝：你给我住手！然后转身、回头，大嘴一咧，对身边的人做个鬼脸儿，说这老太太真粗野，真该把她嫁到胡人那边去。娄老太后气得差点儿当场吐血，从此再也不想搭理这个奇葩儿子了。

高洋也想过戒酒，无奈早已形成酒精依赖，戒掉谈何容易！母亲大人对自己冷若冰霜，做儿子的心里也别扭。有一次高洋又喝高了，这次酒精刺激的是跟伤感关联的神经，他于醉眼朦胧中浮想联翩，想起母亲的不易，竟鬼使神差地溜达到母后的寝宫。彼时的娄昭君正在卧榻之上安然熟睡，嘴角挂着一丝笑，还轻微地打着鼾，周身散发着慈祥的母性光辉，孝心满满的高洋一时童心大起，就想逗母亲开心一下。

按说高洋有此念头也没啥大问题，充满了和平与爱，只是他开逗的方式十分蹩脚，像一个顽皮淘气的大孩子，又像把洋相当幽默的蹩脚笑星，竟一骨碌滚爬到床榻底下，用自己雄浑结实的后背把睡榻上的母亲给顶了起来，想藉此听到母亲突然悬空之后发出惊喜的笑声。结果可想而知，那酒劲儿不但上了头，还上了腿，高洋脚底下拌蒜，一个趔趄，睡塌倾斜，把个娄老太太摔了个嘴啃泥。

惊喜变惊吓，高洋慌得出了一身冷汗，脑子也瞬间清醒了一下，忙不迭地扶起母亲连声道歉。在羞惭、内疚以及罪该万死的复杂情绪驱动下，他命人抱来一堆柴草点燃，火苗子腾腾蹿着就要往里跳，想以死明志——此举之荒诞超过了之前的举榻，可见这酒到底还是没醒利索。见高洋来真的，娄昭君舐犊情深，早忘了生气，忘了疼，一把扯住任性的乖儿子，急切而认真地挤出一个生硬的笑，似在说：儿子啊，你喝多了，妈不怪你，你不是想让妈笑吗？你看，妈笑了。

高洋这才罢手，不再往火堆里跳了，却仍不能原谅自己——估计酒精还在发挥作用。他又命人在地板上铺了草席，脱衣服趴在上面，让闻讯赶来的领军将军（负责统领禁军的武官）高归彦打板子，并定下标准，说你给我可劲儿招呼，打不出血来就让你见阎王。高归彦不敢怠慢，又不敢过于用力，只好把板子拍得山响，动静儿吓人却不至于伤筋动骨，但也瞬间出了几道血印子。娄老太太彻底崩溃，上前一把护住可爱的儿子，说什么也不让打了。

高洋先是死活不依，最后勉强妥协，让高归彦象征性地在脚底板上拍了五十下，全当做了个足底按摩，之后起身、穿衣、掸土、行礼，感谢母亲的宽宏大量，并发誓从此戒酒，再不胡闹。高洋说到做到，此后一连十天竟真的滴酒未沾。十天之后酒瘾上来，高洋心痒难搔，无处慰藉，又一切还复如初了。

对亲妈尚且如此，那对丈母娘就更不用提了。有一次高洋剧饮之后热血沸腾，突然想玩冒顿"鸣镝弑父"的把戏——"鸣镝"是一种响箭，当年匈奴首领冒顿训练军队，规定响箭所指士兵必须跟着射击，否则处斩，最后成功射杀父亲头曼单于并取而代之。不同的是，高洋鸣镝射击的对象是自己的岳母。

他一溜歪斜跑到皇后李祖娥的娘家，喊出丈母娘崔氏，毫不犹豫地弯弓搭箭，凄厉的哨声呼啸远去，很快换回一声更加凄厉的惨叫。别看高洋喝多了，这箭射得还挺有准儿，正中丈母娘的大脸——当然，他的预定目标可能不是崔氏的大脸，而是冲着脑门儿或者心窝子去的，好似足球的射门，心里想着球门正中，却结结实实地招呼在了球门柱上。

高洋对这个结果显然并不满意。他一边用手比画，一边晃着大脑袋嘟囔，说就差那么一丁点儿。崔氏一时血流如注，捂着脸叫疼，口齿早已不清，唔哩哇啦地不断求饶，似在说：皇上……陛下……好女婿，咱不带这么玩的，丈母娘也是妈啊……高洋听了更来气，也大着舌头含混，说老子喝多了连亲妈都不认，别说你这糟老婆子了，还敢跟我唧唧歪歪，找抽呢。说着真的抽出了马鞭，冲着崔氏劈头盖脸一顿招呼。崔氏疼得满地打滚，身上没了一点好地方，差点升天做了神仙。

至于下属，那就更倒霉了。别说一般的小官儿，就是宰相杨愔这样的帝国精英也未能幸免。杨愔在高洋称帝上立有大功，后来还娶了高洋的妹妹太原长公主，成了高洋的亲妹夫（这个太原长公主，就是前文提到的东魏孝静帝元善见的皇后，元善见死后改嫁杨愔）。高洋对杨愔不但不念旧情、亲情，还尤为"照顾"，那是持续、经常性、毫无节制地详加侮辱。

比如上厕所时，他让杨愔站在外边递厕筹（厕筹就是厕简，古人上厕所后用来拭秽的木条或竹条，相当于现在的手纸），让一个丞相干这个，伤害性不大，侮辱性极强，杨愔的心情可想而知。不过这还算好的，毕竟没见血。有一次高洋还用马鞭狠抽杨愔后背——也不知是厕筹递得不及时还是什么原因，打得那叫一个狠，没几下杨愔便皮开肉绽，鲜血渗透了袍子，疼得呜哇乱叫。

更有甚者，一次酒后高洋突发奇想，琢磨着像杨愔这么聪明的人，肚子里装的东西肯定和别人不太一样，于是让他解开衣襟，敞开肚皮，拿了把小刀在上面不停地比画，准备剖开来好好研究一下构造。一旁的崔季舒看见，感觉这次玩得有点大，急忙上前打圆场，说知道你俩闹着玩呢，别这么闹，容易出事，顺手将高洋的刀子拿开，杨愔这才免遭开膛破肚之灾。

还有一次，也是喝多了，高洋把杨愔叫来，让这个日理万机的帝国丞相躺进一副全新的棺木中，说他太累了，也该歇歇了，然后用丧车拉着，大玩出殡游戏。知情者大跌眼镜，体会了一把笑中带泪的黑色幽默。

相比之下，右丞相斛律金要幸运得多。有一次高洋酒后骑马，手持一柄大槊，来回驰奔还不停地挥舞，跑过斛律金身旁时，三次做出欲刺其胸的动作。这喝多了手哪有准儿啊，好悬没刺斛律金几个透明窟窿。那斛律金到底是老将军，面对死亡不躲不避，眼都不带眨一下，唬得高洋连连夸他勇敢，还重重赏了他。

酒犹如上瘾的毒药，不断啮噬着高洋的神经，让他的大脑变得混乱和迟钝。开府参军裴谓之上书，劝高洋少喝点儿，别老由着性子瞎折腾。有人胆敢这样和自己说话，高洋一下懵了，好奇地问杨愔：这货谁呀？怎地如此大胆！出于对裴谓之的保护，杨愔赶紧编了个瞎话，说这货大概就是想让陛下杀了他，好在后世留下一个以死相谏的好名声！高洋说我去，他想得美，想让我杀我偏不杀，看他怎么出名，想出名想疯了吧！

一次高洋到东山游宴，喝着喝着，想起西魏还没平定，理想尚未实现，不由得气往上撞，把酒杯一摔，即刻让魏收——也就是撰写《魏书》的那位——草拟诏书，通告全国人民，朕准备向西魏进军。魏人听说一时惊恐，抖擞十二分精神准备迎敌，可折腾了半天，却始终未见北齐发来一兵一卒，也没听说北齐朝中有任何动静，原来那高洋先生早把这事忘到爪哇国去了。

后来不知触动了哪根神经，高洋又想起此事，几杯酒下肚，眼泪也流了出来，可怜巴巴地问众臣：那西魏国的丞相宇文黑獭（宇文泰字黑獭，也写作黑泰）不接受朕的旨意，朕该怎么办呢？众人沉默不语，独有都督刘桃枝上前抱拳，说这事简单，陛下给我三千骑兵，我到长安把这老小子擒来就完了。高洋大喜，赞其英勇威武，赏他绢帛千匹，又一起对饮三大白，然后仰天长笑，似乎那远在千里之外的宇文泰已然被绑在了殿下。

赵道德目睹眼前这荒唐的一幕，忙走上前去，说西魏和咱们势均力敌，我们可以擒他们的人，他们也可以擒咱们的人，哪有那么容易的事？人家宇文泰还在长安城威风着呢，刘桃枝这是大言不惭胡说八道信口开河欺君罔上，按律应该处死，陛下怎么还赏赐他呢？高洋一听，瞪着大眼想了想，感觉这话在理儿，又把赏给刘桃枝的那一千匹绢帛要回来，赐给了赵道德。

在酒精的作用下，高洋不光作践别人，也作践自己。有一天高洋喝酒喝到嗓子眼儿了，感到浑身燥热，想迅速降温，竟骑着马往漳河水里跳，幸亏忠于职守的赵道德拼了老命拉住缰绳，这才没有铸成大错。孰料高洋对此并不领情，还责怪赵道德，说你小子敢拉朕的马，胆儿不小啊，要处死他。

赵道德自视开国元勋，又是三朝元老（他是高欢时代的旧将，曾履职都督、右将军、太中大夫等职务，高澄时期任大将军帐内亲信、正都督、左右直长、安西将军，高洋称帝后出任卫将军），底气稍足一些。他见高洋酒还未醒，不想稀里糊涂做了冤死鬼，忙提高调门慷慨陈词，说我死了倒没什么，不过到了阴曹地府，我一定会启奏先帝，说你小子成天不干正事，就知道喝酒耍酒疯。这话还真起了作用，听说要告到老爹那儿，高洋沉默良久，许是酒精也不那么烧得慌了，最后竟饶过了这个敢触逆鳞的赵道德。

过了几天，高洋主动找来赵道德，一脸严肃地说：你以后再见我喝酒喝多了，就拿大杖子狠狠揍我，不得有误。要说这赵道德也真够实诚的，高洋再喝多了，他还真就动起手来，拿着棍子照着高洋身上就楦，高洋撒丫子狂奔，赵道德在后面边追边喊：你说你算个什么东西，竟如此地不成体统！

尽管荒诞不经，我们也不能简单地将高洋归类为瘾君子。酒瘾背后，或许有着不为人知以及不足为外人道的另一面。酒有麻醉作用，可以消愁，从这个角度讲，高洋喝酒或许是一种排遣和发泄，与篡位之后权力无法巩固、抱负无法实现有关。以上事例也不难看出，高洋戏弄杨愔，明显体现出一种反感，假意要杀斛律金，可能也是内心的真实反映，对于汉人、胡人他都想依赖，却又都表现出极大的不信任。

而从另一方面讲，对于胡、汉之间各自形成的利益集团，高洋也无法彻底左右，处处体现出权威上的虚弱感。他有平定西魏统一北方的雄心，却受到反对派的掣肘，因而表现得左右摇摆，反复无常。顺着这个思路，或许还不能排除这样一种可能：现实的压抑和逼迫让高洋奔向酒壶，从而走向不可逆的酒瘾人生。当然，这只是在说一种可能性，并非替高洋开脱，不管出于什么原因，他制造的诸多恐怖、虐杀事件，都是不可改变，也是不可原谅的。

高洋上位，其实是两种势力角力的结果，他依靠一些汉人贵族的支持，同时遭到一些鲜卑勋贵的反对——其中包括鲜卑化的高氏家族的许多成员以及他的母亲娄昭君，他要将母亲嫁给胡人的胡言乱语，或许不是酒后失言，而是埋藏在内心深处对母亲的不满。他虽然最终获得了盘踞晋阳的鲜卑勋贵的谅解和妥协，但这种妥协显然不是单方面的，需要在以后的权力布局上加以回应，这就牵制了很大一部分皇权，形成了邺城—晋阳双中心，一些政策和军事主张无法贯彻彻底。最初几年他亲冒箭矢，深入敌阵，表现出急切的树立威权的渴望。与之相得益彰的，则是以酒为媒孽的种种荒唐。

他想消灭北周以树立权威，却遭到勋贵们的无声抵制，他以酒后吐真言的形式试探，却只有大老粗刘桃枝一人出来现眼，足见当时处境之难。勋贵反对自然关乎自身利益，因为只有北周存在，他们才有存在感，没了北周就会大打折扣，正如杜弼所说，他们擅长的是打仗，而不是治国。

杜弼让鲜卑边缘化的言论自然招来勋贵的忌恨，欲除之而后快，这个高洋也很难左右。他借着酒劲儿下达了追杀令，杀完却又后悔，彰显出一种无能为力的纠结。作为高度鲜卑化的汉人，他需要在胡、汉之间寻找一种平衡，而为了皇帝威严，他又不能表现得过分讨好。他试图以酒消解对现实的无力感，缓解双面人生的苦痛。如此，也便有了醉酒胡闹、借酒撒疯的种种荒唐行径。

醉酒对高洋来说不失为一种绝妙掩饰，既能传递态度，实现个人意志，又能在无法收拾时推卸责任。借着酒劲儿，他可以折损他人尊严来提升威信，比如侮辱、鞭打汉人的代表宰相杨愔，也可以威胁别人生命来彰显权力，比如假意要杀斛律金却没碰到他一根毫毛。他既灭汉人威风，又要警示勋贵，他让两派保持一种动态平衡，目的只有一个：唯我独尊。他杀杜弼是为了安抚勋贵，而给杜弼上眼药的高德政也没落好下场，算是给了汉人集团一个交代。

高洋酗酒，高德政也多次劝谏，高洋正愁没机会下手呢，就对身边的人说，高德政占据道德高点咄咄逼人，这是在朕面前充大尾巴狼啊。高德政听了心里害怕，便托言有病，想就此退隐朝堂，过那闲云野鹤般无忧无虑的小日子去。可高德政想躲，架不住高洋故意问尚书令杨愔，说他很担心高德政的病情。杨愔本就与这个副手不合，便故意下套，说老高身体其实没事儿，他得的是心病，陛下如果任命他为冀州刺史，他的病就会好起来的。

果然，高德政见到任命文书，精神立刻为之抖擞，既是封疆大吏又远离朝中是非，何乐而不为呢！高洋闻知怒不可遏，把高德政叫来，咬着后槽牙问，听说您老人家病了，朕来给你扎一针治疗治疗吧。说着拿出小刀冲着高德政的肚子就捅，那血噌的一下就蹿了出来，骇得一旁的内侍直往后躲。

高洋一脸的嫌弃，接过侍者递过来的丝巾，慢慢拭去手上的血迹，又招手叫过大力士刘桃枝，让他砍掉高德政的双脚——那意思，你不是想离我远点吗？我砍了你双脚，看你怎么走。刘桃枝不知真假，不敢下手。高洋破口大骂，说再不动手就要了你的脑袋，说完向人索刀，抄起家伙就杀了过来，刘大力士这才一咬牙，挥刀剁去高德政三个脚趾头。见高德政疼得呜哇乱叫，满地打滚，高洋依旧怒气未消，让人把他扔在宫城门口，直到晚上才命人用毛毡裹了，抬上车子送回家。

高德政的老婆见丈夫如此惨状，哭得呼天抢地，死去活来，安静之后又担心高洋不会就此罢手，一狠心把家里所有的珍宝都拿了出来，满满当当铺了四个床榻，准备去托人求求情。孰料第二天早上高洋却突然大驾光临——也不知是后悔自己下手狠了，还是对高德政仍不放心，总之将床榻上的珍宝看了个正着。高洋一边把玩着那些稀罕宝贝，一边酸溜溜地慨叹，说朕的宫里都没有这样值钱的宝物啊！责问这些都是怎么得来的，高德政老婆不敢隐瞒，如实说都是元氏家族的人送的。

听说高德政和元家有勾连，高洋瞬间脸色发青，一把把宝物摔在地上，又想起高德政的欺骗，愤怒激发了邪恶，上前一把薅起在榻上养伤、依旧疼得龇牙咧嘴的高德政，手起刀落，以切脑袋的方式彻底治好了他的脚疼和肚子疼。在一旁吓得瑟瑟发抖的高妻和儿子高伯坚也未能幸免，在高洋明晃晃大刀挥舞之下，双双陪伴高德政而去。

对酒控制的失败，也成为高洋压制两个利益集团失败的表征。随着对权力焦虑的日渐加深，也随着集团冲突加剧，他喝酒越来越没有节制，一些更加惊心动魄的事情，开始在北齐朝野接连上演了。

13

原形毕露

笔者无意渲染色情与暴力，但要对北齐家族有个全面的认识，这两样又是绝对绕不开的话题。历史已经发生，且有正史记录在案，我们没必要回避。真实面对，总好过掩耳盗铃。在高洋生命中的最后两年，他不停地做着两件事——淫乱和虐杀，如野兽般演绎出一幕幕近乎疯狂变态的血腥影像，最大限度地冲击着人们脆弱的神经。他对伦理的践踏，对人性的摧毁，对亲情的冷酷，无不达到触目惊心的极致。好吧，让我们舒缓一下心情，尽量用较为轻松的语言表述，以淡化那些有悖人伦的丑剧带来的冲击。

和哥哥高澄一样，高洋最先下手的对象，也是父亲高欢的一个妃子，叫尔朱英娥——是违背妇女意志的下手，而不是鲜卑族"父死，子娶母为妻"的风俗。这种霸道的温柔并非高澄、高洋哥儿俩独有，它将成为高氏家族的独有特性，变着方式和花样在北齐皇宫轮番上演。

尔朱英娥是北魏权臣尔朱荣的长女，最初嫁给孝明帝元诩为嫔，后来成了孝庄帝元子攸的皇后，元子攸被尔朱兆杀死后，高欢将其纳为别室，高洋即位后敕封彭城太妃。尔朱英娥长相俊美，却不是一般意义上的娇美或柔美，而是英姿飒爽、性情刚烈的女中豪杰式的美。一次游苑，一只飞鸟翩翩而过，她舒展同样曼妙潇洒的身姿，以45度仰角的画面观感，拉开一张精弓，精准射中了目标，博得周边一片喝彩，也让高欢频频称赞。

漂亮而英气逼人，尔朱英娥对高洋同样有着无法抵抗的诱惑力。父亲死后，这个动如脱兔的女人变得静若处子，一直在那儿我见犹怜地幽居独处，如空谷幽兰，秀而不媚，又如一朵出水的莲花，鲜艳饱满、别有风情，在甜软的微风中频频招手。高洋当然不想白白浪费这一优质资源。

一次高洋喝醉了酒，他想象中的尔朱英娥遂更加诱人。高洋色心萌动，一溜歪斜来到她的住处，想来个霸王硬上弓。尔朱英娥倔强不从，拼死反抗，再次展现了她久违了的巾帼本色，最后弄得高洋一身热汗，兴致全无，索性手起刀落，给她来了个利索的。

大凡深沉内敛之人，记忆力一般都不错，高洋在这方面表现尤为突出。他不是没有烦恼，那些不开心的事并未消失，只是暂时寄存在了心底某处，在受到类似刺激时，就会如同牛反刍般翻腾出来，让他再三咀嚼之前的味道。当皇帝之前，高洋没得选，只能含蓄、低调地做人，凡事装作无所谓，最多偷偷在心里发一下狠，因为他没有意气风发的基础和资本，也没有以牙还牙的把握和能力。当年高澄调戏他的老婆李祖娥，他不可能一点反应都没有，可他表现得却是那么坦然，那么无所谓，就像李祖娥是与自己毫无干系的别人的老婆一样。事实上，高洋是非常在乎李祖娥的，况且这还关乎一个男人的尊严，如此镇定有悖常理。可他别无选择，只能忍气吞声，巧妙地将自己伪装起来。

伪装其实就是一种忍，而且是一种有条件的忍，是承受不了而又要坚决承受的隐忍，滋味并不好受。伪装也并非风息浪止，而是把所有的能量聚集在了阴暗的水底，时刻做着翻江倒海的准备。现在高洋做了皇帝，生杀予夺，再也不需要伪装，他那长久积蓄的能量也就开始爆发了。

高澄死后，他的正室元仲华一直居住在静德宫，本来和高洋没什么交集。可高洋染上酒瘾之后，神经元似乎不再是线性的，而是散射状，突然就浮现出这个嫂子的身影，于是摸过去对她咬牙切齿，说我哥哥当年调戏过我老婆，这事儿今天要在你身上找回来，毫不客气地在元仲华身上发泄了一通。

这还不算完，霸占嫂子的快感让高洋兽性勃发，于是高澄家的那些妇女，高洋不管她是姐姐妹妹、姑姑婶婶，也不管她是平辈、长辈，远亲、近亲，全都一股脑儿招呼了个遍。等玩儿累了，高洋又让侍从护卫接着招呼，算是给手下人谋点福利。看着生龙活虎、干劲十足，比平时工作精神百倍的手下，高洋在一旁不住地点头淫笑。

这些人里面，下场最惨的当属元仲华的姑姑安德公主——也就是元仲华父亲元翼的妹妹。安德公主是北魏孝文帝拓跋宏四子元怿的女儿，北魏孝武帝元修的堂妹，而且是有染的堂妹，当年元修与高欢决裂远走关中时，她没有被带走，便寄居在了侄女家。没带走这事儿说来也极具喜感，当时与元修有染的堂妹一共有三个，另外两个是元明月和元蒺藜，元修出走需轻车简从，带不了那么多人，尤其是后宫的诸多女眷，便用了一个很浪漫的方式作选择：让她们咏诗，从诗中寻找灵感。果然，有人吟到鲍照的两句诗，对他很有启发：

朱城九门门九闺，愿逐明月入君怀。

藉着"明月入怀"的明示，元修入关只带了元明月一人。人如其名，如带刺玫瑰的元蒺藜羞愤自杀，而幸运的元明月不久也被宇文泰杀害，只剩下安德公主算是不幸中的万幸。可惜这种万幸隐藏着更大的不幸，二十年后，她在酷刑之下走完了人生。

高洋让人用葛麻编了一条粗绳，两头儿拴在树上，让安德公主骑在上面来回推拉——犹如《风声》里的绳刑。安德公主疼得浑身痉挛，很快昏死过去。醒来后，高洋又让那帮如狼似虎的壮汉玩弄，为了达到理想的最佳效果，高洋拖着疲惫的身躯率先垂范，坚持完成了一些标准动作，然后让那些人照着做。

高洋肆无忌惮、近乎疯狂地糟蹋哥哥的女眷，在惨无人道中获得了满足，也出了心中那口长久憋闷的恶气。然而天道轮回，几年之后，同样的情景再次上演——他的亲弟弟高湛，对他的妻子李祖娥也使用了同样手段，而且更加残忍，更加狠毒。

高洋淫心大盛，就连李祖娥的姐姐也未能幸免。李姐姐早在东魏时期便嫁给了乐安王元昂，如同妹妹一样漂亮，且不失蜜桃成熟的香甜韵味，高洋早就垂涎三尺，意淫多次。在艰难的克制被熊熊欲火完全吞噬后，他毫不客气地出手了。多次占有之后，高洋感觉这李姐姐各方面都很合胃口，便想纳她为昭仪，弄进后宫转成正式，省得来回颠簸麻烦，也省得别人质疑自己的品行。如此，那同等角色的连襟儿元昂，便显得有些碍事了。

高洋把元昂召来，让他在远处站好，当活靶子，自己站在一百米开外，鸣镝开射，拿对付丈母娘的把戏对付元昂。看你小子那熊样儿，还敢躲！高洋边射边发狠，只片刻工夫，元昂便被射成了刺猬，身上到处是窟窿眼子，鲜血瓣里啪啦流个不停，凄惨的叫声渐趋衰微，最后归于平静。高洋意犹未尽，搂过一旁哭哭啼啼的大姨姐，继续着他的兽性之旅。

随着高洋肾上腺素无节制地释放，那些臣子们的家眷也全都遭了殃，凡年轻点儿的，有点儿小姿色的，一个没走手。高洋占有女人，是那种精虫上脑式的，不分时间，不分地点，不分场合，也不管有没有围观群众，说来就来。这也成了他喝酒之外排遣焦虑的另一个出口。同时，这种无底线、肆意的淫乱，也让群臣感受到一股强劲的权势高压，并传递出一个非常明晰的信号：不听话就会遭殃。而伴随高洋无节制淫欲而来的，则是变态虐杀的延续。

帝国初创时，高洋是踌躇满志、豪情万丈的。当他不得不把悠远的目光收回，重新审视近处这个现实世界时，便看什么都不顺眼了。他变得越来越自我，越来越刚愎，最突出的表现，就是再也听不进别人的意见。

典御史李集是个极富正义感的人，他上书规劝高洋，把高洋比作古代的暴君夏桀、商纣，以刺激高洋自我警醒。高洋即位之初，曾主动要求人们向他提意见，以此彰显胸襟之开阔，可试过几次后便索然无味，觉得不如听赞歌来得爽。李集的逆耳忠言此时听起来尤为刺耳，于是高洋脸一沉，把谏书摔在地上，下令将李集捆成粽子扔到河里，等呛够了水再拽上来，然后微笑着问他，你且说说，朕与那夏桀、商纣相比，到底怎么样？

李集信仰坚定，水刑伺候反而让他变得更加强硬。止住呛咳后，他哑着嗓子怒吼，说你还不如那夏桀、商纣呢！高洋大手一挥，李集再次被扔进河里，水饱之后拽出来再问，得到的依然是否定答案，于是再扔、再问，如此反复多次。李集兀自嘴硬，始终不吐口，不求饶。

高洋一下子来了兴致，环顾左右，无比费解地自言自语，说天下竟有如此呆傻的家伙，那龙逄和比干跟他比起来差远了（关龙逄、比干分别是夏、商末期的两个谏臣，在向夏桀、商纣二王进谏时被杀），赞赏之余竟饶过了李集。可这李集骨头硬，脑子也僵，缓过劲儿来之后接着进谏，没完没了地跟皇帝死磕。高洋这次没客气，也不用呛水了，直接下令将其腰斩。

黄河沿岸发生蝗灾，高洋把魏郡丞崔叔瓒（崔季舒的哥哥）叫来，问是什么原因导致的。崔叔瓒没有正面回答，云里雾里地拿《五行志》搪塞，说大兴土木而又不遵循时令，往往就会导致蝗灾。崔叔瓒这话盖指高洋修长城、建三台等一系列大型土建工程，换句话说，蝗灾是因为高洋劳民伤财，折腾得有点欢，老天看不过眼降下的惩罚。老崔把责任推给高洋，其实也是变相的规劝，好让高洋收敛点儿。

这解释高洋当然不爱听，盛怒之下对崔叔瓒采取了一系列暴力行径：先让几个人一顿暴揍给他热了热身，然后拔光他的头发，又劈头盖脸浇了一通大粪，最后像拽死狗一样拽着他的两条腿扔了出去。

至于路人甲，那就更加随意了。有天高洋在路上看到一个妇人，突然生出采访的雅兴，拦住她问：你觉得当今天子怎么样？本事大不大？期待着获得一通诸如励精图治、爱民如子的赞美话。未想这妇人并非地方官迎候检查的刻意安排，就是一个走亲访友或上街买菜的普通市民，根本没有政治意识，也不知道眼前这个没穿龙袍、说话莫名其妙的年轻人就是当今的皇帝，对高洋身边侍从递过来的焦急眼神更是浑然不觉，竟脱口而出心里话：听说疯疯癫癫的，哪里像个天子！所以，她的结局可想而知——此后她再也听不到有关高洋的任何信息和传闻了。

高洋的侄女乐安公主（高澄长女，生母元仲华）嫁给了尚书仆射崔暹的儿子崔达拏。有一次高洋问她在那边过得怎么样，乐安公主实话实说：都挺好的，对我也很尊重，就是婆婆好像看我不怎么顺眼。儿媳妇这句有意无意的话，最终要了婆婆的老命。崔暹死后高洋去吊唁，见到崔暹的老婆李氏，顿时想起了侄女先前的话，于是狞笑着问：想念你家老崔头儿不？李氏疑惑，说结发夫妻怎么能不想呢！高洋等的就是这句，说想是吧？那就一块儿去吧。话音未落，早一刀将李氏的脑袋砍下，随手抛到了墙外。

主子精明，下属就是主子的枪，指哪打哪。而主子昏庸，同样也会成为下属的枪，用来瞄准并消灭自己的政敌。高洋还没当皇帝时，身居太保、录尚书事高位的平原王高隆之看不起他，还经常欺负他，受禅时态度又很暧昧，这些高洋都一直记恨在心，言谈中也没少流露。与高隆之有矛盾的崔季舒看出端倪，趁机给高洋上眼药，说高隆之在办案时同情案犯，还说怎么判决不是他说了算的，故意将案犯的怨恨转嫁给陛下您。

此话直指人心，杀伤力极强。恰在此时，又有一个对高隆之不利的消息传来，襄城郡王元旭因罪当诛，而高隆之此前曾和他一块儿喝酒，还慷慨激昂地拍着胸脯表忠心，说结识襄城王是三生有幸，定当生死不负，等等。高洋勃然作色，即刻把高隆之招来，让一帮身强力壮的武士围着他，像打沙包一般轮番狠揍了一百多拳，然后像丢死狗一样丢到了路边，任其死去。

就这高洋还不解气，又下令逮捕了高隆之的儿子高慧登等族亲二十多人，以马鞭击打马鞍为号，挨个儿砍脑袋，敲一下砍一个。后来高洋又像当初对付元善见一样，挖开高隆之的墓刨出尸身，砍成几段再烧成灰儿，撒进漳水才算完。

14

濒临崩溃

一个人性情的转变，肯定是各种困扰的积压，到了无法承受的极限。高洋的怨恨发泄得越多，受到的伦理撞击就越大。这种两相矛盾的事，能最大限度地刺激人的神经，犹如快节奏的生活容易让人抑郁或偏执一样，刺激多了，便会导致精神的崩溃。

高洋有个妃子薛氏，最早是堂叔高岳从妓院里觅来的小妾，后来被高洋看中，纳为贵嫔。一次半夜醉酒后，高洋鬼使神差地来到薛氏娘家。薛贵嫔的姐姐受宠若惊，热情洋溢地整了俩菜，招呼着高洋喝酒，媚眼含羞地大套近乎。高洋很是受用，看着娇艳欲滴的薛姐姐，也渐渐意乱情迷起来。

酒过三巡，薛姐姐言归正传，开始替父亲要官，让高洋赐他个司徒的职位。高洋陡然来了气，之前被情欲催生出来的温柔即刻变成熊熊燃烧的烈火，你这是虚情假意地在哄我啊，当我傻吗？不由分说把那薛姐姐吊在了房梁上，让人用锯子锯成了两半。场面血腥残忍，不亚于惊悚片《电锯惊魂》。不过薛家的恐怖事件远未结束，薛姐姐惨死，薛妹妹的下场更凄惨。

在很长的一段时间里，只要提起东山宴会这个本来应该满是美酒、美食、美女及优雅休闲的高端人士聚会，北齐的高官贵戚便不寒而栗。话说那天高洋又喝多了，与薛贵嫔戏耍一番后准备出发赴宴，却忽然想起这女人曾和高岳那老东西睡过觉，立时像吃了苍蝇一般恶心、憎恶，外带一点醋意，伴着酒劲儿直冲头顶，抽出配刀便把她宰了。

行凶之后高洋又有些后悔，毕竟这薛贵嫔身姿婀娜，艳若桃李，很可人心疼，于是接下来的动作更加匪夷所思。他开始肢解薛氏的尸体，先是取出大腿骨，做成一个琵琶样的东西，然后又切下薛氏的脑袋，藏在宽大的袖子里，这才去东山赴宴。

酒宴正在高潮时，高洋突然把薛贵嫔的人头拿出来，往餐桌上一扔，众人惊愕失色，连滚带爬，避之唯恐不及。高洋望着众人狼狈的样子，开怀大笑，之后就取出那把特制琵琶弹了起来，一边弹一边落泪，嘴里还语无伦次地唱诵西汉音乐家李延年的小诗：

> 北方有佳人，绝世而独立。
> 一顾倾人城，再顾倾人国。
> 宁不知倾城与倾国？佳人难再得。

美妙的诗篇，清脆刺耳的琵琶乐，与高洋失控的表情、来自地狱的声音极其违和，再加上众人的惊恐不安，冷汗频出，诸多表情、声音、情绪杂糅、交织，场景甚是诡异、恐怖。

高洋终于完全迷失了自我，开始以虐杀为乐。而且他杀人不问理由，全凭心情，兴之所至想杀就杀，如同儿戏。三台宫殿建成后，高洋上台游览，一高兴，随手抄起一柄铁槊，顺势刺向一旁陪同的都督尉子辉，老尉猝不及防，带着一脸疑问驾鹤西游。另一位都督韩哲，也是这样莫名其妙地被高洋当众一刀劈死的。

为了方便随时杀人，高洋将各种工具如刀斧、长锯、鼎镬、剉碓（一种斩断肢体的刑具）等陈列朝堂，以备不时之需。干净、富丽堂皇的宫殿，很快变成血腥恐怖的人间地狱。高洋的杀人手段花样繁多，而且极其残忍，让人不喘气仅仅是个开始，接下来还有肢解、焚烧、投河等一系列辱尸、虐尸的复杂程序。在冷血与变态的实操中，高洋不断变换杀人的花样，寻觅着新的感官刺激。

皇帝如此疯狂，大臣们躲都躲不及，自然谁也不敢相劝。既然阻止不了，就只好想些别的法子，将这种随时可能降临的灾难成本降到最低。宰相杨愔充分发挥他的聪明才智，从邺城监狱找来一些死囚冒充仪仗队的工作人员，呼之为"供御囚"，跟在高洋的可视范围内，以供其随手屠戮。此举若说还有人性化的一面，就是杨愔规定，如果有人在三个月内还没被杀掉，那无异于中大奖，可以无罪释放。结果很可惜，无一人获此殊荣。

最可怕的是，高洋的残忍开始在北齐全境蔓延。皇帝痴迷虐杀，臣子没有安全感，便想方设法转移恐惧，抽刀挥向更弱者，比如那些刑狱机构，再审犯人就以酷刑为乐了。为求效率，他们的手法不断精进，创造了一个又一个心惊肉跳的瞬间，比如将铁犁的犁耳烧红，然后让囚犯站在上面，或者把车子的车轴烧烫了，让囚犯的手臂从中间的孔洞穿过去，等等，无所不用其极。这样审案效率自是奇高，让招什么招什么，让怎么招就怎么招，于是一批"神探"应运而生，大批冤案得以"昭雪"。在法律和正义的掩盖下，北齐很快变成一个人人自危的恐怖王国。

除了自我疯狂外，高洋还掀起了两次全国性的疯狂运动。北齐境内同时盛行佛教和道教，高洋觉得大没必要，想去掉其中之一，但又不知道去哪个，天保八年（557），也就是高洋临死前三年，他把和尚道士们召集在一起，让双方辩论，看谁说得过谁，最后善打机锋的和尚们胜出。高洋于是下令取消道教，所有道士全部剃发当和尚。谁叫你们没本事呢！

道士们不服，集体请愿，高洋也正好手痒痒，杀了几个挑头的，余众立刻作鸟兽散。自此，北齐境内再也看不见道士的身影了。高洋自此沉浸在佛法之中，还将得道高僧僧绸定为北齐帝国的帝王之师，不过那时他没想到，他很快就落入道士们的布局之中。

另一次是大规模征配慰安妇。前文说过，北齐在南梁扶植了一个傀儡政权，为了激发军人的斗志和热忱，高洋一次性征发二千六百名山东（崤山以东）寡妇配军——这两千六百人其实也不全是寡妇，家里有老公而被强行拉来充数的有六百多人。一时间，浓郁、热烈的男性荷尔蒙迅速升腾，在北齐军中狂飞乱舞，熏出一支野性十足的虎狼之师。

与举国疯狂相伴随的，是帝国经济的衰退。高洋大兴土木，干的都是费时费力又烧钱的活儿：扩建三台宫殿总计动用了三十多万工匠。为了防范北疆，累计修筑长城三千多里，并修建防戍州镇二十五处。后来又在长城内另筑了一道城墙，作为内侧的防御系统，共计四百多里。再加上高洋出手大方，动辄赏赐，最后弄得国库空虚，财政紧张，治世时积攒下的丰厚家底全都折腾光了。

面对帝国的窘状，高洋那被酒精、淫欲以及暴力、血腥充塞的大脑，竟然还残存着一丝"智慧"。他开始大幅度削减百官俸禄，不再储备军粮，合并地方机构并精简人员，以便把节流下来的钱用在各种工程建设的刀刃上。北齐这架列车没了前进的动能，虽修修补补，却摇摇晃晃，随时都有散架的可能。

这时若再来点天灾，就无异于雪上加霜了。在高洋生命中的最后两年，北齐境内发生了几次重大灾情，似乎也在冥冥中昭示，属于他的一切——包括生命——即将钟鸣漏尽。天保八年（557）三月，北方还未进入夏季，天气却突然变得酷热难当，以至于有人中暑而死。

在十分难得的清醒时刻，高洋竟然灵光乍现，意识到了环境保护的重要性，认为这是人类破坏自然的反噬，他甚至还做了一些保护生态环境、促进人与自然协调发展的补救工作，比如在随后的四月里他曾专门下诏，禁止人们过度捕捞，以涵养水源生态。到了年底又下诏，规定除了冬季的第二个月，其他时间一律禁止用火燎荒，以免损害昆虫、草木。同时，高洋也没忘照顾一下那些笃信天人感应的广泛受众，他高调降发"罪己诏"，主动将责任承担下来，既求取上苍的谅解，也让百姓看看自己的决心，并聚拢一下日渐消散的人心。

然而天不从人愿。第二年（558）甫一入夏，天气又变得异常干热。高洋祈雨不灵，把气全撒在给老天传话的泥胎身上，他下令将供奉西门豹的祠堂砸了个稀巴烂，还把他的坟给扒了。等山东再发生蝗灾时，高洋便号令百姓捕捉、坑埋，既不求佛也不拜天，直接靠双手奋斗了。此时此刻，高洋才真切地感受到，人在大自然面前是多么渺小。天保十年（559），心灰意懒的高洋舍弃红尘俗世，住进了辽阳甘露寺，开始专意参禅修性，除非奏报事态紧急的军政大事，否则任何人不能打扰他与佛祖谈心。

顺便提一下，高洋当年摒除道教支持佛教之后，佛教信仰成为他无处安放的灵魂寄托，也成为他试图消解困厄的出口。他曾下诏在鼓山一带大规模开凿石窟，这就是后世赫赫有名的响堂山石窟，国家级 4A 景区，中国第一批重点文物保护单位，其佛教造像造型独特，雕刻精巧，堪称艺术经典。

鼓山在今天的河北省邯郸市峰峰矿区境内，古时叫滏山，山口为滏口陉，是太行八陉之一，也是邺城去往晋阳的必经之路。高洋在这里开窟，一来方便礼佛，二来也作为往来两都的驻跸行宫。

可惜佛祖并没能解除高洋的痛苦。从辽阳回到晋阳后，他的病情进一步恶化，宫女侍从已经很难伺候并与之有效沟通，因为他经常看见别人看不见的东西，听到别人听不到的声音，双方已然不处在同一个世界。从现代的医学角度解释，这是出现了严重的幻视、幻听，属于典型的精神分裂症状。

15

最后疯狂

在错乱神经的错误支配下，高洋变得更加敏感、狂躁，而其发泄的方式就只有一个：杀人！不停地杀人！只要稍不顺心或看不顺眼，便大开杀戒。他不断拓展杀人的边界，朝中上下惊惶万状，没有哪一个人是安全的。恰在此时，一个尘封已久、惹人不快的谶语再次风靡，让他刀刃向内，对准了自己的兄弟。

前文说过，高洋信命，这既是鲜卑族的一个民族特征，也是高氏家族的信仰传承。父亲高欢更是执念颇深，他在世时，曾找术士卜过一卦，卦辞曰：

亡高者黑衣。

意思是将来让你们高家败亡的，是穿着黑衣服的人。高欢很忌讳这话，此后禁止身边的人穿黑色衣服，每次外出也都很忌讳碰见穿黑衣服的和尚。当然，那时他可能没有想到——或者不愿意，也不屑去想，帝国西边的西魏国便崇尚水德，穿黑色衣服，而他的老对手宇文泰，小字"黑獭"，对黑色更是情有独钟。这件事成了整个高氏家族的隐讳，也成了高家对头宇文氏的箴言，取代西魏建立北周后，他们依然延续尚黑的习俗。

不过这种谶语往往含糊其辞，不会说得太过明了。对于甚嚣尘上的传言，穿着黑色僧袍的帝王师僧绸，明显感受到了高洋目光的异样，那是由信任而至凶狠的变化。他明白其中原委，这可能是道士们在借题发挥。高洋崇佛灭道，道士们既恨高洋也恨和尚，暗示和尚会威胁高家天下，显然能起到一石二鸟的作用。

僧绸嗅到了危险，急忙将祸水引向别处，不失时机地向高洋解释，说"黑衣"不一定黑衣服，也不一定是穿黑衣服的人，谶语如果这么浅白也就不叫谶语了，这应该是一种暗语，说的是被黑色的东西包裹，如同穿了一层黑衣。高洋疑惑，问他，还有什么东西比黑衣还黑？

见高洋入坑，僧绸赶紧朗声回答，说"漆"最黑（古代的漆都是黑色的，所以称颜色极黑为"漆黑"），漆附在物体表面就是黑衣。高洋虽然半信半疑，但思路一打开，也不再把关注点局限在黑衣服上，最后索隐附会，认定"漆"与"七"同音，而他同父异母的弟弟——上党王高涣正好排行老七，于是顺利排查出这个帝国隐患，将他抓来，关进了邺城北城的地牢。

高涣的生母，是高欢的初恋韩智辉。高欢很喜欢高涣这个儿子，认为他各方面最像自己。高涣自小重武轻文，读书不求甚解，却喜欢研究兵法骑射，他最长脸的事儿，是天保六年（555）护送被俘的贞阳侯萧渊明回国称帝，充当傀儡，期间不但击溃了南梁的反对派，还杀死了名将裴之横、威服大将王僧辩，打出了帝国的威风，他也因而晋升录尚书事。

与高涣一同倒霉的，还有高欢的第三子、时任青州刺史的永安简平王高浚，也就是当年让高洋擤鼻子的那位。高浚性格爽朗，当年取笑高洋或许就是一个无心之举，一个脱口而出的秀，可能有鄙夷之心，但绝无害人之意。然而高洋是不会忘记这段耻辱，也不会放过他这个弟弟的，只是一时没个合适的理由，高浚不但脑瓜儿好使，还宅心仁厚，知道体谅下属，很有群众基础，贸然行事怕说不过去。不过杨愔很快替他解决了这个难题。

有一次高浚陪二哥一起游东山，高洋兴致上来，抑制不住裸露癖，又开始脱光衣服瞎折腾。高浚看不过眼，便劝他，说一国之君如此行事不太妥当。弄得高洋很尴尬，极不情愿地穿上了衣服。本来事情到这儿也没什么，弟弟劝哥哥，理由又正当充分，高洋还没喝太高，也不至于把他怎样。可这高浚不放心，又找到尚书令杨愔，怪他任由皇上胡闹也不阻拦，让他以后多劝着点。

高洋最忌讳大臣与诸王暗通款曲，就是私下里说话也不行，杨愔怕引火烧身——或者还有其他想法，心里一紧，便汇报给了高洋。高洋恨极，那只被高浚戏耍过的鼻子发出不屑的声音，说没想到这小子如此猖狂，朕受够他了！一时兴致全无，也不玩了，打发高浚回了青州。

回到任上，高浚还不算完，又不厌其烦地上书规劝，一股子不达目的不罢休的犟劲儿。高洋气得暴跳如雷，命人把高浚抓来，不由分说扔进了大牢，与那"最黑"的七弟高涣关在一起。二人在狭窄、逼仄的地牢中吃喝拉撒，居住体验很快向猪圈看齐。

不过高洋恨归恨，对于亲人，他也没有完全泯灭恻隐之心——当然这个要看心情。有一次高洋去地牢看望两个弟弟，一时念及手足情深，竟吟咏起诗歌来，还让高涣和高浚跟着应和。

这哥儿俩惶然不知所措，恐惧中兼有悲伤，声音不知不觉为之颤抖，高洋似被触动心弦，也难过得流下泪来。

情绪渲染到这个地步，本该有一个皆大欢喜的结局，不管是出于一时的怜悯，还是瞬间的良心发现，都不排除高洋想要赦免两个弟弟的可能。可惜，这念头一闪的善，却被冷眼旁观的另一个狠角儿给搅和了，一出真情撩动的温馨剧硬生生演绎成了毛骨悚然的恐怖片。这个人就是高洋的亲弟弟，高欢的第九子长广王高湛。

高湛与同父异母的哥哥高浚也有矛盾——估计也和高浚直肠子、说话口无遮拦有关——生怕高洋一时心软放过了他，急忙在他耳边递话，说猛虎不可出笼！直言这两人放出去后患无穷，叫高洋不要心软。见高湛没安好心，高浚、高涣破口大骂，说你小子也太不是东西了，老天一定不会饶过你的。

高洋在骂声中回过神儿来，感觉留着这哥儿俩确实对自己不利，于是眼泪一抹，心一横，抽出配剑径直向高涣刺去。高涣本能地向后一躲，高洋的剑便刺了个空。这下高洋凶性大发，我叫你躲，嫌剑不够长是吧，唤来大力士刘桃枝，让他拿着长槊往牢笼里捅。

高浚、高涣死中求生，拼命抓住刺过来的槊头，用尽平生之力，硬是将其拗为两截。二人丢掉槊头，悲从中来，一时嚎哭震天，有如地狱传音。这种凄厉、绝望的声音似乎刺激了高洋，让他变得更加兴奋、急躁和不可控。在神号鬼泣之中，高洋彻底疯狂，他命人抱来大量木柴，点着了往地牢里扔，高浚、高涣在火海中跳跃，直至无处躲藏。见俩弟弟没了声息，高洋又让人往地牢里投石填土，灭火消烟。等再把那哥儿俩刨出来，早已黑如焦炭，看不出一点儿人模样了。

高洋亲手杀死自己的兄弟，且又那么残忍和灭绝人性，所受刺激要远远多于发泄后的轻松。他那颗业已扭曲、变态的心，被逼向一个更为狭小、压抑的空间。他脆弱的神经早已无法支配，随时可能崩溃，因此他的疯狂一浪高过一浪，杀人更加无节制。就在帝国上下极度恐慌之时，一个更大的噩运降临了。

天保十年（559），亦即高洋执掌帝国的最后一年，太史按惯例上奏，提议除旧布新。高洋随口问彭城公元韶：汉光武帝刘秀为什么能成就中兴大业呢？元韶想都没想便脱口而出：这都是因为当初姓刘的没被杀干净。

这或许是元韶的无心之语，是对历史的真实理解，根本没有想到如今的元氏就是当年的刘氏，当然也不能完全排除他对家族其他成员的恨——比如曾经跳着脚骂他的美阳公元晖业——总之这句有意无意的话，加重了高洋的隐忧，很快将除"刘"勿尽的遗憾，变成除"元"务尽的行动，让禅位后一直默默无闻的元氏——亦即缔造北魏辉煌的拓跋氏家族——遭受了灭顶之灾。其惨烈程度，甚至超过了当年尔朱荣发动的"河阴之变"。

高洋这次过足了杀人的瘾。元氏王族和富户的男丁女眷，全部被拉到东市砍头，场面悲壮、血腥而恐怖。没被砍头的也没好到哪去，一些幼小的婴儿被抛向空中，然后让士兵在下面用锋利的槊头接住，活活插死。一些羸弱有病的老者被驱赶着登上金凤台，在他们身上绑上大风筝，然后一脚踢下去，让他们在天空中自由地翱翔。

风筝再大也不是滑翔伞，这些人更不是专业的运动员，在地球强大引力的作用下很快失控，并极速坠落，硬生生地摔死在台下。唯一幸存者，是一个叫元黄头的人，他居然无师自通地掌握了动力平衡，飘飘悠悠飞到郊区一块软泥地里，唒了一嘴泥后安全着陆。高洋觉得这人很神奇，怕不是有什么特异功能，便把他扔进大牢进一步考察，不给饭吃，也不给水喝，充当薛定谔的猫。结果可想而知，元黄头后悔得脑袋直撞墙，早知当饿死鬼还不如摔死呢，起码痛苦少一点儿。

这次灭门，元氏一族总计被杀 721 口，尸体全部扔进漳水喂了鱼。此后渔民打鱼，开膛破肚后经常发现人的指甲，吓得邺城百姓谈鱼色变，好长时间都不敢吃。元韶这个始作俑者也没捞到好果子，高洋把这个一度忘了元氏身份而信口雌黄的姐夫关进地牢，和元黄头一样，也不给饭吃，不给水喝，让他实践另一只薛定谔的猫。元韶饿得不行，不停地啃噬自己的衣袖，最后衣衫褴褛，唇齿流血，也没能扛过去。

这次大屠杀中，也有几个虎口余生的，比如开府仪同三司元蛮，其女儿是常山王高演的妃子，他也藉着这层关系得以赦免。定襄县令元景安吓得差点没尿裤子，慌忙上书请求改为高姓，高洋先生一高兴，也饶了他。堂兄元景皓对元景安的行为嗤之以鼻，说你怎么能改姓别人的姓呢？大丈夫宁可玉碎，不能瓦全。高景安即刻有了立功表现的机会，把这句话原原本本密告给同姓皇帝高洋，高洋果断成就了元景皓"玉碎"的梦想。

人之将死，大脑会瞬间清醒一下，这大概就是人们常说的回光返照。在生命中的最后几天，高洋已然不能进食，就靠喝点小酒儿维持，生命体征渐趋微弱。可就在气若游丝之际，他却猛然灵光一闪，清清楚楚对身边伺候他的皇后李祖娥说：人必有一死，也没有什么好惋惜的。颇有些无神论兼唯物论的味道，而后话锋一转，步入正题，说只是可怜太子高殷年龄尚小，怕有人夺了他的皇位。

高洋怕的这个人，就是常山王高演，他一奶同胞的亲弟弟，也是儿子高殷的亲叔叔，彼时履职大司马、录尚书事，是高氏家族仅次于高洋的二号人物。高洋到底放心不下，让人把高演叫来，用近乎哀求的口吻对他说：想夺皇位你就夺吧，但千万别杀我的儿子。说完这句近来少有的正常话，高洋便带着对儿子的无限牵挂以及对未来皇位的无限忐忑之心，极不情愿地去了另一个世界。

极度疯狂的背后，可能是极度缺乏安全感，如果非要找个理由，那么高洋疯狂杀人——包括杀功臣、族人、兄弟、元氏及那些看似毫不相干的人——只可能是出于巩固皇权的私人目的。他的皇位是抢别人的，既担心别人不听，也担心别人来抢，更担心权力丧失之后招来杀身之祸。他试图找到一个突破口，却在各种超乎寻常的"行为艺术"中迷失，最终走向癫狂。

从醉酒胡闹到恣意淫乱，再到残忍虐杀，高洋一步步走向精神崩溃的绝境，从这个渐进的过程来看，有个明显的主观意志的加强，这似乎又在暗示他并未完全精神失常。从某种程度上看，也不能完全排除其有意制造一种基于恐怖的政治生态的可能，以众人的不安，换来权力的稳固。在看似精神错乱的杀戮中，他除掉了忌讳的权臣，有威胁的兄弟以及被他取代的元氏一族，一步一步，似乎更像一个阴谋，在嘈杂混乱的背后，有着清醒的执念——为继任者铺路。

对于太子高殷，高洋其实一直隐隐有种不祥的预感。高殷字正道，名字是"北地三才"之一邢邵起的，那时高洋还没当皇帝，也没觉得什么不对，后来登基称帝，立了高殷为太子，就又把邢邵叫来，开始咬文嚼字，说"殷"字容易让人想起远古的殷朝（即商朝，又称殷商），殷朝的王位是兄终弟及，而"正"字是"一"字下面加个"止"，这是在暗示"一帝而止"吗？那太子岂非不能继承大统？邢邵听后大惊，请求改换名字，高洋说算了，这也许是天意。

不改名字，不代表高洋不在乎，他其实比谁都在乎，然而相较上天的意见，他更在乎人间的努力，就像当初夺取皇位一样。经验告诉他，改变天意绝非改改名字这么简单，只有扫除了人间障碍，才能从根本上扭转乾坤。他最终没能再次翻盘，反而在疯狂的同时，埋下了反噬的祸根。临终前，他似乎已然明了太子的凶险，却只剩下回天乏术的无力感。

高洋归西，以往的一切都不复存在，他从此再也不用害怕失去。他的灵魂轻飘飘腾空而去，告别了承载酒精、血腥与残忍的躯壳，那时的他或许顿悟，所有的一切都是命中注定，唯有时间才能解开这个死结。而他留下来的数不清的血债孽情，也将以另外的形式加以偿还。

高洋出殡，百官号哭，却俱是干打雷不下雨，在那儿有声无泪地做做样子，唯有尚书令杨愔一人伤心欲绝，老泪纵横。一年之后，辅政新帝的功臣杨愔，被常山王高演当成死对头，上演了一场惊心动魄的宫变。而不出高洋所料，高演最终还是篡取了侄子的皇位，并将其秘密杀害。高洋的后来者们，又开始掀起一波又一波的惊涛骇浪，续演着北齐帝国新的疯狂。

·第四章·

紧张的较量

16

两派分化

如果高殷的生命能长久些，或许也会像他的叔叔高演一样，成为北齐帝国的治世皇帝，在他即位之初，这种迹象便已十分明显。然而造化弄人，叔叔心里终究容不下他。

高殷是高洋与李祖娥的长子，天保元年（550）也就是高洋登基那年被立为太子时，年仅六岁。高殷是一个性格鲜明的人，思维方式跟高氏家族多数成员都不太一样，跟父亲高洋更是有着霄壤之别，所以不可避免地成了高氏家族的另类——这种另类不是常人眼中的奇葩，而是具有一种与周边不相兼容的差异感。

高殷自小饱读诗书，深明礼仪。长大了心胸宽阔，为人平和，自带帝王气质，极具亲和力和感召力。作为太子，他少年老成，工作勤奋、务实，没有什么不良嗜好。他性格外向，喜欢交朋友，经常在北宫设宴，与那些志同道合的人一起谈经论史，却单单不让高澄的嫡长子——河间王高孝琬（母亲元仲华）参加。人们问原因，他说这里是大伯高澄遇难的地方，他来不合适。

按说这样一个言谈儒雅，举止庄重，几乎无可挑剔的懂事大男孩，应该人见人爱才对，可父亲高洋却偏偏不喜欢，甚至有点厌弃。这是很致命的，犹如一个诸般皆好，人人夸赞的员工，唯独得不到上司的嘉许。高殷所有的一切，都与高洋的期望相差甚远，甚至背道而驰，他时常看着儿子摇头叹息，嫌他性格太过懦弱，缺少草原彪悍之风，更不像自己那般风风火火，雷厉风行。他也曾试图改造这个儿子，将那些自得的治世理念强加给高殷，结果差点没把他整成精神病。

高洋不是喜欢杀人吗？于是让高殷也学着杀人，把死囚犯捆来，按在地下，让他拿刀砍脑袋玩，以锻炼其胆量和狠劲儿。在高洋眼里，胆量和狠劲儿无疑是一个王者所应具备的两个最基本的素质。已沐儒风，整天杯酒诗文、吟词作赋的高殷，哪里见过这种大场面啊，顿时骇得脸色大变，腿如筛糠，比画了好几次都不敢下手。

看着哆哆嗦嗦、面如灰土的怂包儿子，高洋恨铁不成钢，抢起马鞭，对着高殷就是一顿乱抽，越抽越气，一下比一下狠。高殷鬼哭狼嚎，疼得满地打滚，最后连吓带怕可能还外带一点破伤风，脑子硬是给抽出了毛病，一阵儿清楚一阵儿迷糊，一连几天胡言乱语，还磕磕巴巴说不成一个整句——这倒和他爹有几分相像了。

因为对高殷性格的反感和失望，高洋一度想废掉他，另立次子——也就是太原王高绍德为太子，甚至在极度失望之余，他还动过传位给弟弟常山王高演的念头。有那么一个时期，在酒宴上，在各种公开场合，在难得的清醒时刻，甚或是无数次醉酒之后，他都像祥林嫂一样反复唠叨这件事，说太子性情太过懦弱，恐怕担负不起社稷重任，他终究要传位给常山王。

此事非同小可，关乎生死，也关乎权力的再分配。高殷的老师、太子少傅魏收以及力挺太子的宰相杨愔，生怕高洋念念不忘，必有回响，不约而同地上书力劝，说太子是国之根本，不可动摇，陛下老说传位给常山王，人们就会多有猜疑，甚至生出二心，不利于团结，也不利于帝国的发展大计。高洋这才不再唠叨了。

当然，根据高洋后来的种种表现，这更像是担心皇位旁落的有意无意地试探，想看看大权在握的高演的反应，或者给他敲敲警钟，顺便在群臣面前造造舆论，让他产生道义上的焦虑，无法理所当然地欺压太子懦弱。高洋再怎么不喜欢，高殷也是他的亲生儿子，就像你再怎么夸赞邻居家的小孩懂事、漂亮、有出息，也不会把家产分给他一样，所以高洋最终还是将皇位传给了高殷。

高洋死后，皇宫一下子安静了许多。高殷让人把父亲那些血迹斑斑的杀人工具全都搬了出去，将大殿布置一新，之后在那里出台了一系列改革和亲民举措，包括给予全国七十岁以上的退伍军人名誉称号，强制六十岁以上以及体弱多病、力不从心的军官退休等保持部队生机和活力的军政变革，还包括他亲自去芳林园录囚，对死罪以下判决严厉的给予减刑或免刑，并将元氏一族没入官府为奴的人全部予以遣还的人性之举，当然更少不了罢停大型土木工程以及解放劳役的民生手笔。诸如此类，无一不收到实效并获得朝野称赞。

由于北齐的南疆与陈国接壤，又有北周的不断窥伺与骚扰，历来为兵戈战乱之地，驻军很多，军粮需求巨大，总是不能及时供给。为解决这一难题，高殷采纳尚书左丞苏珍芝的建议，在石鳌（在今江苏省宝应县西）等地休整屯田，保障了淮南一带防御部队的粮草供应，使之更加灵活机动，令敌军不敢小视，极大地稳固了南部边防。

以上事例不难看出，高殷是个有想法、有主见、有智慧的皇帝，也是个亲民、爱民、仁慈的皇帝，更是个认真做事的实干皇帝，热情不亚于初当皇帝时的父亲。在他的带领下，北齐迅速走出血腥和恐怖的阴影，开始恢复往日的生机。可正当高殷干得风生水起、有声有色，北齐朝野上下看到希望的时候，他的叔叔高演却真的有了觊觎皇位的野心。当他这个可怕的念头甫一形成，高殷的皇帝生涯也就到头了。

高殷继位后，对两个亲叔叔的安排还是很不错的：四叔常山王高演先是履职太师、录尚书事，后来又荣升大丞相、都督中外诸军、录尚书事。七叔长广王高湛先是履职大司马、并省录尚书事（负责并州尚书省的事务），后又荣升太傅、京畿大都督。高演、高湛与父亲高洋一奶同胞（三人都是高欢与娄昭君所生，高洋老大、高演老二、高湛老三，在高欢诸子总序列中，高洋行二、高演行六、高湛行九），高殷自然不会也不敢怠慢。

高演、高湛二人同处帝国中枢，守护着高氏家族无上的权力。然而，堡垒总是先从内部攻破，最后偏偏就是这个看似坚如磐石的权力中枢出了问题。出于显而易见的原因，二王守护权力，就要想办法拥有、包揽及利用权力，也就会威胁其他人的权力甚至是皇权。当时辅佐幼帝高殷的并非只有高演、高湛两人，高洋临终前特别交代，让尚书令、开封王杨愔，连同侍中燕子献、黄门侍郎郑颐，以及领军大将军、平秦王高归彦（高欢的族弟）等人一起，与二王共同辅政。主事的人多了，其中的交集就多，矛盾自然也就凸显出来。

尚书令杨愔是高洋的亲信重臣，帝国的宰相。高洋精神不正常后，多亏杨愔统揽全局，兢兢业业，帝国的各项事业才得以勉强维系运转。杨愔是个知恩图报的人，谁请他吃过一顿饭，他都要想着报答，而且还会加倍报答。当然，杨愔的报答并非基于权钱的幕后交易，而是以诚相待，礼尚往来，所以他的群众基础非常好，感召力也很强。

杨愔对高洋的知遇之恩，自然也是心存感激的。高洋疯癫之后，虽几次醉酒胡闹，戏耍于他，还差点让他见了阎王，但杨愔始终没有生出二心。高洋死后，群臣全都长出了一口气，发丧时假装号哭，实则暗自庆幸，只有杨愔一人涕泪俱下，呜咽不止，也是情之所至的真情流露。如今高洋西去，儿子高殷当了皇帝，杨愔自然也会尽心维护，以报先帝之恩，他不允许任何人争抢主子的风头，包括高家的两个实力派大王——高演和高湛。

奈何事情远比杨愔想得复杂，因为北齐帝国的权力顶端，也并非只有高殷一人，还有他的母亲和奶奶，也就是皇太后李祖娥以及太皇太后娄昭君。三人中，李祖娥不用说是倾向于自己儿子的，娄老太后却和高洋一样，并不十分喜欢这个隔了辈的孙子，她也中意自己的二儿子高演，偏爱程度甚至超过高洋。

高殷母子与娄老太后的家庭纠葛，很快变成帝国的派系较量，北齐自建国之始便存在的两派——试图控制朝政的汉人集团以及不想大权旁落的北镇勋贵集团，开始分别站队，寻找朝堂上的支持者和代言人。两派冲突的具体表现，就是高演兄弟与宰相杨愔的缠斗。

17

兄弟阋墙

高演最初并没有篡位之心。高洋生前的预判，也只是他单方面的揣度和臆断，是一种内心的惶恐和担忧，是极度缺乏安全感的外在表现，并无事实依据。事实上，高演对哥哥一直表现得忠心耿耿。

高洋酗酒成瘾，顽劣成性，高演也曾多次劝说，让他以自己的身休为重，以江山社稷为重，把主要精力放到帝国的政务上来。高洋不以为然，竟反过来宽慰他，说知道朕为什么这样吗？因为凡事有你啊！你把事儿办得利利落落的，朕当然有大把时间享受了。话虽混混，倒也是大实话。高演心思缜密，明辨是非，是个很有政治头脑的人，之前并州尚书省奏事，总拿不出个具体意见，高洋不满意，把高演派过去任并省尚书令，工作立时有了起色。

面对高洋移花接木式的神逻辑，高演哭笑不得，一时竟无言以对，只好一个劲儿地磕头以示决心。高洋酒兴全无，又见弟弟情真意切，心头一热，把酒杯一扣，说你不就嫌朕喝酒吗？朕不喝了还不行吗？从今往后你看着，谁再劝朕喝酒，朕就宰了他！

为了表示决心，他还让人把所有的酒杯、酒具都拿出来，当着高演的面全砸了。

可说归说，做归做，这种事儿高洋也不是没干过，之前他答应过母亲不喝酒，后来不也照饮无误嘛，那酒瘾上来根本不是他能控制的。戒了没几天，高洋就又喝上了，而且这次喝得更猛，往回捞本儿似的，只是在形式上转入地下，不当着高演的面喝了。有一次高洋躲在一个贵戚家中剧饮，边喝边欣赏大力士们的角抵表演。正晕乎乎地渐入佳境，有人来报说高演来了，高洋慌忙让人撤去杯盏，打着酒嗝，呼着酒气，脸红脖子粗地在那假装谈天说地，跟没事儿人一样。

见哥哥不改，高演想再次上谏，却被弟弟长广王高湛拦住，说你别去了，老这样会找麻烦的，他爱喝就让他喝去吧。高演不听，坚持进宫劝说，还把高洋瞒天过海、暗度陈仓的喝酒伎俩，全给抖搂出来，任凭高洋脸上由青到白地转色。这次高洋真的动了怒，他让高演站在自己面前，用刀抵着他的下颌，又是一通神逻辑，说你挑朕的毛病，好啊，你就没有一点毛病吗？你等着，朕今天就要让你好看。一通大呼小叫，咬牙切齿，情绪已然很难控制。

高演平时为人直正，做事严谨，也因此得罪过不少人。高洋把这些人通通找来，将磨得锋利无比的钢刀架在他们脖子上，限定时间，让他们举报高演的过错，现场收集证据，准备治高演的罪。

这些人虽然吃过高演的亏，可也都明白自己有错在先，支支吾吾了好半天，愣是挑不出半点拿得出手的毛病——也不排除这帮人久浸官场，害怕引火烧身的可能，毕竟这是高家内部的矛盾，那盾的问题一解决，矛就开始对外了，此时闭嘴也许是最好的选择。高洋无奈，稍稍冷静后，悻悻地放了高演。

要说这高演也是牛脾气，躲过一劫仍不死心，后来又找机会劝谏，还与高洋争执起来。高洋气极，劈头盖脸就给了他一顿鞭子。高演伤口疼痛外加伤心欲绝，一时万念俱灰，开始绝食抗议，终于惊动了后宫。

娄老太后心疼儿子，找到高洋又哭又闹，也来了个不吃饭。高洋一下子慌了手脚，毕竟他还是很在乎母亲的。高洋只好亲自去高演家里劝饭，让他多少吃点儿，别把身体饿坏了，有什么事好商量。高演对哥哥早已失望透顶，面对关怀哑然无语，依旧滴水不沾、粒米不进。

实在没办法了，高洋又找来高演的亲信王晞，让他务必劝劝自己的主子。要说还是这王晞有办法，打蛇打七寸，知道什么话最关键，什么话能让高演听进去。他说你不吃饭也就罢了，可让太后心疼，也跟着绝食就不好了，你不在乎自己，难道还不在乎她老人家吗？身子骨儿又不比年轻人……王晞话还没说完，高演早挣扎着坐起来，一嘴一嘴地主动进食了。

绝食事件之后，高演本来打定主意不再劝谏了，劝也没用，爱咋地咋地吧，眼不见心不烦，大不了我躲远点儿。可话虽如此，操作起来却很难，心存正义的人，对不良价值体系似乎有着一种天然的、本能的排斥，对突破底线的行为也很难做到熟视无睹，这是君子的风度，也是君子的悲哀，高演内心的纠结可想而知。

少了高演的聒噪，高洋喝酒更加肆无忌惮，好几次光着屁股醉倒在大街上。高演实在看不下去，终于忍不住再次说话。这次高洋发了狠，借着酒劲儿，让两个虎背熊腰的大力士反剪高演的双手，按倒在地，抡起枣木杠子就往死里招呼，一下比一下狠。打着打着，竟出现了令人啼笑皆非的一幕，可能因为用力过猛导致血往上涌，再加上酒劲儿突然上了头，高洋一下子醉倒在地，晕头转向怎么也爬不起来了。高演藉此机缘才有幸没被打死。

尽管对哥哥的行为不齿，心中可能也存有怨恨，但高演却一直没有取而代之的念头，因为他没有任何这方面的举动。即便在高殷即位后的很长一段时间里，他也表现得心如止水，没有泛起任何涟漪。种种迹象表明，高演后来有了活思想，与宫廷两派的斗争不无关系，最起码在当时好多人看来，他是在被逼无奈的情况下，不得已而为之的。

高殷即位后，高演肩负着保驾护航的重任，加之他在家族中的地位和影响，以及娄老太后（此时已荣升太皇太后）的偏心偏爱，他的地位愈发凸显出来。特别是在高殷守孝的特殊时期，为了不耽误工作，娄老太后专门下发懿旨，让她这个最喜欢的儿子住在东宫，并明确规定，百官启奏的诸项事宜，均需高演先行过目。如此一来，高演便成了帝国实际意义上的掌门人。杨愔等人见势头不妙，便密启皇太后李祖娥，让她施加压力，最终让高演搬出东宫回到自己的官邸，彻底断绝了他与宫中的交集。

人在江湖，身不由己；一入官场，人言可畏。对于自己的安排，高演或许并不十分在意，因为那本来就是临时性工作，他也没做越俎代庖的长期打算。相较朝中的诸事芜杂和人情险恶，他更喜欢过那种优哉游哉、清新雅致的小日子。现在他除了本职工作之外，有着大把的时间戏水赏花，吟风弄月，有丝竹之悦耳，无案牍之劳神，倒也轻松快活。

可你不在乎，搁不住有人起哄架秧子，好多事儿其实就是这么给整热闹的。比如有人旁敲侧击：

鸷鸟离巢，必有探卵之患。

意思是凶猛的大鸟一旦离开自己的巢穴，那鸟蛋就会有被人掏走的危险。提醒高演绝不能离开皇宫，否则会被人抄了后路。中山太守阳休之前来拜会，高演托辞不见，阳休之便对高演的高参王晞慨叹，说过去人家周公（姬旦）每天早晨起来要读一百篇文章，晚上还要会见七十个客人，都还嫌不够呢，常山王谁也不见，是怕别人说三道四，有意避嫌吗？这也太过小心了。事关主子尊严，也关乎自己前程，王晞不能袖手旁观，于是开始适时做高演的思想工作。

古今一理，怂恿别人的方法一般有两种：一是刺激尊严，激发血性，让人瞬间上头并失去理智，毫不犹豫地为了面子大打出手；二是激发责任感和使命感，让人慢慢上头并飘飘然，产生舍我其谁的心理暗示，从而主动铤而走险。第一种对象适合莽夫，四肢发达头脑简单的那种。第二种适合有地位、好面子，且自我感觉良好的人。王晞用的是第二种，高演毫无悬念地中招了。

一开始，王晞直言不讳，让高演多参与政事，以培植和扩大自己的势力。高演不以为然，反劝王晞，说皇上现在亲理政务，宽容和善，朝气蓬勃，这是咱们做臣子的福分，整天争权夺利的也没什么意思。见高演不可理喻，王晞话锋一转，开始从侧路进攻，说先帝高洋在位的时候，还知道在东宫太子那儿派个胡人康虎儿，以密切注视汉人的举动呢。现在皇上年纪还小，政治经验少，明辨是非的能力差，突然肩负重任，身边不能没个把握方向的，万一皇权被别有用心的外姓操控，那高家王朝还能长久吗？

就像当初劝高演吃饭一样，王晞依然采取移商换羽的伎俩，漫不经心而又不落痕迹地改变了话题的性质。如此一说，便不是劝高演自己抓权，而是不想让高家的大权旁落，矛盾的焦点也不再针对皇帝高殷，而是直指高演的政治对手——以宰相杨愔为首的那些野心家。你不得不承认王晞的说客本领，一件原本龌龊、自私的事，让他披上了合理、合法的外衣，整得还挺高尚、悲壮。更重要的是，王晞还利用了一个关键要害，就是少数民族与汉族之间的民族矛盾。

西晋末年"八王之乱"带来社会动荡，迅速激化了社会矛盾和民族矛盾，少数民族和流民纷纷起兵攻晋，割据称雄。此后，民族矛盾一直长期存在，北魏时拓跋宏虽然进行了汉化改革，但也只是取长补短，并未从根本上消除胡汉界限。彼时高氏家族既已鲜卑化，对汉人——比如宰相杨愔——自然存有戒备之心。

高演听完默然良久，问询王晞：那我该怎么办呢？王晞没有正面回答，依然用周朝的典故来点拨他，以极言其建议的可行性，说当年周武王去世后，其弟周公抱着年幼的周成王临朝摄政，七年后才归政，殿下不妨考虑考虑。

高演大摇其头，说我怎么敢和人家周公比呢？王晞不以为意，诚恳地说：以殿下现在的地位和声望，不想做周公都不行啊！这马屁拍的，不怕高演不上头。高演果然心头一热，彻底不说话了——不说话，往往意味着心动、默许，只是不方便表达。

脑子开了窍，再遇事的感觉就不一样了。在晋阳守孝完毕，高殷准备起驾回邺城，按正常的思维，常山王高演是留守晋阳这块北齐根本之地的不二人选，高殷自然也是这么想的。然而杨愔等人却放心不下，犹如当年高洋不放心元善见，去哪儿都让他跟着一样，杨愔苦口婆心地劝说高殷，要他带常山王高演一起回邺城，只留下长广王高湛镇守晋阳。进而杨愔又对高湛也不放心，最后干脆提议高殷敕令二王一并跟随，都回邺城，省得出幺蛾子。

对于这样的安排，朝中上下都不同程度地感受到了一丝寒冷，久浸官场的本能让他们嗅出一丝异味：这显然是在传递一种不信任的信号，并将这种不信任堂而皇之地摆上了台面，进而采取了防范应对的具体措施。

而且这种味道还在加剧：被采取措施的不只高演和高湛二人，还有高演的亲信王晞——他被下放去并州当了长史。形势陡然变得严峻，高演也忽然有了危机感。启程前，王晞前来送行，高演怕被人监视，怪他不该冒险相见，催他快点走。然而王晞真走他又有点舍不得，慌如做贼一般，临行拉着他的手，用力捏了一下，意味深长地说：好好努力，多多保重！说完悲壮上马，绝尘而去。

北齐上空阴云笼罩，两团巨大的黑云相互胶着，不断碰撞、挤压，一场电闪雷鸣的风暴即将到来。北齐朝中一直暗中较量的两派，矛盾也渐渐趋于明朗，以杨愔为首的保皇党密切关注朝野动向，脑子变活络的高演也开始适时转守为攻，付诸行动。双方剑拔弩张，注定要进行一场你死我活的较量，其惊险程度远远超出了高演的想象。当高演以一个胜利者的姿态再次回到晋阳时，他做的第一件事就是找来王晞，紧握着他的双手，如同虎口余生，兀自惊魂未定。

18

祸起萧墙

在人类活动中，诸事皆有或然性。因为事儿都是人办的，并非割裂、纯粹的事情本身，所有的波澜起伏，都一定有人在背后翻云覆雨、兴风作浪。杨愔费尽心机却百密一疏，他万万没有想到，他的一个不经意的举动，却引发了北齐权斗的多米诺效应，以至于糟糕到无法收拾的境地。而杨愔本人，也最终落了个身首异处的悲惨结局。

平秦王高归彦本属杨愔一派。高殷回邺城时，杨愔为防止晋阳生变，没和高归彦商量，便让高殷发布敕令，调拨了五千禁卫军留守晋阳，以应对突发性事件。这事按说也很正常，前文说过，晋阳是高氏家族的根本，加强力量也是应该的，关键是程序出了问题，杨愔越过了一个人——直接统率禁卫军的领军大将军高归彦。这高归彦稀里糊涂没了五千精兵，心情可想而知。

其实杨愔此举并非真的疏忽，也可能是一种自负。疏忽是一时忘却、丢落，或者考虑不周，属于心智范畴。而自负则是一种想当然的自信，根本不去考虑，属于态度问题。杨愔也有自负的资本，连两个皇叔的去留他都尽在把握，何况在自己羽翼呵护下的高归彦呢！所以他不但事先没和他打招呼，事后也没进行沟通，他可能压根儿就没把这事儿当事儿。

等回到邺城好几天后，高归彦发现人少了，这才了解事情的原委，气得差点吐血，你杨愔也太牛了，我难道就不值你一句话吗？被忽视乃至蔑视的愤怒，不只是脸上不好看，还有自我价值的怀疑，他必须通过其他人、其他事来证明一下。瞧不起我？好，我走。毅然投奔了高演阵营。

在政治的争斗中，没有永恒的朋友，只有永恒的利益。世间也鲜有守得住的秘密，它有时不过是待价而沽的砝码，或者讨好新主子的投名状。高归彦的反水，让一切秘密都变得不是秘密，让杨愔一方一切正常的和不正常的举动，全都变成了不正常的值得怀疑的行为，宫廷空气一时为之紧张、沉闷，让人透不过气来。

可朱浑道元的儿子、领军大将军可朱浑天和，娶了高殷的姑母东平公主，在感情上倾向高殷，对高演、高湛表现出极大反感，他常在人前制造舆论，说高演、高湛哥俩儿不死，高殷这皇帝永远当不太平。杨愔阵营里的另一干将燕子献，则谋划着让娄老太后退休，让她远离前朝大事，去邺城北宫享清福去，藉此搬走本帮最大的一块绊脚石。高归彦把这些他原本掌握的以及主观臆想出来的信息当成不容置疑的事实，一股脑儿全都汇报给了高演、高湛。

与此同时，宰相杨愔也在自掘坟墓，他新官上任之后，三把熊熊烈火一烧，将一大批中间派推向了对立面。北齐自天保八年（557）以来国运骤衰，滥封滥赏，人事腐败，一派乌烟瘴气，杨愔急于澄清吏治，便想率先垂范做个表率，主动请求降低待遇，让高殷下旨解除了自己开封王的爵位。有杨愔做标杆，杨愔以下的所有官员待遇也随之而降，那些靠着先皇恩典荣升高位的人也未能幸免。这些失心落寞的政客，本就像一群嗡嗡乱叫的无头苍蝇，哪里有腥味往哪里钻，他们很快便在高演、高湛阵营，找到了体现个人价值的新的精神寄托。

此时的北齐宫廷，就像一只巨大的火药桶，随时都有爆炸的可能，可谁也没有想到，最后点燃导火索的，竟是一名小小的宫女。

因为高归彦的叛离，杨愔阵营很快嗅到了危险，决定先下手为强。侍中宋钦道即刻面奏高殷，说两位皇叔的威信和权势越来越大，这样下去容易失控，应该尽早采取措施。高殷对一些情况也有耳闻，但真要对两个叔叔下手，一时半会儿却下不了决心，只好尽量推脱，说你和杨愔一块儿商量商量再议吧。

事情坏就坏在高殷的态度上，瞻前顾后，犹豫不决，没有一个明确态度。杨愔等人会商后，决定把二王下放到地方去当刺史，考虑到高殷天性仁慈，态度又很暧昧，怕请示了也批准不了，便迂回了一下，先向皇太后李祖娥汇报，让她想办法做儿子的工作。未想这李祖娥保密意识太差，将杨愔等人的奏折拿给宫里一个叫李昌仪的宫女看了。

这个李昌仪不是一般的宫女，而是有一定的品阶与俸禄的女官（高级宫女），她是东魏时期的陕州刺史李徽伯的女儿，后来嫁给御史中尉高仲密，因生得漂亮而被四处猎艳的高澄看中，有一次四下无人欲行好事，却遭到李氏顽强反抗，衣服撕烂了也没得手。可巧这高仲密平时任人唯亲，人事建议没少被大将军高澄否决，再加上这么一档子事，感觉在东魏待着也没啥前途，便请求出京任职，想伺机投奔西魏。丞相高欢提议高仲密出任北豫州刺史，让他镇守虎牢关（在今河南省荥阳市境内），但对他有了戒备，又派了一个叫奚寿兴的人过去，负责北豫州的军事，高仲密感觉不爽，一气之下拘禁了奚寿兴，然后向西魏献出了虎牢关。后来大将侯景攻破虎牢关，高仲密夫妻又做了东魏的俘虏。

李昌仪本来罪不容赦，结果情种高澄听说后激动不已，盛装打扮，对着镜子调整了一番表情，之后玉面郎君一般飘然出现在李昌仪面前，问她：之前不从，今日如何？李昌仪望着眼前的帅哥默然不语，心里却乐开了花，被同样心花怒放的高澄纳为小妾。高澄死后，李昌仪在宫中做了女官，侍奉太后娄昭君，李祖娥因李昌仪与自己同姓，有种莫名的亲切感，又觉得她身世可怜，便百般呵护并引为心腹，她把奏折拿给李昌仪看，也是想征询一下她的意见。

孰料这李昌仪并没有想象的单纯，她是娄老太后派来的卧底，任务就是监视李祖娥并探听情报。对于李祖娥的信任，她非但没有提出什么建设性意见，反将这个重要消息迅速传了出去。接下来的事可想而知，娄老太后闪亮登场，来了个一票否决，杨愔等人的第一套方案彻底流产。

无奈之下，杨愔等人只得再次协商，并提出第二套方案：让高湛去镇守晋阳，让高演独自留在国都邺城，除去太师之职，专任录尚书事。这是双方妥协的结果，对娄老太后来说，留下最亲近的儿子高演，自是保全了她这个"老干部"的面子，而将晋阳这么重要的地方交给高湛，也是杨愔集团在一定程度上做出的让步。对杨愔一方来说，这样的安排虽不及预期，但毕竟迈出了第一步，实现了一个小目标，就是终于将这哥儿俩分开了，客观上削弱了高演在国都邺城以及整个皇宫的力量。

见对方接连出手，高演的愤怒、血性和不甘也一下子被激发出来。他是个重感情的人，性格偏柔弱，但也不乏冲动、强硬的一面，小时候读《汉书》，读到《李陵传》一节时曾拍案而起，高声赞叹，骨血里浸染着英雄情结与悲壮因子。这样的人不出手是不出手，一旦出手，绝不手软。

高演与高湛拜领官职后，在尚书省宴会僚属、百官，摆下鸿门宴，邀请杨愔等人参加。高湛一大早便在暗室埋伏下几十个亲信家童，并提前和参加宴会的太保贺拔仁、左丞相斛律金（高洋执政时为右丞相）等人打好招呼：当敬酒敬到杨愔时，会一连敬三杯，第二杯他必定推辞，届时我会极力相劝，当劝到第三杯时，你们就动手。

一切部署停当，宴席之上罗网大张，只待杨愔等人自己钻进来了。

19

剑拔弩张

　　杨愔本来是有机会躲过这场劫难的。他与可朱浑天和、宋钦道、燕子献等人赴宴之前，散骑常侍兼中书侍郎郑颐曾提醒过他，说此去凶多吉少，还是小心为妙。可一向自负的杨愔根本听不进去，一脸无所谓地说：我们对国家忠心耿耿，天地可鉴，有什么好害怕的！现在常山王、长广王拜职宴客，我们也没有不去的道理啊。

　　杨愔可能也隐约感觉到了一种紧张气氛，二王因为他被降职、外调，肯定会有怨气，酒宴过程不会太和谐，但也绝不至于做什么出格的事，毕竟天子脚下，朗朗乾坤，他又是国家的重臣，根本没去想——也不相信——高演会真的对他动手。当然，杨愔等人可能也没意识到，所谓的赤胆忠心，只是他们一厢情愿的自我认知和自我评定，在政敌眼中，他们早已是十恶不赦、人尽可诛的大奸臣，恨不能将他们扒皮、抽筋、下油锅了。

　　一切不出高湛所料，一切也都像事前预演的一样顺利。杨愔等人被抓时怒不可遏，大帽子纷纷向对方头上扣去：你们这是谋逆造反，残害忠良，我等尊奉天子，削弱诸侯，赤胆忠心，何罪之有！说得义正词严，义愤填膺，义无反顾，高演几乎被唬住，生出放了他们的念头。

一旁的高湛看出苗头，急忙阻止哥哥，就像当年他劝高洋杀高浚、高涣一样，说辞也还是老一套：如果放虎归山，就没我们的好日子过了。边说边给手下递眼色，众人会意，十几个人为一组，按胳膊的按胳膊，按大腿的按大腿，将杨愔、可朱浑天和、宋钦道三人死死按在地板上，之后使拳的使拳，踢腿的踢腿，抡棍子的抡棍子，一通昏天黑地的暴揍，登时将三人打得血肉模糊，气息奄奄。

燕子献一开始也被按住了，但因其体健力大，又是秃顶，没什么头发可抓，得以拼死挣脱。当他连滚带爬逃窜至门口时，却被身型更为高大、壮硕的斛律光（斛律金之子）撵上，硬生生给拖了回去。早已打疯了的人们一拥而上，瞬间把他打成烂茄子样。

高演见事已至此，索性一不做二不休，赶紧派太子太保薛孤延带人去抓郑颐。郑颐彼时正在尚药局抓药，见呼啦啦围进来一大帮人，知道大势已去，不禁长叹一声：不听智者之言，这难道就是命吗！随即束手就擒。

酒宴上的惊险，还只是一边倒的惊险，因为杨愔等人几乎没有任何还手之力。对于高演一方来说，除了最初的担心，此后便没什么悬念了。可接下来的惊险，才是双方真正的殊死较量。

既然撕破了脸，事情总要有个结果。常山王高演、长广王高湛、平秦王高归彦以及太保贺拔仁、左丞相斛律金等人聚拢之后，简单会商了一下，便率领八十名亲信家童，押解着杨愔等人向皇宫走去，准备假皇帝之手处置这几个帝国贼人。

一行人走到云龙门时，遇到了都督叱利骚，高湛动员他一起加入诛杀逆臣的行列。叱利骚被眼前的情势吓呆了，说什么也不肯上前，高演索性命人上去杀了他。开府仪同三司成休宁闻讯，急忙带人赶到，挡住了众人的去路。

成休宁举刀呵斥高演，说你带人冲击皇宫，是大逆不道，快快放下武器投降。高演让高归彦上前相劝，成休宁兀自大喝不止，坚决不从。然而成休宁手下的军士们却一向敬畏高归彦这个禁卫军首领，又见对方气势汹汹，来者不善，纷纷扔掉兵器放弃抵抗。成休宁孤掌难鸣，也就不再坚持，侧身让开了道路。

众人顺利进入皇宫，之后高演让高湛、高归彦押着杨愔等人在朱华门外等候，自己则与贺拔仁直奔昭阳殿。北齐高层被彻底震惊了，皇帝高殷和太皇太后娄昭君、太后李祖娥全都急匆匆地赶到，娄昭君端坐在大殿正中，李祖娥和高殷分坐两侧，一副严阵以待的态势。

事已至此，不是鱼死就是网破。高演先声夺人，上前一个头磕在地上，对侄子高殷说：臣与陛下是至亲骨肉，杨愔等人独擅朝政，作威作福，文武百官敛声屏气，苦不堪言。他们结党营私，排斥异己，嚣张跋扈，若不早作处理，定会危及江山社稷。臣与长广王以国事为重，贺拔仁、斛律金顾念先帝基业，所以今天共同行动，把他们抓来交与太皇太后、皇太后和皇上处置。因事发突然，臣未来得及奏报，实在罪该万死。

高演的头脑显然非常清醒，先摆出自己与高殷的关系，暗示他，我做什么都是为了高家，为了皇上。接着历数杨愔等人的罪过，其罪孽之重不光他们哥儿俩看不过眼，文武百官也早憋着气呢，将一己私愤伪装成公道人心。最后承认错误，擅作主张不对，言外之意，这事儿本身并没有错，只是程序上有点瑕疵，但也是形势所迫，不得已而为之，既淡化了自己的责任，又单方面给杨愔等人定了性。

彼时大殿内外早已云集了两千多名卫士，全都身穿铠甲，手按利刃，屏气凝神，目光如炬，静静地等候来自上锋的命令。大殿内外一时鸦雀无声，连蚂蚁走路的声音似乎都能听到。见高殷久不出声，高演心里一下子没了底，毕竟此事干系重大，搞不好要杀头的，那皇上也不一定认可自己的一面之词。想到此节，顿时冷汗频出，湿透了衣背。

正当人们像影片定格一样不知所措时，一声尖利的金属声，打破了殿内外的沉默。身形高大、武艺超群的武卫将军娥永乐（一说是大力士刘桃枝）等得有点不耐烦，也受不了这死一般的沉寂，忍不住稍稍拔刀出鞘，一边不耐烦地用手指敲击着刀背儿，一边抬头默默注视着高殷，只待他一声令下，便上前捉拿高演这个藐视宫廷、越级犯上的乱臣贼子。

刀背儿弹击虽不经意，声音也不大，但在空旷沉寂的大殿中却显得格外清脆、响亮而沉重，如刀锋一般，在众人耳边犀利划过，又在大殿上空盘旋、回荡，随即呼啸而下，硬生生撞进众人的五脏六腑，让气氛变得更加紧张、慌乱。高殷心中一凛，即刻明白个中深意，然而却并不敢与娥永乐对视，仓猝间也不知说什么好。

要说这姜还是老的辣。最先开口说话的，是表现最为镇定的老太后娄昭君，她看出娥永乐的企图，担心事态发展对儿子不利，忙叱令卫士们放下兵刃，全部退到大殿之外。卫士们有些犹豫，当兵的望着队长，队长们望着将军，将军们望着大殿上的高殷，一时不知如何是好。

　　见没人动弹，娄老太后慌了一下，再也顾不得身份和岁数的自洽，恶狠狠地厉声呵斥：不听话就让你们这些奴才脑袋搬家。为了保住吃饭家伙，卫士们这才轰然而退。娄昭君此话一出，犹如火箭发射的倒计时，在读秒结束之后很难逆转。娥永乐见无力回天，只得还刀入鞘，一时泪如泉涌，也施施然下殿去了。

20

昭君独舞

每个人的成功，背后都有一个推手。高演如果不是有个护犊子的母亲，他不可能击败实力雄厚的杨愔集团，后来也不会坐上那把至尊无上的龙椅——最起码不会那么一帆风顺。至此，我们有必要再深入了解一下高演的母亲娄昭君——这个对高氏家族产生过巨大影响的神秘女性。在北齐帝国所有的五任皇帝中，有三个是她的亲生儿子，另外两个则是她的亲孙子。

娄昭君是鲜卑籍女子，祖上原姓匹娄，孝文帝汉化改革时改为娄姓。娄氏一族本是代郡（郡治在今河北省蔚县境内）北部的强族，后来迁移到怀朔镇，到娄昭君的爷爷娄提那辈时，家族进入鼎盛期，家童以千计，牛马满山谷，虽不致富可敌国，也算家境优渥。娄提乐善好施，前来依附的人很多，娄家威望与日俱增，与娄家联姻的非富即贵。

娄昭君的父亲娄内干有三个女儿，长女嫁给了安北将军司马段连的儿子段荣——也就是后来为北齐帝国立下汗马功劳的大将军段韶的父亲，次女嫁给了赠司徒窦乐的儿子窦泰，都是比娄家还有势力的大家族，只剩下最宠爱的小女儿娄昭君待字闺中。

娄昭君具备游牧民族的鲜明个性，爽朗、大方、敢爱敢恨，她自小又接受汉人教育，也兼具汉人女子温文尔雅、知书达理的特质，加之样貌出众，娄家大小姐的芳名蜚声远近，说媒拉纤的络绎不绝，几欲踢破娄家门槛，其中不乏权贵之后、富贾之家、书香门第，总之都是有头有脸的大户人家，一般土豪和百姓根本没这勇气。

然而这帮人全都被娄昭君拒绝了，因为她不看外在，一门心思地想找一个自己中意、可心且出类拔萃的老公，一来二去，就寻成了十八九岁的大龄剩女。现在十八九岁你让她早结婚她也不结，古时结婚都早，一般十三四岁就嫁人了，十八九就是大姑娘了。不过小娄主意正，看不上就一直等，宁可单着也不凑合。

所谓念念不忘，必有回响，这个万中无一的人还真的让她等来了，就是后来叱咤风云的北魏大丞相，东魏国的实际操控者，北齐高氏帝国的奠基人——高欢。

娄昭君看上高欢时，高欢还只是守卫平城（今山西省大同市）的一名普通士兵，跟许许多多衣着统一、动作整齐、语言单调的其他士兵一样，没有流露出一丝一毫的王者迹象。他做梦都不敢想，自己未来的婚姻会与娄家扯上关系，彼时的高家正值低谷，无论地位、财力，还是受教育程度，与娄家都像不可交汇的平行线，一个与天平，一个与地齐。高家甚至穷得连一匹马都买不起——对于边疆牧区来说，那可是生产、生活必不可少的重要工具。

当然，与无数梦想寻求捷径、试图弯道超车的人家一样，高家也一度想攀高枝，通过婚姻改变一下现状，以增加未来可期的可能性。情窦初开的高欢看上了韩轨的漂亮妹妹韩智辉，却遭到韩轨母亲的强烈反对，她不想让从小还算富足的女儿去过那种勤俭持家的苦日子。高家残存的信心遭受无情打击，再也不作非分之想。

多年以后，高欢发迹，韩轨成为拥护高氏家族的中坚力量，他屡立战功，并帮助高欢打败尔朱集团，最后出任瀛洲刺史，晋封安德郡公。而当年那段未成的姻缘也有了续篇，高欢终究还是娶了业已寡居的韩智辉，并生下七子高涣，就是前文交代的，被高洋杀死的那个"漆黑"的上党王——至于高洋杀高涣有没有这段恩怨的成分，就只有高洋自己清楚了。

爱情的神奇之处在于，它是感官和意识的双重作用，若二者兼备则会产生巨大魔力，极易冲破外力束缚，上演双宿双飞的浪漫。高欢虽然家境不给力，个人条件却很突出，他身材魁伟，齿白如玉，目露精光，外形天生具备女人缘，再加上雄心勃发而洋溢的气质，难免会让怀春少女一见倾心，这也是他能迅速引起娄昭君注意的一个很重要的因素。

那是一次偶然的邂逅，高欢像往常一样在城墙上巡逻，日子天天如此，并不独今日阳光灿烂，所以他丝毫没有察觉幸运之神的悄然眷顾，更没有注意到，就在城下的不远处，一个美丽、温情的千金大小姐，正用她那同样美丽、温情的大眼睛，默默凝视着他，进而霞飞双颊，有了小鹿乱撞的快感。

不知是高欢站立城墙之上显得威武，还是倏忽而来的一阵暖风，一下吹开了少女的心扉，娄昭君情不自禁地对着身边丫鬟真情告白：看到没？城墙上来回溜达的那位，就是俺将来的老公。她不用确认眼神，就知道高欢是那个对的人。

要说这姻缘有时也是命中注定，所谓在正确的时间遇见正确的人，得什么都赶趟儿才行。士兵们都是统一着装，不细看长得都差不多，而且城墙那么老高，视觉受限，娄昭君愣是在客观条件不充分的情况下，看见——并看上了——高欢这支可以长期持有的潜力股，这就不只是眼神儿好的问题了。

　　而且时机也很关键，如果早一点儿，高欢还没上城墙，或是晚一点儿，高欢巡逻完了拍屁股走人，下城墙换防找哥们喝酒去了。再或者，这小娄正好有心事，或有其他更重要的事，没往城墙上看，也就不会有这段极具传奇的姻缘，更没有以后那些感人至深的爱情故事了，你能说这不是天意？一贯眼高于顶的娄昭君，这次居然一见钟情芳心萌动起来，你能说这不是缘分？

　　不过对于小娄来说，看上高欢才是第一步，她还要过父母这一关。她比谁都明白，父母是肯定不会同意这门亲事的，因为她不在乎的那些，正是父母最看重和最在乎的。谁愿意将如花似玉的宝贝女儿，嫁给一个门不当户不对的小兵呢，成何体统？颜面何在？这小子恐怕连聘礼都拿不出来。

　　高欢确实拿不出聘礼，他本来家境贫寒，为了填饱肚子才去当的兵，而且还是个步兵（骑兵需自己买马）。当兵又挣不了几个钱，高欢为人轻财重义，即便发点军饷，估计也都请弟兄们喝酒了。不过娄昭君很快替他解决了这个难题，面对突如其来的爱情，她不但没有头脑发昏，反而瞬间提升了智商，并具备了不可思议的执行力。

　　她抑制住内心的激动，开始着手做两方面的准备工作：一是让丫鬟去给高欢吹吹风，说大小姐看上你了，让高欢有个心理准备，别冷不丁一高兴昏厥过去；二是把自己平时积攒下来的私房钱全都拿出来，派人偷偷给高欢送去，然后让高欢回过头来拿这个当聘礼，下聘书来娶自己。

就这样，北魏下等兵高欢终于抱得美人归，成了娄氏豪族的金龟婿，也成就了一段边关佳话。娶了娄昭君之后，高欢买了人生第一匹马，继而成为骑兵小队长。娄昭君也成为高欢结交权贵的桥梁，藉着娄氏一族的财力和声望，藉着娄氏、段氏、窦氏三家联姻的综合实力，高欢开始飞黄腾达，高氏家族也最终成为四大家族的核心。

高欢虽然最后没当皇帝，但若论地位和个人权力，跟当皇帝也没啥两样，这已经远远超出了娄昭君最初的预期。娄昭君比高欢命长，没当上皇后，却成了货真价实的皇太后，后来又熬成了太皇太后。她享受到了老公带给她的无上荣耀，用事实验证了自己当年的决定是多么的正确。正是她的独具慧眼，才成就了这段载入史册的传奇婚姻。这就足够了。

娄昭君不仅眼光独到，而且很有政治头脑。娄家本来就有上层社交圈子，娄昭君浸淫其中，耳濡目染，再加上冰雪聪明，敏锐度不亚于男子。后来高欢逐渐发达，征战四方，娄昭君也就成了贤内助，帮着出主意想办法，充当高司令的参谋长和高级智囊。

在这个过程中，娄昭君对高欢始终不离不弃，对这支潜力股的自信指数有增无减。前文说过，为稳定与北方蠕蠕的关系，高欢娶了蠕蠕国的公主，娄昭君为了加重这次联姻的砝码，毅然退而求其次，让蠕蠕公主坐了正位。联姻是高欢的一个重要政治手段，后来他打败尔朱集团，为了稳定残余势力，又娶了大、小尔朱氏（大尔朱氏是尔朱荣之女，小尔朱氏是尔朱兆之女）。每一次婚姻交易，都无异于在娄昭君心口撒盐，那毕竟是她的初恋兼挚爱啊。但为了大局，她能忍。

娄昭君从不因个人私事打扰高欢，一心以高欢的事业为重。有一回高欢外出打仗，赶上娄昭君生孩子，而且是龙凤胎（据推测可能是高湛和太原长公主），难产。丫鬟婆子们都急坏了，说赶紧让大将军回来吧，这可怎么办啊。高欢就是再有本事，生孩子这事儿他也帮不上忙，唯一可能的解释，是当时情况危急，小娄随时会有生命危险。结果娄昭君坚决不答应，说老高出兵在外，不能因为我这事儿就离开军队，死生有命，我若真躲不过此劫，他来了也没办法。瞧瞧，生孩子难产脑子都这么清楚，那她首先理顺思路，打破大殿对峙的沉默也在情理之中了。

有头脑不等于感情上不偏心，其实政治上越精明的人，其私心反而越重。娄昭君哪里都好，就是有点护犊子，这种近乎溺爱的宠爱，也让她那颗公正严明的心逐渐变得自私、偏狭，比如对待高阳王高湜。高湜是高欢和游氏的儿子，因善于搞怪说笑、曲意奉迎，而得到文宣帝高洋的赞赏，渐渐恃宠而骄。高湜对皇上爱说笑，对其他人脾气暴得很，常常一根枣木棍子不离手，也没少打娄昭君的亲儿子，娄昭君恨得咬牙切齿，却碍于皇帝的庇护而无可奈何。

高洋死后，高湜居丧不哀，还是一副嬉皮笑脸的模样。滑稽之人进入丧事场合，本身就有一种违和感，加之他可能天生就是表演型人格，有着活跃气氛的本能。不管怎样，终于被娄昭君抓到了把柄。她让人把高湜按到地上，就用他平时抽打别人的那根枣木棍子，狠狠抽了一百多下，将他这几年打出去的全都还了回去。高湜终因伤重不治而亡。

娄昭君与高欢一共育有六子二女，其中两个女儿都是东魏国的皇后，三个儿子成了北齐皇帝，可以说，娄昭君对于整个高氏家族功不可没，也具有不可撼动的崇高地位。在高澄、高洋、高演、高淯、高湛、高济这六个亲生儿子中，她最喜欢三子高演（在高欢诸子中排行第六），所以见他闯了这么大的祸，第一个念头就是保全儿子。

当此时，娄昭君的政治精明也体现无余。她迅速理顺思路，开始打起了太极。她漫不经心地问高演：我那女婿杨愔现在哪里？怎么样了？高演的心早快跳出嗓子眼了，支支吾吾没敢应声，也不知道怎么回答才好。武将出身的贺拔仁不管这套，上前回老太后的话：被我们打掉了一只眼珠子。

娄昭君心中一凛，方知事情比想象的还要严重，但她很快镇定下来，语调转换为悲伤，为杨愔抱不平，说杨郎本是一介书生，能有什么力气反抗呢？留着使唤不是挺好的吗？何必重手伤他呢！此话看似责怪高演和贺拔仁，但态度却已十分鲜明：杨愔该打，只是不该下手这么重。

如此一吹风，无形中便给事情定了调子，先让人们有个心理准备。接着娄昭君反戈一击，冲着高殷就是一顿数落，说杨愔这帮人心怀叛逆，现在害我这两个儿子，接下来就该害我这把老骨头喽，你为什么不管管他们呢！

高殷平时说话本就不怎么利索，又见奶奶如此咄咄逼人，更是吭吭哧哧不知说何是好。见孙子矮了一截，娄昭君心里有了底，且怒且悲，又将矛盾引向了李祖娥，斜望了她一眼，从牙缝里挤出一句话，说皇上你怎么可以让我们母子受那汉人老太婆的摆布呢！就像当初王晞劝高演一样，依然拿民族矛盾说事。

人在遇到危险时，都有一种替自己开脱的本能，而且为了开脱还会丧失原则和立场。李祖娥没想到躺着也能中枪，惊慌之余赶忙跪下，向婆婆谢罪，说一向尊重太后，对太后绝无二心啥的，比儿子高殷还诚惶诚恐。

教训孙子和敲打儿媳，是娄昭君关键的一步棋，如此便封了高殷和李祖娥的嘴，让二人不能再替杨愔等人说话，说话就是纵容，就是想"摆布"她这个老太太，就是故意跟她过不去。见高殷和李祖娥如此反应，娄昭君长舒了一口气，她知道，局势已经完全被她掌控，整个大殿现在就是她一个人的舞台，她可以一人独舞，任意地表演和发挥了。

娄老太后清清嗓子，开始不紧不慢、信誓旦旦地为儿子开脱，说我儿高演是个实诚人，对皇上您从来没有二心，他今天这么做都是让这帮人给逼的。听完母亲不容置疑的"合理"解释，高演如释重负，跪在地上叩头不止，表示完全赞同母后大人的观点，对母亲的"理解"万分感激。

见形势已不可逆，太后李祖娥也只得劝慰高殷，让他赶紧去安慰一下叔叔，否则就太被动了。高殷这才回过神儿来，表态说，为了叔叔朕不惜做任何事，也不会怜惜任何人，这帮汉人就交给叔叔您处置吧。在如同益智游戏一般的对话中，杨愔等人也如同游戏结束，就此见了阎王。

这些人中，中书侍郎郑颐死得最惨，他之前因为别的事得罪过高湛，所以高湛对他无所不用其极，先拔掉舌头，再砍掉双手，折腾得不成人样了才将他杀死。那个弹击刀背提醒皇上的武卫将军娥永乐，也因站队问题未能幸免，高演命平秦王高归彦召集所有皇宫禁卫，全部集中到邺城北边的宫苑华林园——在那里娥永乐追随先帝而去。同时另换京城一带的亲信卫队来宫中担任守卫。

至此，朝中两派的较量以高演一方完胜而告终，高演阵营彻底掌控了邺城的局势。

为杨愔等人办丧事这天，太皇太后娄昭君亲临现场，整了整灵棚上的挽联，挤出两滴鳄鱼般的眼泪，边哭边唉叹，说杨愔是因为忠君才获罪，实在可惜。斯人已逝，耳不能闻，这种事后的评价都是说给外人听的，她当初要在大殿上说这话，杨愔现在也不至于躺在棺材里——当然，娄昭君说话的重点是"罪"，而不是"忠"，虽"忠"却有"罪"，所以才觉得可惜，她到底没有忘记杨愔是因何而死的。

看着杨愔空洞洞的左眼，娄昭君让人用御府的金子做了一只假眼，然后亲自放到女婿杨愔的眼眶里，以此表达其彼时彼刻痛惜万分的悲哀心情。该说的说了，该做的做了，娄昭君打道回宫，收拾下表情，将这件不愉快的事抛在脑后，又开始为国、为家操劳了。

会表演的其实不只娄昭君一个，还有她那断骨连筋的爱子高演。前文说过，高演是个矛盾的人，在性格上也具有双面性，杨愔等人死得如此之惨，高演内心也起了波澜，觉得下手有些狠，所以在宣布杨愔等人的罪状时，既没株连，也没连坐，放过了这些人的子女家属。

此举是高演胜利之后的姿态，息事宁人的手段，或者内疚之后的良心发现，不管哪种都可圈可点，然而这种受限而生的东西并非发自肺腑，它会随着形势的变化而逐渐减弱、消失，甚至推倒重来，具有极大的不确定性。果然，等形势稳定，权力巩固之后，高演又有些懊悔，总觉得心里不踏实，怪自己当初心慈手软，便又按图索骥，差人找来户籍名册，将杨愔、可朱浑天和、燕子献、宋钦道、郑颐五家的九族人口，逐一逮捕入狱，准备来个满门抄斩，省得留下祸患。

幕僚王晞极力反对这种变本加厉的做法，说这样打击面太大，还会授人口实，造成不好的影响，高演权衡再三，终于有所变通，只将这些人的至亲——也就是老婆孩子杀了了事。对于老婆孩子之外的其他的宗亲——比如兄弟姐妹叔婶大伯们——则进行了政治扼杀，即凡在朝中为官的，不论大小全部予以免职，并规定子孙永世不得为官，以彻底绝除后患。

· 第五章 ·

喧嚣的情绪

21

母子情深

娄昭君是不想让孙子高殷继承皇位的，她寄希望于自己最偏宠的儿子高演，而且这种心情表现得急不可耐。就在高洋先生刚死，满朝悲伤、举国哀悼之际——当然多数人只是做做样子，这个没必要深究，总之在那样一种极不适当的情况下，娄昭君便蠢蠢欲动，忙不迭地想让高演上位了。最后之所以没能成功，一则有高洋的遗诏，太子高殷登基已成事实。二则有拥护太子的杨愔等汉臣的极力阻挠——这也是娄昭君对杨愔等人下手毫不留情的原因之一。

如果说世间还有一种绝对无私的真情，那一定是父母对孩子的爱，至于男女之情、夫妻之意，甚至隔了辈儿的亲情，与此相比都要大打折扣。当然，这种无私之爱也会有程度上的差别，因为父母唯一，孩子或许不止一个，不可能做到绝对平衡，娄昭君有诸多儿女，都是她的亲骨肉，她都喜欢，那为何单单偏爱高演一人呢？这和高演的性情是分不开的。

出身武将之家，又浸染了草原人彪悍的风习，高演从小自带一种英气，成人后更是风姿绰约，绝伦超群，具备成大事者的外貌和潜质，这些当然是娄昭君喜爱的因素，然而却不是宠爱的必然，要知道她的另一个儿子高湛在这方面跟哥哥比起来毫不逊色。高演之所以在娄昭君心中一枝独秀，皆因他还有一个区别于其他弟兄的独有特性，就是心思细腻，内心世界异常丰富，并且与娄昭君的思维方式高度契合。

这种细腻不是一般意义上的细致入微，而是细腻得有些敏感，任何轻微的触碰都会刺激到他的神经，让他做出过激反应。换句话说，他的感性远远大于理性，甚至泛滥到无法驾驭的地步。具体到外在表现，则是高演对情感的过度依赖以及情绪上的恣意宣泄。这种情绪化的东西几乎伴随了他一生，在亲情、友情、爱情等诸多情感中，表现得酣畅淋漓。这种状况在他登上皇位之后有增无减，变得更加糟糕，他迷失在喧嚣的情绪与情感困扰之中，直到将死的一刻都不能自拔。

高演这种情感或情绪的表现，最初是很讨巧的，也博得了大家的好感和认可。高澄掌权时，高演等几个弟弟还小，高澄便聘请开府长流参军刁柔为塾师，教他们读书识字。刁先生学问大脾气也大，性情暴躁还外带小心眼儿，在课堂上不可避免地遭到子弟们的集体反抗，以至于教学工作无法正常进行。高澄无奈，只得将其解聘，让他哪来的回哪去。小伙伴儿们拨云见日都很开心，唯独高演依依不舍，一直送他出了府门，望着背影面带悲伤，许久凝视，最后竟不由自主流下泪来。一旁的奴婢目睹此景，无不唏嘘动容。

高演的王妃元氏，本是东魏皇族宗室元蛮的女儿。高洋对元氏宗室大开杀戒时，元妃因弟媳的特殊身份得以豁免，但这并不妨碍高洋对她原生家庭的忌恨以及对她本人仍然享受尊崇的反感。他先是敕令元妃改姓步六孤，而后又亲自为高演物色美女，以期达到希望他移情别恋、冷落元妃的目的。迫于哥哥的淫威，高演只得奉旨纳妾，照单全收，人前人后地做做样子，然而他内心不仅没有疏远元妃，反而爱得更加浓郁、炽烈了。

对于母亲，高演的这种特质表现更加浮夸，情感依赖到了无以复加的地步，在外人看来，则是一种无微不至的关心以及不容置疑的孝道。每天请安、问候这种小事小节自不必说，只要母亲偶感风寒，略感不适，哪怕只是轻轻打了个喷嚏，高演都会放下手头的一切，全身心地去服侍、陪护，寸步不离。

高演的纯孝表现，在旁人眼里甚至有些夸张可笑：他多数情况会慌得连鞋都顾不上穿好，就那么踢里踏拉、一溜歪斜地狂奔而去，之后跪倒在地扶榻执手，嘘寒问暖，焦急之情溢于言表，关爱之声气喘吁吁。到了晚上他也不走，就在母亲隔壁收拾收拾住下，睡觉也不脱衣服——为的是万一有突发情况而省去穿衣的时间。

如此过不了几天，高演英俊的面容就会憔悴不堪，变成一副惹人怜爱的模样了。这期间，如果母亲的病情略有加重，比如体温升高，或者多咳嗽了两声，高演干脆就直接睡在卧房门外了，再有端茶递水取药送饭的活儿，他也全部包揽，从太监宫女手中小心接过，亲自捧到母亲跟前，然后扶着母亲一口口地喂食。最长的一次，高演一直在门外守候了将近四十天，衣不解带，面如枯槁，连澡都没洗过，估计身上都馊了。

这些还都不算什么。有一次娄昭君女士犯心绞痛，疼得汗流浃背，呻吟不止，情状苦不堪言。大夫入内诊视，高演先生在一旁干着急，抓耳挠腮帮不上忙，最后竟用指甲掐自己的手掌，龇牙咧嘴地跟着使劲，想用信念将母亲的痛苦转移到自己身上，或是想与母亲一起共渡难关，以至于手掌出血，浸染衣袖都浑然不觉。

人非草木，孰能无情？情感这东西虽然看不见，却兼具水的甘洌与流动特质，会在父母子女、兄弟姐妹、夫妻爱人，以及同事、朋友之间交流、漫延和荡漾，也会浇灌彼此爱的种子，使之生根、发芽，开出温馨、娇艳的花。高演真情的不断注入，也让娄昭君的母爱源泉一次次迸发，化作汹涌波涛，很自然地流向高演。高演不单对母亲如此，对家庭其他成员也很友爱。一个孝悌双全、恪守礼仪、聪明而懂事的孩子，总是会得到父母的欣赏与偏爱。

当然，娄昭君力挺儿子高演而不支持孙子高殷，除了情感天平的倾斜，也不排除另外一个非常重要且不足为外人道的原因，那就是权力。儿子当皇帝她是皇太后，孙子当皇帝她是太皇太后，是退了休的皇太后，与皇帝之间尚隔着一个直接的、鲜活的皇太后——李祖娥，权威会大打折扣。

事实上，自孙子高殷上位之后，娄昭君的权力已被削弱，以杨愔为首的汉人贵族，在打压鲜卑勋贵核心人物高演、高湛兄弟的同时，也没忘了他们的精神领袖娄昭君，谋划着让她搬到邺城北宫去享清福，由皇太后李祖娥执掌后宫并辅政前殿。娄昭君与儿子同时被挤对，那么她最终出手就不只是为了儿子，还有鲜卑勋贵的利益、自己的话语权以及即将到来的晚年生活。

消灭了杨愔集团，鲜卑勋贵再次受到重用。在娄老太后的直接干预下，高殷下达了一系列的任命：敕封高演为大丞相、都督中外诸军、录尚书事；敕封高湛为太傅、京畿大都督；敕封平秦王高归彦为司徒、平阳王高淹为太尉、彭城王高㴞为尚书令。自此，高演藉着母亲的帮助与呵护，顺利进入北齐帝国的权力中枢。

杨愔集团的覆灭，也让北齐失去了一次转向的机会，汉人贵族从此大受排挤，很多年没有缓过劲儿来，直到北齐末祖珽组建文林馆才得以回归，可惜为时已晚。勋贵集团掌权后，北齐再次出现鲜卑化、军国化的回潮倾向。高氏皇族更加在乎权力，在勾心斗角中不断消耗力量。

就在高演上位的同一年（560），近邻北周迎来史上最有作为的皇帝——周武帝宇文邕，虽说在接下来很长的一段时间里他都处于韬光养晦的准备阶段（实权仍掌握在大冢宰宇文护手里），但在民生、财政、司法、外交等诸多领域都发挥了积极作用，府兵制也更加完善和巩固。北周昂扬向上未来可期，正在踏出峰回路转的关键一步。

22

欲望燃烧

　　乾坤逆转，犹如垂死之人重获新生，高演内心激动而兴奋，加之大殿上的余悸未消，他回到晋阳城后，第一时间便找来了王晞，拉着他的手如释重负，说幸亏听了您老的话，否则差点没命回来。

　　王晞手捻胡须，眉开眼笑，很为自己的精准预言得意。高演现已对他万分依赖，接着便急不可耐地问询下一步打算。有了上次的成功预测，王晞很有成就感，沉吟半晌，说话也变得玄奥、神秘起来，说现在的情势都是上天的安排，不能以人间常理处置。潜台词就是：有天罩着，您老就放手一搏吧！

　　受到鼓舞的高演信心倍增，于是斟酌词句，向小皇帝高殷上表，奏请上调他的两个亲信——赵郡王高睿为大丞相府长史，王晞为大丞相府司马，开始试探性地向高殷施压、要权，培植自己的势力。高殷毫无悬念地准奏，高演尝到了甜头，于是得陇望蜀，步步紧逼，不断将自己的人输送到帝国中枢，并不断地干预军政。最后高殷不胜其烦，干脆下了道诏书，说以后军国大事一律向大丞相高演请示、汇报，高丞相可以酌情处理，算是彻底放下了皇帝权杖。

所谓的欲望，就是想在原有基础上更上层楼，想发财的由百及千到万，想当官的由县及郡到州，凡此种种，不一而足，欲望的曲线却大体相同，都是蜿蜒向上的，而欲望值的高低，则和当下的拥有成正比。高演的权势越来越大，地位更是一人之下万人之上，但他仍觉得不满足，因为上面还有一个更高的目标。他的心似乎被什么东西挠了一下，突然有了一种想感受一下龙椅滋味的冲动。

在身边人的不断鼓舞和鼓动下，高演那颗蠢蠢欲动的心再也按捺不住了。在一个百无聊赖的下午，他终于忍不住溜达到太皇太后——也就是他敬爱的母亲娄昭君女士那里，大方、得体地表达了自己欲担大任的崇高理想。

娄昭君当然乐意给儿子压担子，将北齐帝国交给这个最孝顺、最出色的儿子，是她一直以来未了的心愿。不过尚未失去理智的娄昭君，并没忘记征求一下别人的意见，她找来侍中赵道德，问他对这事怎么看。这个当年的直长依然倔强，毫不犹豫地表达了自己的反对意见，说丞相应该效法当年周公辅佐成王的做法，安心做好本职工作，抢自己亲侄子的皇位不但不地道，还会遭到后世的唾骂。

赵道德态度明确、坚定，没有回旋余地，也没给高演留一点面子，反弄得娄昭君没了主意，也不好再解释什么。解释就证明有私心，就是欲盖弥彰，有意为之，这道理她懂。而且赵道德冲口而出的想法，应该是基于经验和本能的反应，也代表着朝中很大一部分人的思路和意见，现在帝国元气刚刚恢复，不好再生事端，娄昭君只好将此事暂时搁置。

欲望的闸门一旦打开，就会覆水难收，让人在到达目标之前变得焦躁、烦闷和无可奈何。高演痛苦地度过了一段难挨的时光，终于忍不住旧事重提，这次他的态度更加决绝，表述也更加直白，对自己业已膨胀的野心不再有丝毫掩饰。他对母亲说，如今名位未定，人心不稳，恐怕会发生变故，还是早定名位的好。

由于目的性太强，高演在情绪激动的表述中，并未顾得上厘清语言逻辑，且莫说现在名位早已落定——那高殷可是货真价实、如假包换的法定继承人，就是人心也算稳固——高殷的政治作为也已收到预期的社会效果。心浮气躁的恐怕只有高演本人，以及追随高演也想一步登天的铁杆拥趸。而且就算人心真的不稳，这事儿现在也归你高演管啊，人家高殷可是下放了权力的，说来说去，无非是想给自己左冲右突的私心，寻找一个冠冕堂皇的出口。

高演不讲逻辑，当妈的更不讲道理。看着儿子那因睡眠不足而无精打采、布满血丝的双眼，娄昭君的心都碎了。这次她吸取上回的教训，不再征询任何人的意见——征询也是白征询，还不如一咬牙定下来，让人们慢慢消化、理解，进而热烈拥护呢。人们不是接受不了新事物，也不是接受不了改弦易辙，只是需要时间，需要一个权衡和适应的过程。

几天之后，也就是乾明元年（560）的八月初三，北齐太皇太后娄昭君亲下懿旨，废当今皇上也就是她的亲孙子高殷为济南王，让他搬出皇宫另辟居所，同时宣布自己的儿子、大丞相、常山王高演为新君。同日，年方二十六岁的高演取代自己的亲侄子，在晋阳宣德殿即皇帝位，成为北齐帝国第三任君主，同时宣布大赦天下，改乾明元年为皇建元年。因为皇帝长了辈儿，太皇太后娄昭君重又做回了皇太后，皇太后李祖娥则改称文宣皇后，移居昭信宫。

娄昭君为了儿子，不惜废了孙子，这份母爱不仅是沉甸甸的，更可谓是沉重的。但在高演上任之前，她也明确提出了条件，说你当就当，好好干，但无论如何，你都不能让我那大孙子有闪失，更不能伤害他——孙子到底还是亲孙子，娄昭君也不是不喜欢，但彼时略显苍白的体恤、爱怜和担心中，明显掺杂着一丝愧疚成分。

高演当时满口应承，欢天喜地地谢过母亲，开始筹备他的登基大典去了。只是这娘儿俩谁也没有想到，这句半是严厉半是嗔怪的叮咛，会成为他们母子反目的引信，也会成为高演死不瞑目的遗憾。

朝中果然没有出现杂音，就连上次极力反对的赵道德先生，这回也选择了沉默。作为一个成熟的政治家，一般都会审时度势，将自己内心的认知与外部的复杂环境杂糅在一起，表述和反映出来。你征求他的意见，他当然会站在一个公正的角度，说出自己的想法，这关乎他的形象，也关乎众人对他的评价以及未来史官如何书写。可现在不一样了，识时务者为俊杰，高演上位已成事实，再做出头鸟也没意思，杨愔等人尸骨未寒，谁也不想步其后尘。况且北齐的皇位本就是从人家元氏手中夺来的，现在不过是在高家内部易手，更没必要冒着杀头和灭族的风险，去表现自己的愚忠和迂腐了。

赵道德如此，那些逢迎拍马之辈就更别说了，北齐帝国的栋梁们很快一心同体，调整思路，将眷恋高殷的目光收回，换成一种更加炽热的期待眼神，迅速投向新主子高演。只要能为这个国家好，能让人们过上好日子，谁当皇帝都一样，在受到良心和道德挤压的时候，他们或许会这样自我解嘲。在这方面，高演也的确没有让他们失望。

在北齐所有的五位皇帝中，高演是唯一一位从本家族内部夺权而上位的。尽管有这个不光彩的污点以及授人以柄的黑历史，但他仍不失为一位十分难得的治世皇帝。高演非常勤勉，也懂得关心臣属，关爱百姓，很快便赢得了人们的好感。对于帝国的有功之臣，各郡国的年长者，为国牺牲的将士家属，名望崇高的勋贵、朝臣以及官奴、官婢各类人等，高演全都落实了一些人性化的善举，最大限度地笼络人心，继续着侄子高殷时期的英明，也进一步消除了高洋时代残存的恐怖影响。他还分遣大使巡省四方，一方面访贫问苦，留心风俗民意，一方面考察政绩，推举人才。一个亲民、爱民而又开明、勤政的君王形象很快树立起来，比之高殷在位时还要高调。帝国的民心逐渐聚拢，高演的皇位也渐趋稳固。

在军事方面，高演虽不像高洋那般风光，却也稳扎稳打，不断强兵富国，续演着高氏家族的武功神话。继高殷在石鳖屯田后，高演又下令在怀义设置屯所，以加大对黄河以南地区的军需供应，进一步缓解了南部军粮周转的困难。此外他还采纳平州刺史史稣晔的建议，疏浚了督亢一带荒废的陂渠（在今河北省涿州市东南），并在那里设置屯所屯田。此举收效甚大，在这里朝廷每年可以征收到数十万石的谷粟，有效解决了北境地区军粮短缺的问题。

高演最风光的一次军事行动，是亲率大军北征库莫奚，一直追逐到天池（在今山西省宁武县西南管涔山上）一地，迫使库莫奚退出长城，向北逃窜。接着，高演又派出几路骑兵继续掩杀追赶，最后掳获牛羊牲畜七万余头，大胜而归。库莫奚是北疆刚刚崛起的新贵，才要崭露头角，便在北齐帝国的强势打击下，复又消失在辽远的荒漠、丛林中。

尽管当上了皇帝，稳固了地位，也做出了不小成绩，赢得了无数赞誉和掌声，然而高演却并不快乐，因为升到金字塔尖上的他，真的成了一个孤家寡人。

23

孤家寡人

　　人是需要朋友和社交的，即使权力再大，钱财再多，如皇帝高演一般高高在上，坐拥天下，也需要几个能谈心说话的朋友。没当皇帝之前，高演不但有朋友，还有属于他的社交小圈子，其中联系最多也最为密切的，当然就是幕僚王晞了。然而在他当上皇帝之后，在众星捧月、最为风光的时刻，王晞却神秘地消失了。

　　王晞消失并不是失踪或死亡，也不是钟情山水，田园隐逸，他仍在朝中做事，只是不再像以前那样无限度地接近高演，有事儿没事儿都要去他那里转转，汇报一下工作和思想了。所谓"小隐于野，中隐于市，大隐于朝"的隐者三境界，王晞挑战性地选择了最难也最不好操作的"大隐"，以自我淡化的方式，在高演那里变成了可触不可及的空气。

　　这实则是王晞的过人之处。想要引起上司的注意，最常用、也最见效的方法，当然是不停地在他眼前晃悠，就像恋爱时的死缠烂打，让他目之所及、耳之所闻、语之所应、心之所感无不是你，也正因如此，那些权贵的府邸才总是人头攒动，门庭若市。

不过物极必反，当上司还不太发达，朋友很少时，你作为他为数不多的朋友之一，不断地亲近他，迎合他，他自然感到温暖，也会时刻感受你的存在。而当上司飞黄腾达朋友多了，每天乌泱乌泱的，再想引起他的注意，晃来晃去效果就不佳了，因为人多了会有盲点，也会分不出重点，所以此时最好的办法就是玩消失。不存在，有时就是最好的存在。

王晞是深知这个道理的。作为高演政治上的助手，无话不说的书房密友，在高演还没当皇帝，没有多少人围着他转时，王晞几乎从来没有离开过他的视线范围。让主子随时看到自己，是向主子宣示价值的最好方式，也能让尚处茫然的主子吃一颗定心丸。而高演当上皇帝后，每天排队问候、请示汇报、大表忠心的人络绎不绝，挤都挤不进去，能凸显出来的，就只能是那些持之以恒、毅力惊人的了，比如吏部尚书阳休之和鸿胪卿崔劼，便总往高演那里跑，有时为工作上的事儿，有时根本没什么正事儿，就是想着关心一下皇上的龙体，几乎风雨无阻，雷打不动。

如此殷勤，会带来两个直接好处：一来显得自己工作积极，精神面貌好；二来也能显示出对皇帝的执念和孝心。功夫不负有心人，高演和二位的关系果然越来越紧密，也越来越热乎。然而这毕竟是少数，是特例，大部分人都是白忙活，搞不好还偷鸡不成蚀把米，给高演留了坏印象。

王晞向来以谋士自居，自然不屑和那些舔狗们一起争宠，就是争也争不过，他不擅于此道，也就没有这方面的心思和手段，更没有那帮人的闲工夫。在这种情况下，要想再次引起高演的关注，就只能另辟蹊径，逆向而行了。王晞很快隐身于熙攘红尘，矮下身子冷眼旁观，他知道，高演迟早会寻找他的，因为高演离不开他。

王晞与高演可谓患难与共。高洋酗酒胡闹时，高演曾苦口婆心地多次规劝，一次两次没事儿，劝得多了高洋便很不开心，开始怀疑有人给他出主意，在背后怂恿他，最后把目标锁定在高演的高级智囊王晞身上，想来个治标先治本，杀掉王晞，看高演还坚持不坚持。高演感觉出高洋的意向，为了保全王晞，他苦思冥想了一整夜，第二天作出一个艰难决定：当众狠狠打了王晞二十大板，把他屁股揍开了花。

王晞当然理解高演这么做的苦衷，他也因此捡了一条小命。高洋听说高演教训了王晞，心里舒坦了些，也就没法儿再下毒手，只锦上添花地又赏了他一顿鞭子，然后剃光他的头发，发配到甲坊（制造铠甲的作坊）做苦役。后来高演绝食，谁劝也不行，最后还是王晞出面化解了尴尬，也足见二人关系之一斑。这种共患难的真情不是说忘就忘的，王晞对此很有信心。

果然，没过多久，高演身边环境悄然发生了变化。那些争先恐后、见缝就钻的人，通过近距离察言观色，发现高演非但没有想象中的平易近人，而且还很刻薄，甚至有些小肚鸡肠。高演即位之初很想施展一番拳脚，实现一些抱负，于是大刀阔斧地革除积弊，推行新政，好让人们尽快忘掉高洋时代的恐怖和高殷时期的痕迹，将注意力转移到新君的治国理念上来。这本是好事，可坏就坏在高演太认真了，事无巨细，大到法律、诏书的拟定，小到各项工作的落实，他全都要严肃过问，并且亲自抓一抓才放心。

人的精力是有限的，作为一国之君，是国家的主心骨，心胸应该包纳天下，做事应该抓大放小，提出指导性意见就行了，具体事情让下面去做，高演显然缺少高屋建瓴的领导艺术和掌控全局的大气魄。关于这一点，中书舍人裴泽的一段话很有代表性，有一次高演问裴泽，外面的人对他怎么评价，裴泽不卑不亢，先谈优点再谈缺点，很客观，说陛下您头脑聪明，办事公道，不输古来任何王者，只是处事太过苛细，显得度量不够恢宏。

高演的回答也印证了他急于求成的想法，说朕刚刚登基处理大政，什么事情都担心不够周详，生怕出什么纰漏，所以事无大小必加详查，人们有这样的想法也在所难免。不过高演并不打算改掉这个毛病，接着展颜一笑，为自己辩解道：只怕朕以后不苛细了，你们又要议论我不作为喽。抖了个自以为幽默的包袱。

高演和高洋早期时候一样，还是能够虚心听取别人意见的，也听得进别人对他的批评。关于工作作风问题，高演的表弟库狄显安更是直言不讳，说陛下心思太细，什么事儿都要管一管，这哪像皇帝啊，分明是个办事的小吏。这个天上地下的比喻，也得到了王晞的认同。

既然大家都这样说，看来自己做得确实有些过分，高演经过一番反思，最后表态，说朕以后一定加以精进，争取达到那无为而治的最高境界。可说归说做归做，高演的思路和作风属于性情使然，和他无处不在的忧郁气质一样，不是说改就改得了的。反思之后的高演依然我行我素，不断地在众人面前指手画脚兼碍手碍脚。

如此操心劳碌，臣子们无异多了个管事儿的婆婆，而且这个婆婆还掌握着他们的官运、命运，做起事来便分外掣肘，往前了不是，往后了也不是，分寸不好把握不算，还总是挨批，而且办事越多挨批越多，在高演身边晃悠得越勤，挨的批也就越狠。

更要命的是，这个婆婆还时不时情绪波动，产生猝不及防的后果。高演千方百计想让人们忘记高洋时代的恐怖，感受新时代的温馨，却身体力行不断提醒着人们：那个时代还远未过去。比如高洋喜欢用鞭子抽人，高演当时经常规劝，说那样做是不对地，不但伤人身还会伤人心。可当上皇帝后，高演似乎理解了哥哥，不知不觉也学会了这套把戏，他动辄挥舞马鞭，向那些办事不力的人头上打去，也不管这人多大官衔、多大年纪、亲疏与否。

在这种情况下，主动接近高演无异于飞蛾扑火。若分寸把握得好，控制好与火的距离，或许还能获取一点点温暖和光明；分寸把握不好，就会烧得皮焦肉烂、灰飞烟灭。这就有些不妙了，这些人接近高演，本想博得一个好印象，进一步拓展自己的上升空间，结果适得其反，与美好的预期完全背道而驰，那就不如躲远点了，还是保住小命要紧，至于升迁不升迁的，不妨从长计议，另做打算。

此外还有一个关键，这个婆婆上面还有个婆婆，就是娄昭君。高演借母亲的东风上位，娄昭君则藉着勋贵集团撑腰。高演在宫廷内外精耕细作，其实也只是做些表面文章，好多话语权和决定权仍然掌握在娄昭君和勋贵手里。王晞隐于朝，很大一个原因是他看到了这种权力的制衡，他不是不想做官，也不是不想做事，而是无从着力，也无法找到进入权力核心的突破口。这样的前景是模糊和不确定的，他不得不为自己的后路着想。

其实不光王晞，就连当初最为活跃的阳休之和崔劼也嗅到了一丝危险，将马屁战略暂时搁置，以相对舒缓的蔫退形式，慢慢淡出高演的视线，从一开始的每天报道，到三五天点个卯，再到十天半月不露面，最后也和王晞一样，神秘地消失了。高演的皇宫日趋冷清，某一天他终于发现，平时以寡人自居的他，真的成了一个孤家寡人。

孤寂有时候非常可怕，它会衍生落寞和忧愁，也会催生焦躁和疾病，还会让人变得偏狭固执，不可理喻。高演从未这般孤寂过，履职并省尚书令时，每天都有僚属主动跟他说话，出主意，还有同级别的同僚一起喝酒、聚会，交流心得，品评一下某人新得的宝物，或者欣赏歌伎起舞而乐在其中，物质和精神生活都非常充实。就是当了大丞相、大将军之后，他的府邸也从来没缺少过热闹。

如今骤然清冷，高演的大脑似乎突然被掏空，思想一下子静止了，感觉非常不适应。有那么一刻——正如王晞所预料的那样——王晞这个久未提及的名字和形象，很自然地重新入侵他的大脑，而且来得非常强烈。

高演迫不及待地命人找来王晞，半嗔半喜地批评他，说自从寡人当上国君，发现你变得跟个外人似的，也不露面了，几个意思啊？告诉你，从今往后，你要随时参与国是，并向寡人递呈你的意见，不管属不属于你的工作范围，说什么都行，再往后躲寡人饶不了你。高演一副公事公办的样子，却再也掩饰不住孤寂后的可怜。

为了让王晞热情而频繁地亲近自己，高演主动提出给他压担子，想提拔他做侍郎，结果王晞苦口推辞，坚决不受，搞得高演只得作罢。作为昔日的幕僚，如今的宠儿，王晞此刻的头脑十分清晰，他深知君心难测，也非常了解高演的脾气和秉性。事后有人劝王晞，说这是多么好的事啊，别人求之不得，你怎么还拒绝呢？王晞一副世事了然的模样，叹息道：古来那些位居高位的信臣，有几个落得好下场的？人主的恩宠是不会长久的，这种事情我听得多、也见得多了，万一哪天失宠，退都没法退，还是安守本分的好。

不当官就不当官，可你不和我说话不行，高演耍起了赖，接着又把阳休之和崔劼找来，这两人也好些日子没见了。人在孤寂时想到的人，一定是他最喜欢也最想亲近的人，从这点上看，阳休之和崔劼二人的马屁到底没有白拍，高演最终还是认可了他们的"努力"。高演对三人做出硬性规定：每天办完公差后，即到东厢房等候高演的到来，然后一起议政、喝茶或者聊天。晚饭由御膳房免费供应，就不要回家去吃了，太耽误时间——你们不要不理寡人，寡人孤独啊，高演似乎听到了来自心底的呐喊。

自此以后，每当夕阳西下，月上柳梢，高演才依依不舍、意犹未尽地放三人回家，望着他们的背影饱含深情，目送很远。皇宫值夜的门将们也大都熟悉了这样一幅场景：三个备受皇帝宠信的大臣一脸倦容，满身疲惫，施施然地走出宫门，然后分头乘轿或者骑马，向自己的府邸方向狂奔而去。背影婆娑，形单影只，辉映着此刻皇宫里的寂寞。

24

骨鲠在喉

高演的孤寂是与他的情感依赖分不开的。情感越依赖，就越停不下来，越停不下来也就越依赖，他找王晞等人说话以及事无巨细都要插手，说到底都是这种情感依赖的延伸。他是一个安静不下来的人——最起码思想上不是，他喧嚣的情绪也从未有过片刻停留。这种情绪的过度喧嚣，说好听点是情感丰沛、细腻，不好听就是小心眼儿，心里盛不下事儿。比如他对侄子高殷这个北齐帝国转瞬即逝的皇帝就一直未能放下，每每想起，如鲠在喉。

高演与高殷之间并无隔阂，也无仇恨。他之所以夺宫，完全是权力欲望使然，是对皇位无限渴求的结果，和当年哥哥高洋逼宫禅让没什么两样。所不同的只是对象，高洋夺的是外人的皇位，他夺的是高家的龙椅，而且是自己亲侄子的，在逆臣贼子的骂名之外，又多了一层良心和道德的谴责。世界上没有鬼，鬼即是人心，高演纷乱的情绪恣意弥漫，如鬼附身般无法控制，最后终于落下了心病。他每日寝食难安，备受煎熬，再不有个了断恐怕就要发疯了。

高殷被废后，一直住在邺城别宫，和远在晋阳的高演并无交集。高洋临死前向高演交代遗言，说他夺位可以，千万别杀这个侄子，高演也是应允了的。最重要的是，高演曾明确地向母亲保证，绝不加害她的亲孙子，这可是依然活着的见证者。所以无论从哪方面讲，高演都没有痛下杀手的理由。

可凡事就怕有人附会，一个懂得望气术——也就是通过观察云气以预测吉凶祸福的人，很快为他提供了依据。这人为了巴结高演，不惜向他透露了一个天机，说在邺城一带发现了"天子气"。皇帝在晋阳，邺城居然还有天子气，那定是高殷无疑了，这个着实令人不爽。

此后，高演无法捕捉的情绪被同样无法捕捉的"天子气"困扰，连同当初夺位的羞愧、内疚一起，合二为一地压迫着他日渐脆弱的神经，让他变得愈加惶恐起来。当然，那时的高演因心虚而智淤，他绝然不会想到，这个在几百里外依然气势不减的"天子气"是当时镇守邺城的弟弟高湛散发出来的——如果这个所谓的"天子气"真的存在的话。

比高演还不爽的是高归彦。他因为反水投靠了高演阵营，极怕杨愔集团残余势力的报复，也惧怕高殷复位后对自己不利，所以趁此机会极力怂恿高演，让他务必消除高殷这个隐患。高演终于横下一条心，编了个理由，让人将高殷带来晋阳，然后派人给他送去毒酒。高殷没想到叔叔会对自己下手，还以为接自己享清福的，那皇位都给他了，他还能怎么着啊，说什么也不肯喝，嚷着要见皇上。来人怕交不了差，便上前一把卡住高殷的脖子，将他活活掐死了。

遗憾的是，高殷的惨死并未治好高演的心病，相反却有扩大化趋势。他当初情绪失控，也仅限于自我折磨，失眠、噩梦、吃喝不香，都和别人没多大关系，最多脾气暴躁了抡一顿鞭子，还不至于杀人。若不是高归彦的鼓动，高演也不一定真的会杀高殷，毕竟对母亲有言在先，杀了不好交代——这可是他平生第一次对母亲食言啊！事后高演大为后悔，尤其害怕太后追问，他极力封锁消息，以拖延母亲获悉的时间。但消除了"天子气"困扰的高演，又不可避免地坠入另一种思绪的纠缠中，终于做下病来——那淤积的思绪最终化成了内热，需要每天服食汤药化解。

在汤药与调养的双重护理中，高演纷繁缭绕的思绪一度渐趋平缓，孰料一个意外的消息又让他病情迅速恶化。一个姓赵的尚书令史，可能神经系统也出了点儿问题，说他在邺都看到了先帝高洋，正与宰相杨愔、燕子献等人结伴西行，边走边咬牙切齿地说着话，扬言要复仇，等等，说得有鼻子有眼儿。这事儿要搁现在，当笑话听听也就算了，个别的也许烧炷香，祈祷一下，不会带来太多负面，可古人都在意这个，高演正病着呢，还病得不轻，自然受不了这种惊吓。

更糟糕的是，随着病情急转直下，高演还出现了幻觉。某天晚上，他居然在皇宫里亲眼见到了三人，有说有笑，倏忽一下又没了，情形和赵令史描述的差不多。当时在场的还有皇后元氏，不知是被高演吓的，还是伺候老公没休息好神经衰弱了，也说看见了那三个人，还看得真真儿的，这就不由得高演不信了。

接下来，高演就像惊悚片中受到惊吓的主角，开始在皇宫中演绎各种荒诞与疯狂。他声嘶力竭地叫喊，催促着人们驱逐厉鬼，凄厉的叫声在回声中此起彼伏，比厉鬼还吓人。在高演慌乱的指指点点中，人们四处泼溅沸油，然后拿着火把烧逐。空旷的皇宫鬼火四起，骤然变得阴森、诡异。

　　这些厉鬼显然没把皇帝放在眼里，一会儿钻到桌子底下，一会儿又跳到房梁之上，犹如表演杂耍一般，非但一点儿不害怕，似乎还在不停地叫板。高演骇得鬼哭狼嚎，冷汗频出，不停地到处乱窜，最后终于精疲力竭，瘫倒在地。朦胧中，他仿佛看到天狗下凡，在月光中驱走了厉鬼。

25

野兔惊魂

人的生命是顽强、韧性的，它可以经受任何鲸波鳄浪，创造一个又一个不可思议的生命奇迹。生命有时也很脆弱，倏忽之间便归于永恒，快到你无法接受，也不愿意相信。由此也便有了与"命"相得益彰的"运"，命运联结，如量子纠缠，引来无数如梦似幻，却又信而有征的讴歌、慨叹。

高演受尽精神和肉体的双重折磨，却依然顽强地活着，甚至在病情略有好转时还能坚持处理国是，在加急奏章上留下御批。他也偶尔上朝，好让帝国班子有序运转，与王晞等人谈天说地的休闲模式也渐渐恢复往常。在平静如水的流金岁月中，他积极、主动地诠释着生命的坚韧与伟大。然而世事无常，犹如南美洲的一只蝴蝶扇动翅膀，会引发北美的海啸一般，这种纵横万里看似毫不相干的关联，实在超出了人们所能看见、听见和想象的极限。高演绝然不会想到，在皇建二年（561）十月下旬的某一天上午，他会意外地死于一只野兔的惊吓。

那天天气晴好，气温虽低，阳光却很旺盛，明晃晃地倾泻下来，照得人身上暖洋洋的，高演突然觉得浑身有劲儿，心情也随之愉悦起来。他有很长时间不到户外运动了，突然想撒个欢儿，在阳光下舒展一下筋骨，便带了弓箭，带着亲兵侍卫，一起去郊野打猎。

乍见天地宽广，白云高悬，高演心胸为之豁然，同时疑惑地发现，他竟在瞬间放下了所有心绪。这是个不错的兆头，他决定以后多出来走走，或许只有大自然的宽容才能祛除那些纷繁凌乱的思绪。如果不是发生意外，我们甚至可以推断，在以后的岁月中，这种陶冶情操、拥抱自然的户外运动，会排满高演的日常，对他的病情及他情感上的强迫依赖，都会有着积极的辅疗作用——脱胎换骨也未可知。

高演从宫中出发后，大约过了一炷香的功夫，一只昨晚休息得很好、周身长着漂亮灰色长毛的野兔，也打了个哈欠，慢悠悠地从洞里爬出，开始了它今天的觅食活动。可能是天气原因，也可能是昨天的收获不错，所以它今天并不着急，一边觅食，一边漫不经心地游逛，心情似乎和不远处远道而来的高演一样，悠闲而自在。不知不觉中，它走到了高演一行的落脚处，与众人距离大概十步之遥。

彼时高演早已派出几个侍卫，到前方去寻找猎物踪迹，好有目的地进行追猎。在这期间，他一直闭着眼作陶醉状，静静地享受着初冬的暖阳、新鲜的空气和柔柔的风，所以谁也不敢出声打扰。就连他的坐骑——那匹彪悍的枣红色汗血宝马，也十分乖顺地低着头，随口吃着地上已经泛黄的野草，发出细细的沙沙声，所以那只小兔也并未受到惊扰。

不一刻，有侍卫悄悄来报，发现不远处有一头鹿，说着顺手一指。高演手搭凉棚放眼望去，果然看见一头棕褐色的雄鹿在东张西望，头上的角像枝杈一样随之晃动。因是背对，它并没有望向这边。

雄鹿的距离大约有一箭地，不是射猎的最佳地点，高演决定再靠近一些。他胯下这匹千里驹能在瞬间爆发，速度惊人，他准备冲刺一下，在最短的时间内，快速缩小与雄鹿的距离，然后弯弓搭箭，一射必中。

就在高演猛提缰绳，两腿一夹，挥着马鞭向马屁股抽去的同时，那只安安静静享受美味的野兔也受到一条蛇的惊吓，突然四腿一蹬，慌不择路地直奔高演冲去，快速而迅猛地在高演坐骑前斜刺里窜出。

那马刚刚吃饱，在冬日暖阳的沐浴下有些懒散，绝没想到会突然经受前后两方的刺激，竟嘶鸣一声前蹄腾空，一下子把高演甩了出去。正专注于前方雄鹿的高演猝不及防，结结实实摔在了坚硬的地上，脑瓜子一阵晕眩，几条肋骨登时折断。

身体尚未完全康复，又被摔到昏迷的高演，被侍卫亲随抬回了宫中，半月之后一命归西。

自杀的人之所以有勇气结束生命，是因为对生活彻底绝望，再也没了牵挂。而人之所以怕死，也是因为亲情、爱情、友情的牵绊以及花花世界的甜蜜诱惑，舍不得、不甘心，或者不放心撒手人寰。高演也是这样，他现在虚岁才刚二十七岁，正是风华正茂的大好年纪，他还没来得及享受青春，享受爱情，享受帝王的成功、荣耀与奢华，他还有太多太多的牵挂，太多太多的欲念，所以他根本不想死。

在接下来的半个月中，高演经受了此生最难挨的煎熬，不光是因为病痛、伤痛，还有随着伤痛重新回归的恼人思绪。这思绪如梦似幻，挥之不去，像流动的液体，再次充塞了大脑的各个角落。双重折磨之外，他还增加了对生的渴求和对死的恐惧，在他刚刚准备拥抱自然、捕捉新生时，死神却开玩笑般突然降临，这种强烈的反差让他惊惶失措。命运的慨叹淤结心中，又与那尚未解开的愁人思绪及尚未痊愈的物理伤痛缠绕一起，让这种折磨来得更加猛烈。

众爱卿和嫔妃们的关心，也并未减少高演的痛苦，相反却增添了一种无形的压力。这些人担心主子，每天都请求探望，见面后又千篇一律，无非是祝他龙体早日康复，祝愿福祚永恒，这些苍白无力的安慰话，从一个个表情凝重、眼神惆怅的人嘴里说出来，他不但得不到任何消解，反而感到一种莫名的压抑、恐惧。而母亲的到来，则不可避免地成为压垮他脆弱神经和虚弱身体的最后一株稻草。

娄昭君可能得到了什么消息，在关心完儿子的病情之后，顺嘴问起济南王高殷的所在。高演在母亲凌厉、透彻的目光下，支支吾吾，哼哼嗨嗨，半是疼痛半是纠结，竟慌得一句话也说不出来。

那娄昭君是何等人物？见此情形一切全明白了，登时脸色大变，再也顾不得可怜儿子，劈头盖脸就是一顿训斥，说你小子行啊，到了你还是杀了他，不听老人言，死了也活该！骂完甩袖盛怒而去，头也不回，任由这个她一度最偏爱、最心疼的儿子，在病榻上痛苦挣扎，泪流满面。

母亲在高演心中有着崇高而伟大的位置，是他情感依赖的症结所在，她的态度转变，让病痛中的高演精神瞬间崩溃，就此急火攻心，伤病加剧，终于濒临了死亡的边缘。出来混，迟早是要还的，此刻的高演深切感受到了这一点。好吧，高殷人死不能复生，母亲也已和自己反目，这些事过去就过去吧，他的脑袋充塞了太多东西，思维难以运转，不得不舍弃一些了，因为还有一件更加困扰的事，让他如鲠在喉，如芒在背。

当年对付杨愔、燕子献等人时，高演曾向高湛许诺，事成之后晋封他为皇太弟，暗示他未来可以接掌帝国大业，所以当时高湛人前事后，出力甚多。而后来高演却立了儿子高百年为太子，高湛对此一直耿耿于怀。这次食言，如同一杯亲酿的苦酒，现在只能独自饮下。高湛对他已经没了任何信任，时刻虎视眈眈，作搏命状。

人的恐惧源于未知，比未知更可怕的，是可以预见的无能为力。高演明白，若传位给儿子，弟弟高湛迟早会篡位，儿子必死无疑。若传位给高湛，儿子也未必能活命——就像他对待侄子高殷一样，但终究还有一线希望。高演被这种预见惊得六神无主，现在他终于明白，皇位和生命比起来，简直太渺小了。

高演不再犹豫，他果断下诏，以嗣子年幼为由，派尚书右仆射、赵郡王高睿（高欢的侄子，赵郡王高琛之子）去邺城传旨，征召长广王高湛来晋阳继承皇位。想了想还是不放心，另外又写了一封家书，随诏书一起带给自己的好兄弟，大意是：我的儿子高百年并无过错，皇位我现在传给你，也算践行了当初的诺言，你可千万别学我，要好好对待你的亲侄子啊。

高演如今能做的也只有这些了，至于将来如何，结局怎样，只能交给未知的命运了。三年之后，年仅九岁的天真儿童高百年，被叔叔高湛活活打死。气息犹存时，他的嘴里一直不断喏嚅着叔叔饶命，我愿给叔叔当奴，情状凄惨可怜——当然，这一切高演是不会知道的了。

传位问题一直是困扰北齐的一个大问题，由此也不断制造出宫廷血案，让北齐内耗不止，最终趋于灭亡。论其根源，高演是脱不了干系的，他的皇位夺自侄子高殷，打破了帝国父死子继的传位体系，让谋篡成为一种新的可能——这也是高湛愤愤不平乃至凶相毕露的一个重要原因。

高演上位后，又想回归父死子继的正轨，奈何无力回天，这才被迫采取另外一种传位方式——兄终弟及。兄终弟及属于游牧民族的特色，与北齐整体鲜卑化的大方向一致，也与鲜卑勋贵们的观念一致，但唯此一点，是不被高氏家族尤其是当朝天子所接受的，高洋如此，高演也不例外，只是他们都无法左右。后来高湛费了好大的劲儿，用了很多心思，甚至提前五年布局，以退位太上皇的形式进行培养、传带，才总算纠偏系统，传位给了儿子高纬。不过那时高齐的天下也快到头了。

高演的生命体征一点点变弱，喧嚣的情绪也一点点抽离而去，最后只剩下对母亲的眷恋和内疚——他是真的在乎母亲，真的想让她快乐、幸福。他很想为母亲养老送终，可是不行了，他没有一点力气，感觉身子轻得像一根羽毛，终于带着这个未尽的遗憾，随风而去。

一年以后，北齐帝国最伟大的女性，培养了三个皇帝儿子的老太后娄昭君，也溘然长逝，享年六十二岁。

第六章 · 戴面具的人

帝国轮回

即便高演不发生意外，没有被野兔惊魂，摔断肋骨，他的皇位恐怕也坐不安稳了。早在高演离世前的五个月，这种端倪就已显现，就像当初他对侄子高殷的龙椅有了觊觎之心一样，他的三弟高湛也已着手这方面的准备，并且表现得不那么听话了。二人一个主政晋阳，一个拥兵邺城，矛盾虽未公开，却一直在暗地里较着劲。只是高湛没有想到，幸运之神会突然降临，就像当年逼宫禅位的高洋一样——而高湛在此期间的一些行为，也和这个哥哥颇为类似。北齐帝国走过十几年之后，似乎冥冥之中又开始了轮回。

人在危难之时容易说过头话，容易轻许诺言，因为他不知道能否渡过难关。然而过关之后，却又无一例外地后悔，如此便人为地造成了许多矛盾和裂痕。这些矛盾和裂痕或者被高压覆盖，就此湮没、沉寂，或者像一颗定时炸弹，终有一天发生爆炸，即便亲兄弟也不例外。

当年高演许诺高湛，说事成之后让他当皇太弟，也是形势所迫。杨愔集团不断发起进攻，搞得他焦头烂额几乎无法招架，只能做出高标准的承诺，开出高价位的筹码，以最大限度地争取高湛的支持。因为他也不知道结局会怎样，更没想到自己真的当了皇帝。然而时过境迁，坐上龙椅之后的高演，很快淡忘了大殿之上的剑拔弩张，生死一线，也后悔当初轻许诺言。随着皇位的不断稳固，随着人心的不断聚拢，高演愈发觉得，这把龙椅本来就应该是他的，他才是真正的天之骄子，任何人为他做任何事，都是应该的，没有什么条件好讲。

基于思想上的转变，高演一反常态，高调立了儿子高百年为太子，彻底断了高湛的念想。为了让这件事顺理成章，既合情合理又合法合规，他又把他亲爱的老妈、太后娄昭君搬了出来，以太后令而不是皇帝诏命的形式颁布，为的就是堵住高湛的嘴，并束缚高湛的手脚。因为娄老太后是一种无法否定的权威，她的背后站着强大的勋贵集团，高湛就是敢怒，也不敢言。

食言之人好似做了亏心事，总觉得对方会对自己不利，高演显然并没忘记当初那个信誓旦旦如今看来近乎玩笑的承诺。他是个情绪化很重的人，任何闪念的淤存都会影响心情，带来不快，随着郁闷次数的增多，他对高湛的不信任感也愈来愈强。

高演是在晋阳登基的，晋阳也成为他经营、倚仗的重点，而对帝国真正的国都邺城却疏于打理，反让高湛的势力渗透，大有尾大不掉之势。掌管机密的散骑常侍高元海（高欢的堂孙）以及掌管禁军的领军将军库狄伏连，都是高湛的亲信死党。高演觉得不放心，便下令将库狄伏连外调为幽州刺史，换自己的亲信斛律羡（斛律光的弟弟）担任领军之职，以此分散高湛的势力。

高湛本来就对哥哥立太子的问题有意见，这下又来怀疑他，削弱他的势力，便犯了牛脾气，硬是不让厍狄伏连去幽州上任，也不让斛律羡到领军府履职视事。双方就这么僵持着，随后便发生了高殷事件。

高演想除掉高殷，派高归彦去邺城，让他悄悄将济南王高殷押解来晋阳。高湛便犯了嘀咕，皇兄这不是冲我来的吧？我没听从皇兄的安排，抗旨不遵，要杀鸡儆猴？而且高湛内心一直有个小秘密，自从皇兄对他有了成见之后，他便将高殷视作救命稻草，万一哪天和皇兄撕破脸，即可占据道义的高点，拥立高殷复位。皇兄该不是看出什么了吧？高湛心虚，想问题自然偏狭，凡事都往不好地方想，以为这是高演欲对其不利的信号，越想越害怕，心里越没底，便把高元海叫来，问他对这事怎么看。

高元海没想到高湛是为这事找他，情急之下也没详加考虑，只拿话宽慰高湛，说皇太后现在身体康健，皇上又是个非常孝顺、非常友善的仁义之君，不会对济南王怎么样的，请殿下不必多虑。

这种不咸不淡的场面话根本不用过脑子，自然也不能令高湛满意，他突然变得很烦躁，没好气地冲高元海大吼，说你这是在敷衍我吗？我大半夜叫你来就是要听这些屁话吗！见高湛动了怒，高元海才知此事干系重大，可一时也理不出个头绪，便推脱先回家，给他一晚上的时间好好想想，明天一定前来复命。

那高湛自然不依，这都火烧眉毛了，你还来回颠逛个啥？即刻让下人收拾堂屋，说你就在这儿凑合一宿吧，抓紧时间想，想好了叫我。高元海冥思苦想一夜，在陌生的房间里来回踱步到天亮，终于想通了问题的关键所在。

跟高元海一样，高湛也是辗转反侧，彻夜未眠，第二天天还没亮，便敲开高元海的房门，劈头就问：想得如何？有眉目了没有？看着两眼通红、一脸倦容的高湛，高元海更加坚定了自己想法，却又怕像昨天一样遭到训斥，便提前为自己开脱，说属下目前想到三条计策，只是不知堪用不堪用。

高湛嫌他啰唆，催他快讲，高元海这才不紧不慢地娓娓道来：请殿下效法汉朝梁孝王刘武的故事，带几个随从去晋阳，先谒见皇太后，争取她的支持，然后再拜见皇上，请求释去兵权，并保证至死不再干预朝政，如此必可安如泰山。这是上策。高湛眉头一皱，让我退休？这是什么狗屁上策！但高元海话未说完，不好即刻发作，便硬着头皮继续听。

高元海依旧慢条斯理：如果上策不行，那就应该正式上表启奏，申述自己威权太盛，恐怕招致众人毁谤，请求皇上外放殿下为青、齐二州刺史，此后沉静自处，免招非议，也可自保。这是中策。说完高元海不再说话，开始观察高湛的微表情。

这中策显然也不符合高湛心思，说到底跟上策也没啥区别，都是让他放权自保，权力这玩意儿哪能说放就放啊！尤其在这种情况下，放了就没安全感。高湛瞪了高元海一眼，没好气地催他说下策，高元海故作诚惶诚恐，说这下策我不敢讲，讲出来恐遭灭族之祸。高湛这个气啊，半天没说出个所以然，还敢跟我卖关子。不过他也隐隐约约感觉此事干系重大，便宽慰高元海，说这屋里就咱们两个你怕什么呀，但说无妨。高元海这才如释重负，把心里的打算全都倒了出来。

济南王高殷是先帝的嗣承嫡子，皇位的合法继承人，高演却假托太后之命，废之而自立，群臣大多敢怒不敢言。见高湛认真倾听，似在首肯，高元海受到鼓励，索性和盘托出自己的计划，说咱们不如即刻召集邺都的文武大臣，将高演征召济南王去晋阳的诏书拿给他们看，激起众怒，然后率领众人拿下斛律羡，杀掉高归彦，拥立济南王复位，以此号令天下，讨伐逆贼，这可是万世难得的好机会啊。

虽为下策，却无异于下探高湛内心的上策。河清二年（563），已经做了两年皇帝的高湛愤怒地用马鞭狠抽高元海，边抽边站在道德制高点上回忆这段如烟往事：当年你小子劝我起兵反叛我的皇兄，简直是不仁不义，大逆不道，猪狗不如！不过此刻的高湛心里并无道德，有的只是胆怯。

有些人在人群中咋咋呼呼，一副任谁不怕的样子，落了单却很怂，古斯塔夫·勒庞在《乌合之众》中描述的群体心理不止适用于当代。高湛这人虽行事鲁莽，却天生胆小，当不了人狠话少的独行侠。高演设鸿门宴抓捕杨愔、燕子献等人时，高湛作为帮凶，表现得十分踊跃，也非常勇猛，那是因为有哥哥做他的主心骨和后盾，换成自己不一定真敢那样做。所以尽管高元海的话很受用，也符合他一直以来的小心思，可真要实施却有些犹豫，心痒难搔却又提心吊胆，一时拿不定主意。

郁闷中，高湛想起了二哥高洋，也效法他当年的做法，找来术士郑道谦替他占卜吉凶，结果卜辞显示：

不利举事，静则吉。

意思是不可轻举妄动。出主意的高元海也犯嘀咕，建议高湛沉住气，静观其变，静候佳音。

突破上司心防的契机，在于是否了解他的爱好、需求，并不失时机地予以迎合，以使其心情愉悦，心满意足。高湛喜欢占卜，自然也就有人附会，投其所好。正当他苦闷彷徨、举棋不定时，林虑县（今河南省林州市）县令潘子密突然求见，说前几天夜观天象，发现星宿异动，皇上恐有不测，臣判断殿下很快会成为天下之主。

高湛差点喜极而泣，激动、躁动外加蠢蠢欲动，于是将潘子密扣在府中，让时间来检验其预言是否精准，不准就要他的小命——如此做法，自然也是期盼潘子密所说属实，希望他不要拿性命开玩笑。

打了这支强心剂，高湛又四处搜罗术士占卜，也不知这帮大师都是拜的一个祖师爷还是学的同一套理论，所得结论基本一致，并和潘子密的星象观测惊人相似：

不须举兵，自有大庆。

意思是用不着兴师动众，稳坐钓鱼台，好事自然来。既然天意如此，高湛也就暂时放下那颗浮躁不安的心，接受皇兄高演的诏令，派了数百名精壮骑兵，随平秦王高归彦一道，护送济南王高殷去了晋阳。

一个人过分期待某件事，就会过分小心，并激动地等待，而当这份期待旷日持久之后，突然变成事实，他反会表现出一种难得的平静。所以，当皇兄高演的死讯传来，当赵郡王高睿派来的使者、黄门侍郎王松年快马加鞭赶到邺城，宣读完高演征召他去晋阳继位大统的诏书之后，内心早已翻江倒海的高湛并未得意忘形。就像当年高洋听到哥哥高澄的死讯一样，他表现得异常冷静。他需要验证一下消息的准确性，别是其中有诈，这种掉脑袋的事可来不得半点马虎。

　　验证的方法很直接。高湛一边做着上路的准备，一边派出自己最亲信的人为密探，以最快的速度先期赶赴晋阳，然后混到停放高演灵柩的地方，想方设法打开棺木看看里面躺的是否高演本人。也不知密探具体用的什么办法，很快便回了信，说千真万确，里面躺着的就是高演本人。这时平秦王高归彦正好从晋阳赶来迎接新帝，高湛这才狂喜放歌，长出一口气，即刻召集人马，奔赴晋阳登基。

　　可快到晋阳时，高湛又起了疑心，怕城中有人图谋不轨，对他不利，于是安营扎寨，派河南王高孝瑜先带兵入城。

　　高孝瑜是高澄的庶长子，高湛的亲侄子，虽说差着一辈儿，但二人同岁，又从小一起玩大，所以关系一直很亲密。当年高演任命斛律羡为领军，想分散高湛势力时，高湛曾邀约高孝瑜假装狩猎，密谋于野，一直晃悠到天黑，足见二人关系非同一般。高湛让他先入城，意在让他凭借高澄长子的身份迅速掌控宫中形势。高孝瑜也不负所托，把皇城内的禁军侍卫全都换成了自己人。一切无忧，高湛这才大摇大摆地进城入宫，登基做他的皇帝去了。

　　高演归西，高湛接掌帝国大旗，过程似乎和多年前的二哥高洋一样，虽然提心吊胆，诚惶诚恐，结果却异乎寻常地顺利，北齐帝国似在冥冥之中经历了一次轮回。而高湛和高洋兄弟之间的命运轮回，却才刚刚开始。高湛即位后一系列令人匪夷所思的行径，也和执政后期的高洋一样，让人惊慌失措，不可理喻。在此过程中，平秦王高归彦也完成了他生命中的最后一次表演。

27

最后表演

　　一个人的权势过大，就会目中无人，而他也会在众人心中慢慢消失。这是个死结，却不断有人往里钻。自高洋死后，高归彦一直是个炙手可热的风云人物，他先是投靠实力雄厚的杨愔一派，成了不折不扣的保皇党。而后又在高演与杨愔的争斗中反水，摇身一变成了高演一朝的大功臣。高湛即位后，受到冷遇的高归彦又据城反叛，再次成为帝国的焦点。他不断改换面具，不断变化身份，在北齐帝国舞台上闪展腾挪，随心所欲地进行着表演。

　　任何人都不可能做到八面玲珑，面具换得太多，其真面目也就昭然若揭了。高归彦的反复背叛并不是偶然的，在看似没有原则的背后，实则是私心在作怪。也就是说，他不是在价值观上倾向哪一方，而是心中只有自己，谁对他有利，他就会依靠谁。纵观高归彦的一生，这种矛盾式表演始终贯穿，不仅有掀起政坛狂澜的忠诚与背叛，还有之前的热情与冷漠以及之后的威风与胆怯。

　　高归彦是个私生子，九岁时死了父亲，高欢可怜他是故旧之后，便命自己的堂叔、清河王高岳抚养他。高岳大大咧咧，也不怎么拿这个捡来的小屁孩当回事。长大后，原本还算质朴的高归彦性情大变，开始朝夕饮酒，纵情声色。后来娶了媳妇，是东魏上党王元天穆的女儿，这毛病也没改，两口子经常为这事儿吵架。高洋称帝后，高归彦一度悄悄上书请求离婚，结果高洋没搭理他。

或许是寄人篱下的生活培育了虚伪，抑或童年的压抑记忆尤深，高归彦很会伪装自己。他吃着养父给的饭，穿着养父给的衣，花着养父给的钱，嘴上虽然乖巧可人，心里却并不感激——甚至一直忌恨——这个养父。天保元年（550），高归彦晋封平秦王，后又因征讨侯景有功，升任领军大将军，掌管宫廷禁军，受到皇帝高洋的信赖。也就在这时起，高归彦开始琢磨着报复他的养父，并悄悄收集对养父高岳不利的证据。

高岳能征惯战，在高欢时代立过汗马功劳。他没有什么大毛病，就是为人高调奢华，私生活太过随意，喜欢歌舞声乐，喜欢醇酒美人——高归彦的毛病估计都是跟他学的。为了方便玩乐，他在相对僻静的邺城城南修建了一座府邸，并在办公视事的大厅后头开辟了一条隐秘巷子，终于让高归彦抓住了把柄。他不失时机地向高洋进谗言，说高岳的新府模拟宫廷的式样，还专门修建了一条永巷（皇宫中一条狭长的小巷），在那儿藏污纳垢，招姬纳妾，就差修个宫门了。这是犯忌的事儿，高洋心里腻歪，再看高岳便怎么都不顺眼了。

前文交代过，高洋不是因为想到薛贵嫔曾和高岳睡过觉，虐杀了薛贵嫔吗？他也没放过这个"奸夫"高岳，专门派高归彦过去宣布罪状，并附送一杯毒酒。高归彦可算逮着了机会，这些年的不爽如大雨倾盆，劈头盖脸地浇下来，差点儿没把高岳数落得背过气去。

等发泄完了，舒坦了，高归彦这才带着满足感，笑眯眯地捧上毒酒，说这是皇上赐的，喝了吧，喝了可以保全家。多年以后，面对大力士刘桃枝行刑的大刀，自封为大丞相的高归彦不知会否想起，他逼养父喝下毒酒的这个愉悦的下午，那是他此生与养父唯一共情的瞬间。看着一脸坏笑的逆子，高岳带着满腹的怨恨和无限的悔恨，接过毒酒，仰脖儿一饮而尽。

高演即位后，高归彦因为倒戈有功，受到特别的优待，履任司空兼尚书令，地位犹在太子太师、大司马、并州刺史、平原王段韶之上。北齐朝制规定，皇宫内只有天子一人可以戴纱帽，臣子们都得戴戎帽。高演为了表彰高归彦，特许他和自己一样戴纱帽，在众多戎帽之间显得尤为扎眼，足见其宠遇程度。

高演死后，高归彦高调行事，大张旗鼓地把高湛迎来晋阳，送上皇位，再立新功之后更加得宠，一时势焰熏天，高官贵戚们每天排队邀请他到府上做客，无不以高归彦大驾屈尊为荣。高归彦志得意满，渐渐有些膨胀，说话尖酸刻薄，蛮不讲理，那是任谁都不放在眼里了。

"水满则溢，月盈则亏"，这是古人的哲学，也是古人的生存之道。人们不敢言，不等于心里没意见，只是还没到爆发的时候，待他们的心理承受力濒临阈值，往往就是反戈一击的开始。比如侍中、开府仪同三司高元海，以及御史中丞毕义云、黄门侍郎高乾和三人，便不约而同地多次在高湛面前指摘高归彦，释放出主动进攻的信号。

一个人再好，也架不住有人反复说他不好，何况说不好的人还不止一个，又何况被说的这个人也不是真的那么好。而且这帮人不动手是不动手，一动手便是精准打击，给高归彦扣上了一顶"威权震主，必为祸乱"的大帽子，让高湛内心五味杂陈，难以言表。细细思量之下，他发现高归彦这人确实反复无常，逐渐印证了高元海等人的说法，对高归彦的印象也产生了微妙、形而上的变化。这种变化淤结，就一定要有个结果，某日散朝之后，高湛终于下定决心，让中书监魏收留下，即刻起草诏令，外放高归彦为冀州刺史。

此时的高归彦可以说一点儿预感都没有。他散朝回府后，简单处理了一些公事，便开始像往常一样享受人生，抱着美姬，喝着醇酒，想起今日那些在他笑骂声中依旧毕恭毕敬的同僚，嘴角溢出惬意而满足的笑，又畅想着明日如何变着花样戏弄他们，忍不住多灌了自己两杯，最后一脸幸福地酣然睡去。

第二天，高归彦精神抖擞、满面春风地入朝参拜，却被守门太监挡在了外面，说您老人家已经被调去冀州任刺史了，皇上有令，平秦王今天就不用参拜了。高归彦一头雾水，一度怀疑自己仍在梦中，说什么也不相信，说什么也要见皇帝一面，说我即便外调了，也得当面谢主隆恩啊。

小太监拗不过，只得进去禀报，不一刻带回高湛的皇命，说不用谢恩了，工作要紧，还是早点出发吧！赏了他许多钱物，让他路上用，同时敕令外面的督将，赶紧为高刺史送行。众督将从四面八方围上来，谁也不说话，客客气气地拱手作揖，示意高归彦往外走。高归彦黯然神伤，只得挥泪上路。

高归彦的惊异与尴尬，印证了他并非一个精明的人，而且人缘儿还很差。当年杨愔调拨军队他不知道，这次外调他也不清楚，既缺乏官场上的敏锐，也无人给他通风报信。更进一步印证，他当初的反水得势，迎新树威，不过是一己私心的本能反应，并非政治上的大智慧。

更为悲催的是，高归彦开始被人监控，就像他当年看养父不爽，成天盯着他找毛病一样。那些早就看他不爽的人，也没给他留出任何喘息机会，即刻开始收集他的黑材料，监视言行，描摹举止，并挑出一些不利的东西，佐以麻辣鲜香，密报给皇上，最终让他身首异处。

高归彦来到冀州的治所信都（今河北省衡水市冀州区境内），恍如从天上掉到地下。一眼望穿的小城，陌生的人群，再加上耳边响起的异域方言，他有种小媳妇被打发了的感觉，越想越窝火，越想越憋气，便小声嘟囔了一句，咱们走着瞧，总有一天会让你们看看我的威风。

这话可能发自内心，也可能是一时激愤脱口而出，或者为了顾全面子在下属面前发发狠，总之好多人听出了他的"不良企图"。最兴奋的是郎中令吕思礼，像得到了新鲜、热乎的投名状，忙不迭地将这种大逆不道的言论添枝加叶，密报给皇上。高湛一听来了气，好小子，你这是要造反啊！那就休怪我不客气了，即刻派大司马段韶、司空娄睿率兵前去征讨。

听说朝廷大军来伐，高归彦索性把心一横，干脆自称大丞相，彻底与高湛决裂，然后下令紧闭城门，准备负隅顽抗。为了稳定军心，提高士气，高归彦还杀了长史宇文仲鸾等几个抗命不遵的僚属，着实让信都的大小官员激灵了一下子。

信都当时拥兵四万，又是守势，所以高归彦一开始并不惧怕，但没过几天，他便发现事情有些不对劲儿。原来，在大军出发之前，高湛早派都官尚书封子绘快马加鞭先期赶赴了信都，这封子绘本是冀州人士，其祖父、父亲两代都是冀州刺史，在当地深得人心。封子绘到信都后，每天骑着马在城外溜达，大做往来官民的思想工作，所以当段韶、娄睿的大军赶到时，信都城内早已人心离散，出城投降者日夜不绝，根本没什么心思抵抗。

见大势已去，高归彦登上城头大声疾呼，为自己辩解，说当初孝昭帝高演驾崩时，我手中掌握着六路兵马，共计一百万人，却第一个去邺都奉迎陛下登基，当时我都没有造反，难道现在还会反吗？我这都是让高元海、毕义云、高乾和三个人逼的，他们欺瞒皇上，陷害忠良，只要杀了他们三个，我即刻在城上自刎，以谢天下。

那段韶、娄睿哪管得了这些，大军在高归彦的解释、求饶声中迅速合围，之后一阵猛攻，不一刻便破城而入。高归彦不敌，单人匹马向北逃窜，最后在交津（今河北省武强县境内）被追兵抓获，锁拿回了邺城。

三天之后，高归彦连同子孙一十五口，被押赴邺城菜市口斩首。高归彦坐在用粗木钉成的没有帷盖的囚车上，反绑着双手，嘴里还横塞了一根木棍。大力士刘桃枝拎着锋利、锃亮的大刀押送囚车，身后还有人擂鼓助威，轰轰烈烈地走在大街上，周边观者如潮，场面煞是火爆。

28

动物凶猛

如果说高归彦死不足惜的话，那么李祖娥母子的死则着实令人惋惜。谁也不会想到，高湛即位之后最想报复的人，竟然是他过世许久且相隔了两任帝王的二哥高洋。更让人没有想到的是，他对高洋的恨，已经到了无以复加的地步。

高湛和高洋的交集，说起来也不算什么。与高洋、高澄自小别扭不同，高湛跟高洋小时候并没有什么过节，即便在高洋称帝后很长的一段时间内，二人也都没有哪怕是表面上的不和谐，而且高洋对高湛似乎一直都还不错。矛盾的积蓄可能在高洋得了精神病之后，那时高洋的行为不受大脑支配——或者说其大脑支配下的行为表现得杂乱无序。他随意鞭挞宫女、妃子、臣僚，以及他能看到、摸到的所有人，高湛自然也未能幸免。

挨鞭子的不止高湛一人，比他挨得多的也大有人在，比如他的六哥高演，就因为劝高洋戒酒挨过无数鞭子。可随着时间流逝，高演也好，多数人也好，都渐渐忘却了彼时的尴尬和疼痛，将其归结为精神病的发作。而高湛却没有，他碍于高高在上的皇帝二哥的淫威，虽不敢言，却将仇恨的种子深深埋在心里，等当上皇帝之后，便如春柳发芽一般钻了出来，开始对死去的哥哥进行清算。

高洋死后谥号"文宣皇帝"，庙号"显祖"。高湛反复掂量，在臣子面前咬文嚼字，说《谥法解》上标注得很清楚："慈惠爱民曰文，愍民惠礼曰文。"那高洋性情暴虐，嗜杀成瘾，怎么能谥号"文"呢？说完大摇其头。

高湛显然是在避重就轻，因为《谥法解》中还有另外一个解释："经纬天地曰文。"高洋是北齐帝国的开创者，是让高氏成为皇族的第一人，从这个意义上讲，他还是够得上"经天纬地"四个字的。但高湛不管这些，他痛恨高洋，他说高洋不配高洋就不配。

这件事虽未即刻落实，却也一直没有忘记。几年之后，舆论充分，水到渠成，高湛也退位为太上皇，终于忍不住下诏，愣是将高洋的谥号改为"景烈皇帝"，就连"显祖"的庙号，也改成了规格低一级的"威宗"。

这些都是表面文章，痛快但不够解气，如果由着性子，高湛恨不能即刻挖出高洋的尸首鞭挞一番。但刨坟掘墓显然让人不齿，他要受到当世乃至后世的非议，并冠以"昏君"的称号，不划算。况且人死为大，高氏族人在情感上也不允许他这样做。

如此，高湛必须在现实中寻找一个能够替代高洋的对象，以发泄心中的愤恨，这个对象还要和高洋有着至亲至善的关系。毫无悬念地，久不纳入视线的高洋遗孀李祖娥，清晰而深刻地在其脑海中浮现出来。高湛撕掉一直戴着的伪善面具，露出狰狞面孔，对手无缚鸡之力的二嫂进行了惨无人道的摧残。

李祖娥是个漂亮而贤淑的女人，对男人有着极强的吸引力——这也是高湛选择对她下手的原因之一。高洋得精神病之前，脾气其实也不咋的，在女人面前也并不绅士，动辄鞭打嫔妃，是个不懂得怜香惜玉的糙人。后宫有幸躲过高洋鞭子或处罚的寥寥无几，唯有李祖娥，高洋始终相敬如宾，没动过她一根手指头。

高洋的哥哥高澄曾看中并戏弄过李祖娥，这里面除了发泄不满，也不能完全排除生理冲动的可能，也就是说，李祖娥在美丽、大方之外，还兼具让人着迷、欲罢不能的妩媚气质。这点从高湛对嫂子匪夷所思的行径中，也能得到佐证，他最初并未像后来那样疯一般地打骂、折磨李祖娥，而是表现出一种原始的、不可遏制的情欲。从这个角度上说，高湛之于李祖娥，或许并非只是发泄对高洋的怨恨这么简单。

李祖娥也是个悲情的女人。她的前半生是幸运的，自小就嫁给了太原王高洋，成了名副其实的王妃，高洋代魏建齐后，她又被尊为帝国皇后，一直享受着为人主的荣耀，雍容华贵，美不胜收。可后来就不一样了，高洋神经错乱，成了嗜血狂魔，李祖娥也堕入噩梦般的地狱模式。好不容易熬出了头，儿子高殷即位她成了皇太后，可惜还没来得及享受儿子成长所带来的快乐，却又碰上了小叔子高演的篡位。

对于李祖娥来说，一切都变得那么糟糕！甚至连天气都变得怪异起来，冬天的寒冷明显滞后，夏天的炎热则提前到来，春天只在她那儿做了短暂停留，还没来得及与心灵交汇，便倏忽之间杳无踪迹了。

高演夺位后，李祖娥不再是太后，她被冠以新的"文宣皇后"的称号，移居昭信宫，过着寂寞而清苦的日子。不久之后，儿子高殷又被高演杀害，李祖娥痛不欲生，精神几近崩溃。之所以没有崩溃，这要得益于她的另外一个儿子——被封为太原王的高绍德，他会时不时地过来看望母亲，给她带来问候、体贴和温暖，还带来很多很多好吃的以及外面许许多多的新鲜事。

对儿子的期待与回忆，成了李祖娥的精神支撑，渐渐地，她那颗冰冻许久、孤冷的心，开始慢慢融化，脸上也再次浮现出笑容——这笑是发自内心的，是一个母亲看着长大成人、渐渐出息的儿子，发出来的会心的笑。

看惯了皇宫里的明争暗斗、血雨腥风，李祖娥早已看淡红尘，如果能这样安静、快乐地安享晚年，她也心满意足了。可惜祸不单行，她没想到，主动降低的满足，依然是一种人生奢望，她的另一个小叔子——高湛即位后，才是她凄惨命运的真正开始。

高湛逼迫李祖娥就范，李祖娥自然不从，高湛说你若不从，便杀了你儿子。高湛如今高高在上，生杀予夺，根本用不着凶神恶煞般地恫吓，他说这话时语调平淡、随意，像是在拉家常，却透射出一股冰冷刺骨的寒气。李祖娥害怕，只得含泪屈从，为了儿子她认了，直到后来有一件事彻底刺痛了她，让她跌入了万劫不复的深渊。李祖娥怀孕了，是她和高湛的，没名没分，不清不楚，从此更加羞于见人，就连儿子高绍德也被拒之门外。

高绍德可能也听说了什么，几次被拒之后，终于忍不住和母亲翻脸，站在门外嚷嚷，说我知道你为什么不敢见我，你一个寡妇挺着个大肚子怕丢人。一句话戳到李祖娥的痛处，她羞愧难当，后来硬是把生下来的女儿给扼死了。

这还得了！高湛动了雷霆之怒，指着李祖娥的鼻子咬牙切齿，说你杀我女儿是吧，我弄死你儿子。随即派人将高绍德绑来，按在当庭，当着李祖娥的面，用弦筑猛击亲侄子的后脑勺，一下一下，不急不缓，却一下比一下狠，愣是把高绍德给活活敲死了。

之后高湛凶性大发，像疯了一般，让人把李祖娥的衣服扒光，抡着皮鞭好一通儿抽。李祖娥疼得满地打滚，在凌厉、尖锐的皮鞭呼啸中哀号不已，发出的惨叫已经不是人类声音，其状惨不忍睹。过了许久，李祖娥终于不叫也不动了，高湛命人将这团血肉模糊的东西装进布袋，远远地丢进一个渠沟里。

李祖娥没有死，是一个好心的宫女冒险救了她，趁着夜半时分，用车子将她偷偷送出皇城，寄寓在附近的一座尼姑庵中。伤养好后，李祖娥削去青丝，斩断情丝，每日吃斋念佛，不问世事，与这个疯狂的帝国做了思想上的彻底切割。

倒霉的不止李祖娥一个，对于二哥的其他女人，比如姿色不错的王嫔妃以及宦官卢勒叉的妹妹，高湛也没放过，一并收入后宫消遣。几年之后，高湛撒手归西，胡皇后逼令二嫔自杀殉葬，二女悲不自胜，凄婉哀伤，让后主高纬为之恻怆，偷偷给了她们些衣物、银两，放她们逃出宫去。

高湛像是忘了自己的身份，不但对嫂子、侄子无情，对亲妈也不含糊。可怜娄昭君这个为北齐高氏家族立下汗马功劳的女人，无福消受以孝为先的三子高演为她养老，却赶上了狼心狗肺的五子高湛为她送终。

娄昭君是在高湛即位的第二年去世的，按现代医学的说法应该是死于心梗。在此之前她曾发过一次病，幸得一代名医徐之才抢救及时，才幸免于难。徐之才出身医学世家，也是家族中医术最精湛的，蹊跷的是，这次高湛找来的不是徐之才，而是他的弟弟徐之范，结果没抢救过来。

娄昭君死时六十二岁，距离她嫁给高欢已经过去四十多年，悠悠岁月，如白驹过隙。不知临终之前、混沌之时、弥留之际，她是否忆起当初的青春年少、花容月貌以及在城墙下看见少年高欢时的羞涩一瞥，正是这一瞥之下，才有了后来高氏家族的兴旺发达，有了北齐帝国的无限风光以及风光掩盖之下的种种疯狂。

为母亲发丧期间，高湛没有穿丧服，依旧着红色官服，光鲜如昨，看不到一丝伤感。宫女们送来孝服，高湛抢过去一把摔在地上，任由高氏宗亲垂首侧目，任凭母亲的幽魂幽怨冲撞，顶得棺木吱吱作响。

这还不算什么，没过几天，这哥们儿便忍受不了众人哭丧的寂寞，拥着美女登上三台，意气风发地开始饮酒作乐了，似乎远处灵棚内躺着的是别人的妈。这作派就连一向谄媚的散骑常侍和士开都看不过去了，他请求高湛停止娱乐，继续回去尽守孝道，高湛勃然大怒，回之老拳，挥以皮鞭，根本没法交流。

29

边疆吃紧

　　高湛在北齐皇宫疯狂肆虐，北齐军政也日益松弛，迅速滑坡，让对手有了可乘之机。

　　北齐帝国的重点防范对象，依旧是西边的北周以及北方的草原新贵突厥。河清二年（563），也就是当皇帝之后的第三年，高湛命司空斛律光督率二万步、骑兵，又在北疆新修了二百里长城，增设了十二个屯兵戍所，对突厥的战略也由攻势转为守势。

　　对于宿敌北周就更不堪了。两国的疆界原本有很长一段是由黄河水天然分开的，高洋在位时军容整盛，北周不敢放松防御，每到冬天黄河结冰，便驱赶大量士兵、百姓去开凿冰面，以防止北齐踏冰而至。

　　到了高湛这任，再到冬天忙乎的便是齐国人了，而且表现更为踊跃。黄河甫一结冰，齐军便早早前去开凿，生怕周军打个措手不及。斛律光曾为这种三年河东三年河西的变化大发感慨，说我们过去的志向是吞并关中、陇右，现在却只知道玩乐，对高湛恣意妄为的荒唐失望至极。不过那时斛律光没有想到，不久之后，灾难便降临到了他的头上。

北周先前没有精力和力量对抗北齐，也是北周内部政局不稳、自顾不暇所致。北周的肇建也是在奠基者宇文泰死后，由下一代来完成的，这点和北齐类似。其缔造者是时任西魏国大司马的晋国公宇文护，宇文泰的侄子，宇文氏家族第二代的领军人物。他也效仿北齐文宣帝高洋，逼迫西魏恭帝拓跋廓禅位（拓跋廓是西魏文帝元宝炬的第四子，汉名元廓，即位后恢复元氏的本姓拓跋）。所不同的是，他没有自己当老大，而是拥立宇文泰的第三子、周公宇文觉上位（当时称"天王"），并依据宇文觉的封爵，改国号为"周"，史称北周，以区别于之前的西周、东周以及后来五代十国的后周，它们的国号也都是"周"。

宇文泰死时诸子年龄尚小，最大的才二十三岁，嫡长子宇文觉只有十六岁，所以才将大权交给比自己小六岁、年届不惑（四十四岁）的侄子宇文护，赋予他的责任就是辅佐。宇文泰的这种选择应该说是明智的，当时别说诸子，就是在宇文氏家族中威望最高的宇文护，其资历和威望都不足以服众，还是藉着八柱国之一、大司寇于谨的支持，才得以稳定内外局势的。宇文护代魏兴周，推宇文泰的世子宇文觉上位，从某种程度上说，也是宇文泰威望的延续，他作为侄子是没有这个资格的。

宇文觉在位的一年间，是宇文护权力的巩固期，他虽然杀了不服气的老臣赵贵和独孤信，清除了一些异己，却没得到高层的认可。宇文觉不满宇文护专权，更不甘心做傀儡，便与几个亲信——李植、孙恒、乙弗凤等人密谋，打算除掉这块绊脚石。小皇帝还亲自在后花园训练武士，练习擒拿术，可见其恨之深。结果事情败露，宇文护抢先使用武力，让他的两个表弟——总领宿卫的尉迟纲和大司马贺兰祥出面，逼迫宇文觉退位，不久将其杀害。

随后，宇文护扶植宇文泰的庶长子、时任岐州刺史的宇文毓继任天王，自己则官至大冢宰（相当于北周宰相）。此时宇文护的地位仍不牢靠，朝中还有不少反对者——比如仪同三司齐轨，新君宇文毓也跟他貌合神离。宇文毓为人精明强干，表现出来便不是很听话，他甚至在两年之后正式称帝，释放出一种至尊的强势。宇文护以请求归政的方式试探，后者竟信以为真，迫不及待地开始亲政，忘了这个堂兄还掌控着军队。宇文护见势不妙，又挨了半年，于北周武成二年（560）的四月，让厨子李安毒死了春风得意的宇文毓。

宇文毓死前遗诏，传位给四弟宇文邕，这就是历史上赫赫有名的北周武帝。虽说当时宇文邕只有十八岁，但处事却十分冷静，他知道斗不过宇文护，便避其锋芒，低调为帝，一边以九五之尊对他行兄弟之礼，一边积极笼络追随者如王轨、宇文神举和宇文孝伯等。直到12年之后（572年）感觉时机成熟了，才和弟弟宇文直奋力一击，杀死了宇文护。

宇文护或许也动过当皇帝的念头，但应该不是很强烈。在他权力如日中天之时，也确实有不少溜须拍马的人，以进献祥瑞的方式劝进——《资治通鉴》中说，宇文邕杀死宇文护之后抄家，发现"有假托符命妄造异谋者"。但浇冷水的也不少，比如庾季才就假托天象劝他归政，他始终没能下定决心。

宇文护在北周呼风唤雨，剑走偏锋，不断废杀、拥立，只是不想放弃权力。而且他上位的时机始终不太成熟：前期没资格也没实力，中期有实力却没条件，后期有了条件却失了机会——宇文邕不鸣则已，一鸣惊人，没有给他留出任何犹豫的时间。值得肯定的是，在宇文邕韬光养晦期间，宇文护大展拳脚，让北周的国力日渐强盛，并开始觊觎老对手北齐了。

瘦死的骆驼比马大，北齐虽然走了下坡路，但靠着殷实丰厚的家底，实力在三国中仍为佼佼者，北周或突厥任何一方来攻，对北齐来说都不是问题。但若北周与突厥联合起来，一切就是未知数了。

说到北周与突厥的联合，其中还有个小插曲。北周派御伯大夫杨荐、左武伯王庆出使突厥，说服突厥木杆可汗阿史那俟斤一起出兵对付北齐，并答允聘他的女儿做大周国的皇后。二人到突厥后极言齐国混乱、皇帝昏庸的种种劣迹，说得木杆可汗怦然心动。此事很快让北齐的探马侦知，高湛感觉情况不妙，也急忙派使者去突厥求婚，还随行带去了贵重、丰厚的礼品。

木杆可汗一下子乐得合不拢嘴，两国从来没有这么在乎过自己，而且自家闺女原来这么抢手，便有些飘飘然。又摆弄、比较了一下两国的礼品，发现还是北齐这边茬子硬，便想放弃北周答应北齐，都是一国的天子，一样的身份，嫁谁不是嫁啊。

为了表示诚意，木杆可汗将北周使者杨荐、王庆二人拿下，准备当投名状，和闺女一起送去北齐。杨荐差点没把鼻子气歪，大声怒斥木杆可汗，揭他的老底儿，说我们两国一直睦邻友好，当年你们治下的蠕蠕部落有几千人不服管制，跑来投奔我们，你们想让他们回去，我们可是二话没说就遣返了的，对你们够意思吧！可你今天却这样对我们，简直是忘恩负义，过河拆桥。

几句话激得木杆可汗脸红耳赤，继而豪气顿生，最后打定主意，大齐国聘礼再多，我的宝贝女儿也要嫁给大周国。放心吧，我这就整顿兵马，和你们一起讨平齐国。

北周心里有了底，即刻兵分两路伐齐：一路由柱国杨忠为统领，率一万步、骑兵，会同突厥三位首领——木杆可汗、地头可汗、步离可汗亲率的十万精骑，自北向南挺进；一路由大将军达奚武为统领，率三万步、骑兵，以平阳（今山西省临汾市境内）为突破，从南向北进攻。二部遥相呼应，相约会师晋阳，准备劈开北齐半壁江山。

边疆吃紧，天气也恶劣起来，北齐南北千余里范围内普降大雪，断断续续下了好几十天，积雪达数尺之厚。当北齐皇帝高湛顶风冒雪从邺城赶到晋阳时，北路的北周与突厥联军早已克服极端天气的困扰，一连拿下北齐二十多座城池，兵锋直指晋阳城下。

军报传来，高湛重又吓出怯懦原形，换上军装带了宫女，准备脚底抹油溜之乎也。赵郡王高睿与河间王高孝琬见势不妙，双双上前叩马，拦住高湛的车驾，劝他不要逃走，否则军心涣散，后果不堪设想。高湛万难才忍住没有出城。

在河间王高孝琬的建议下，高湛把军队的指挥权交给了赵郡王高睿，具体的攻防任务则交由并州刺史段韶负责。几天之后，在众将官的强烈要求下，高湛极不情愿地登上了晋阳北城的城楼，去给北齐的将士们鼓劲儿、助威。令他惊讶的是，经过高睿和段韶重新调配、部署的北齐军，列阵森严，杀气腾腾，在众将士响彻云天的口号声中，高湛悬着的一颗心才稍稍放下。

吃惊的不止高湛一人，还有城下不远处被北周忽悠来的突厥首领木杆可汗，他总感觉哪里别扭，一个劲儿地责怪柱国杨忠：你们说齐军混乱，不堪一击，这样子也不像啊，老夫上了你们的当了。

不过事已至此，也只能硬着头皮上了。当联军踏着积雪、冒着箭矢，艰难攻到城下时，以逸待劳的北齐精锐呐喊着杀出，吓得突厥军不战而逃，剩下周军孤掌难鸣，被撒欢儿似的齐军杀得惨败，一路逃回关中去了。

突厥军千里出征，此刻颜面尽失，感觉不划算，便在退军途中大肆劫掠，将晋阳以北七百多里的地方扫荡一空，最后满载而归，算是找了点儿心理平衡，可大军行至陉岭（即今山西省山阴县与代县之间的草垛山）时却遇到了麻烦，由于路面冰冻，脚下不稳，突厥兵需铺毡防滑才能勉强行进，胡马也疲弱不堪，膝盖以下全都冻脱了毛，大军只好把自己带来的军需及抢来的物资全部丢掉。待历经万难走到长城，军马早已死亡殆尽，士兵更是冻死无数，没冻死的也都力倦神疲，纷纷把长矛截断，当拐棍儿拄着回家了。

南路败得更惨，司空斛律光率三万步兵驻守平阳，阻住达奚武的攻势。晋阳大捷的消息传来，达奚武无心恋战，随即撤兵，斛律光带兵掩杀，一直追到北周境内，最后俘虏了二千人，大胜而归。回到晋阳后，斛律光向高湛报喜，劫后余生的高湛抱着斛律光的脑袋痛哭流涕，为有如此忠勇的将帅感到欣慰。可堪堪过了五个月，高湛便又凶性大发，对斛律光的女婿下手了。

斛律光的女婿，就是孝昭帝高演的嫡子高百年。高演立高百年为太子后，还没来得及为其培植羽翼，也没来得及彻底削弱高湛的势力便出了意外，被一只意外降临的兔子惊吓而死。临终前他调低了预期目标，决定传位给弟弟高湛，只求他饶儿子一命，可惜就连这个他也左右不了，只能在九泉之下慨叹命运多舛了。

高湛即位后，降封高百年为乐陵郡王，但他对这个年仅九岁的小侄子一直讳莫如深，只是苦于没有除掉他的理由。机会来自三年之后，河清三年（564）的五月，天上突然出现了异象：

白虹围日两重，又横贯而不达，赤星见。

听完术士略显惊慌的报告，高湛不敢怠慢，忙命人用大盆盛满了水，待映出赤星（星名，即角宿一）的影子后迅速盖上，以消解其灾势。结果一夜之后盆子自行破裂，水溢了一地，足见凶险至极。

盆子无端破裂这事儿现在说来肯定无人相信——你可以理解为高空坠物，或者有人故意为之，这个并不重要，关键是高湛相信，且信之不疑。为了驱除这个顽固的灾星，他开始琢磨着拿高百年的性命祭奠一下——这个曾经的太子的血或许能压住这股邪气，或者这股邪气干脆就是他带来的，无论怎样他都必须死。现在只需要一个说得过去的理由。

一筹莫展之际，博陵人贾德胄为他解决了这个难题。贾德胄当过高百年的老师，专门教授写字，高百年少不更事，曾随手写过几个"敕"字——这是只有皇帝才有资格写的字，贾德胄如获至宝，小心封存之后报给了高湛。真是想什么来什么，高湛即刻派人召高百年入宫问罪。

高百年岁数虽小，人却很灵通，自降格为乐陵郡王后，这个皇帝叔叔就从来没有召见过自己，今天突然叫去，且来人催得甚急，自知凶多吉少，便扯下随身佩戴的玉玦留给了妃子——也就是斛律光的女儿、年仅十四岁的斛律氏，然后才去见高湛。

在玄都苑的凉风堂，高湛命人拿来笔墨纸砚，让高百年写了几个"敕"字，经比对，发现笔迹和贾德胄密报的字迹高度相似。证据确凿，高湛毫不手软，命侍卫们殴打高百年，还拖着他幼小的身躯绕着凉风堂转着圈儿地打，所过之处，鲜血淋漓。高百年大声哭嚎，苦苦哀求，一个劲儿地请求叔叔饶命，说愿意给叔叔做奴隶。高湛稳坐龙椅，对侄子的哀嚎充耳不闻，嘴角露出了一丝满足的微笑——终于可以去除赤星的灾气了。

高百年的声音越来越弱，气息将尽时，高湛才命人将他杀死，尸体扔进附近的水池，池中水瞬间染成殷红——高演临死前最担心的事情，到底还是发生了。高湛亲自到后园看着掩埋了高百年，长出一口气，又仰望一下天，这才若无其事地离开。

斛律氏惊闻噩耗，看着丈夫的玉玦哀呼不止，自此绝食，一个多月后也随之而去。死时手里依旧紧紧攥着那块玉玦，任谁也掰不开，后来还是她的父亲斛律光亲手去掰，才得以拿出。

后世对此事多有感慨，比如明朝首辅李东阳，就曾作过一首《凉风堂》的诗：

> 凉风堂前池水赤，赤星射空虹贯日。
> 斛律美人生把玦，死向青天待明月。
> 君不见晋阳书中临绝语，曾为乐陵求乐处。
> 百年无罪君莫冤，济南何在是谁言，不须更问华林园。

诗中提到了事件发生地——"凉风堂"，事件的背景——"赤星射空虹贯日"，以及斛律氏以死明志的人生态度。最后三句提到了三个人，"百年"指的就是高百年，"济南"指的是北齐第二任皇帝、后来被降格为济南王的高殷，"华林园"则是后文中将要提到的，在华林园被杀的赵郡王高睿。

30

邙山之战

高湛撕掉伪善的面具，再次疯狂表演他凶残的动物本性，也给邻国创造了再次进攻的机会。

北周、突厥联军败北，实际控制北周政权的大冢宰宇文护自是颜面尽失，极为不甘，便派使者再度联合突厥，准备报这一箭之仇。突厥自上次窝囊之旅后，也想瞅机会找回点面子，所以这次木杆可汗没有犹豫，即刻调遣本部精锐驻屯南部要塞，并进一步号召其他部落的军队，准备结结实实打上一仗。

木杆可汗派使者给宇文护送去书信，说兵马已集结完毕，只待北周定下日子一起伐齐。在等待回信的过程中，突厥甚至按捺不住小试牛刀，单方面侵入长城，南下幽州，在北齐北境大肆劫掠了一番。可不管突厥如何摩拳擦掌，跃跃欲试，北周方面却久久没了动静。木杆可汗纳闷儿，便又派人去北周打听，最后终于搞清了原委：因为宇文护母亲的出现，北周打了退堂鼓。

这事儿说来有些渊源。当初宇文泰西入关中时，曾派人到晋阳迎接宇文护，由于走得匆忙，宇文护的母亲阎氏及宇文泰的妹妹——也就是宇文邕的姑母，便都留在了晋阳。北齐代魏后，齐人把她们安置在中山宫当了侍役。宇文护执掌大权后，曾派人寻找二人的下落，却一直杳无音讯。高湛听说北周欲再次联合突厥，心中害怕，便主动派使者去北周，告诉宇文护，说你的母亲和周帝宇文邕的姑母都在齐国，如果你答应两国修好，齐国定会派专人护送她们去长安。

为表诚意，高湛先期将宇文邕的姑母送回，并代宇文护的母亲给儿子写了一封信，大意是：你宇文护现在虽然位极人臣，富有四海，却有个年届八旬的老母亲漂泊在外，你会幸福吗？如今承蒙大齐皇帝的恩德，允许我们母子团聚，这是咱们前世修来的福，你一定要懂得珍惜。

信中还提及宇文护年幼时的几件事以及当初阎氏所穿锦袍颜色、样式等，以证所言非虚。宇文护没想到母亲还活着，见信后喜极而泣，急忙回信，感谢高湛的需然之恩，并表达了两国摒弃前嫌、永世修好的诚恳态度。

得此承诺，高湛很是欣慰，但也并未即刻送回阎氏，而是又写了一封信，观察宇文护的反应，期待得到一个郑重其事的承诺。宇文护再次回信表态，高湛则再三修书，于是两国使者频繁交涉，奔波往返于邺城、长安之间。

最后高湛觉得差不多了，再写下去就生出感情了，也有点矫情，便想着送还阎氏。送之前，他派人快马加鞭，拿着宇文护的信，去征求并州刺史段韶的意见，后者当时正承担着防御突厥的任务。

段韶看信后明确表示反对，说周国人反复无常，根本不讲信用，宇文护为了母亲请求和好，却不派遣正式使臣前来，可见并无诚意。况且单凭他几封书信就送返其母，恐怕会给对方留下软弱的印象，不如先表面应承着，等两国关系真正稳定、和睦了，再送还不迟。结果高湛没听，还是很大度地把阎氏送回了长安。

宇文护迎回母亲，举国欢庆，大赦天下，却陷入了两难境地：现在出兵伐齐显然不合适，一来怕母亲怪罪，二来也怕担负背信弃义的名声。但若不出兵，又会失信于突厥——那边早已磨刀霍霍，派人催过好几次了。双方反目，转生边患，结果得不偿失。思忖再三，最后宇文护一咬牙，还是奏请周帝宇文邕，要求亲自带兵伐齐，同时派柱国杨忠率兵北出沃野（在今内蒙古自治区五原县东北），去接应突厥的大部队。

北齐河清三年（564）十一月，宇文护征召二十四军，相府所属左右厢的禁军，秦、陇、巴、蜀等地方军以及羌、胡归附的番兵，共计二十万人，浩浩荡荡东征北齐，摆出一副势在必得的架势。

之所以说势在必得，是因为北周这次下了血本，比如上面提到的二十四军，就是北周府兵的全部精锐。府兵制源于西魏，当时朝廷仿照鲜卑的八部制，设立了八柱国，为首的是西魏国的拥立者和实际操控者宇文泰，负责总领内外，另有一个皇室成员徒有其名，享受待遇却并不做事。其余六个柱国大将军则分领兵权，下面统帅着两个大将军，每个大将军又统帅两个开府将军，总计二十四军。

当然，以上只列举了高级军官，府兵制等级森严，远不止于此。开府将军以下，尚有仪同将军、大都督、都督等军衔。由于军纪严明，府兵的战斗力相当强悍，是北周倚仗的柱石，也是最终灭亡北齐的关键。此次二十四军全部出动，足见宇文护对此役的重视。

大军抵达潼关后，宇文护分兵三路，分头并进：中路由自己亲自统帅，以柱国大将军尉迟迥为前锋，率领府兵十万进军洛阳；南路以大将军权景宣为帅，领荆州、襄阳之兵进犯悬瓠（今河南省汝南县境内）；北路由少师杨檦统领，率余众出兵轵关（在今河南省济源市西）。

三路大军进展不一。北路领兵冒进，行军又未设防，结果马失前蹄。少师杨檦做过邵州刺史，镇守北周边境二十多年，多次和北齐交手都取得了胜利，这次便犯了轻敌的错误，被北齐太尉娄睿打败，杨檦也顺势投降了北齐。南路进展还算顺利，权景宣大兵压境，北齐豫州刺史王士良、永州刺史萧世怡相继献城投降。一南一北，一胜一负，算是打了个平手。双方最激烈、最胶着的战事来自中路。

宇文护大军进屯弘农（今河南省灵宝市境内）后，前锋尉迟迥的大军早将洛阳团团包围。齐国公宇文宪、泾州总管王雄，以及不久前刚刚外放为同州刺史的大将军达奚武，分别驻军邙山之南，以为策应。邙山地处洛阳城北、黄河之南，一向为重镇洛阳的天然屏障。

接着北周大军对洛阳展开猛攻，先筑土山，再挖地道，用尽了各种攻城方法，一连攻了三十天都没攻下来。宇文护有些着急，率后续部队跟进，与尉迟迥的先锋军汇合，准备一起会攻洛阳。

与此同时，北齐兰陵王高长恭、司空斛律光的援洛部队也已赶到，见周军势盛，没敢轻举妄动，便驻扎在邙山之北，距离洛阳城三十公里。高湛急诏并州刺史段韶，让他暂且放下突厥防务，即刻驰援洛阳，段韶率领一千精骑火速南下，高湛本人也随即从晋阳赶赴洛阳督阵。双方拉开了决战的架势。

段韶与斛律光、高长恭三人登上邙山，观察两军的布阵形式，结果在太和谷（在今河南省洛阳市东北）一带与北周军遭遇。段韶不动声色，即刻派人骑马遍告诸军，会集所有骑兵前来。之后分兵三路：段韶为左军，高长恭为中军，斛律光为右军。随着一声令下，三军突然俯冲，杀向敌军。

周军乍见北齐骑兵从天而降，惶恐之下慌忙迎战，段韶的左路军且战且退，待对方兵力疲竭时下马进攻，周军立时崩溃，被杀得七零八落。

斛律光的右路军遭受强烈抵抗。北周柱国大将军、泾州刺史、庸国公王雄（本姓可频氏，字胡布头）奋死拼杀，勇猛异常，斛律光抵挡不住向后退却，所率部队也被打散，最后只剩下一名士兵和一支箭。当王雄掩饰不住得意，要求斛律光下马投降时，斛律光一言不发，弯弓搭箭，一箭正中王雄前额，王雄抱马逃走，身后的周军也登时溃散。

最激烈、最出彩儿的是中路军。兰陵王高长恭身穿铠甲，戴了一副青面獠牙的面具，率领五百骑兵冲进了周军的包围圈，挥舞战刀，见人就砍。周军乍见狰狞面具，恍若神鬼来袭，目瞪口呆之际被齐军杀乱了阵脚，根本顾不上抵抗。高长恭顺势杀出一条血路，一直冲到洛阳东北角的金墉城下。

城上守军见敌方突然阵脚大乱，搞不清是己方的增援部队到了，还是对方的诱敌之策，谁也不敢轻举妄动。等到高长恭摘下面具，露出他那张清秀、白皙而俊美的脸时，人们才认出是兰陵王，赶忙放箭保护并出城夹击。齐军在高长恭的感召下精神抖擞，杀得周军丢盔卸甲，四散奔逃，营帐、军资、兵器丢得一片狼藉。

至此，邙山之战以齐军完胜告终，随后北齐大军跟进，与洛阳守军联合出击，以压倒之势彻底打破了周军的包围。北周齐国公宇文宪灰头土脸，心中憋闷，激愤之下抚慰残众，准备拼死一搏。达奚武劝他，说现在大军溃败，军心不稳，不宜再战，不如趁晚上撤退，否则明天想走也走不成了，宇文宪只得悻悻作罢，连夜拔营撤退。

权景宣听说洛阳退兵，也即刻放弃豫州走人。而前去接应突厥的杨忠，此时正困在路上，还没和对方接上头。

由于北疆天气恶劣，杨忠部队人困马乏，军粮短缺，几乎不能行进。万般无奈之下，他招来沿路稽胡各部的酋长，骗他们说，我这次来是奉大冢宰之命，联合突厥对付你们的，不过你们要是乖乖听话，供给我军粮草，我可担保你们无事。众稽胡害怕，纷纷送来粮草。大军有了供给，刚要继续前行，便收到长安罢兵的命令，只好原路折返。

这次胜利，北齐解除了边防之忧，换来几年久违的和平。接下来，高洋主政时期命人刊定的《齐律》，也得以完成并施行，北齐帝国进入一段难得的治世时光。戴着面具冲杀疆场、力挽狂澜的兰陵王高长恭，也因邙山之役一举成名，成为北齐男儿心中无可替代的偶像。

可惜的是，不久之后，高长恭便不得不主动改变人设，摘掉这个象征着荣誉和胜利的面具，转而换上另一副面具来伪装自己，重新经营余下的人生。因为北齐帝国治世的表面，早已潜藏着巨大的危机，它很快迎来了一个小人掌权的小时代。

第七章·帝国小时代

31

荒唐游戏

和士开的升迁，完全靠的是那副令人不齿的小人嘴脸。不过小人得志，一定是大人昏昏，这事儿不能全赖一方，他能得到高湛的信任，并非全靠小人的伎俩，还因为二人三观相近，爱好相同，既能玩儿到一块儿，也能想到一块儿。

和士开是西域胡商（一说是鲜卑人）的后代，祖上本姓素和，后来改姓和。和士开的父亲和安是个善于逢迎的人，在动荡的东魏时期步入政界，一直做到中书舍人、仪州刺史的高位。和士开也由此享受高等教育，成为北齐国子监的一名学生，而且他聪明伶俐，反应机敏，趋迎谄媚的功夫炉火纯青，比起父亲不遑多让。

天保初年（550），高湛晋封长广王，和士开有幸选入王府做了行参军，从此开始了他和高湛近二十年的交集，演绎出许多不逊于男女之情的"动人"故事，缠绵缱绻，羡煞旁人。

凡小人巴结上司，必定要投其所好。高湛的业余爱好是握槊，这是一种类似棋盘游戏的赌博游戏，以投掷骰子的方式确定黑白棋子的移动顺序，使己方棋子越过对方棋子，而后移离棋盘。握檕本是西域胡人的把戏，北魏时传入内地，北齐时盛行于宫廷，开国皇帝高洋就非常喜欢握檕，到了高湛则更加痴迷。而和士开正好精于此道——或许他有祖传技法，又或许他看到高湛喜欢而暗中迎合，总之技艺非常娴熟，能完全掌控对弈时的节奏：高湛心静时就赢几局，让他多思考，高湛烦躁时就让几局，哄他开心，或者干脆故意杀个难解难分，让他产生棋逢对手的兴奋。

除握檕外，和士开还擅长弹琵琶——一种传自西域的曲项琵琶。赌博玩乐之余便弹奏一曲助兴，忙碌与休闲张弛有度，高雅与俗乐相得益彰，适应高湛先生不同时刻、不同心境的精神需求，挑动得高湛身心愉悦，通体舒坦，发出阵阵爽朗的笑声。高湛偶尔在外面有什么不顺心——比如挨了高洋的鞭子，回来跟老和握一会儿檕，再闭着眼听上一支琵琶曲，也就登时愁云消散，转而又是一个风清气朗的好日子了。

二人每日朝夕相处，语话相投，无比惬意地挥霍青春，引来皇帝高洋的不满。他嫌高湛玩乐无度，而和士开又为人轻薄，在一块儿落不下什么好，便决定把他俩分开，调和士开去北部长城一带任职。结果这高湛如同少年失恋一般，从此度日如年，茶饭不香，差点看破红尘，于是又千方百计奏请高洋，把和士开调了回来，出任京畿士曹参军一职——也难怪他老挨高洋的鞭子。

这次重逢，二人更加依赖，并且情意绸缪，到了叹为观止的境界。每当高湛做了什么风光的事，说了什么有哲理的话，或者干脆就是琢磨棋局时一个灵光乍现的眼神，和士开都会深情地慨叹，说殿下不是天人，是天帝啊。而高湛也会同样深情地予以回应，说卿不是世人，是世神啊。之后二人深情对望，眼神炽烈，全然不管一旁的人，鸡皮疙瘩掉了一地。

老和顶格拍马，高湛破格点赞，二人非常享受这种抬轿式的人情世故，乐在其中而浑然不觉。如此珠联璧合的一对玉人，也就很自然地从握槊、弹琴的交往，慢慢渗透到生活、工作的各个方面。高湛当皇帝后，和士开也理所当然地做到了侍中、开府仪同三司的高位，后来又晋升尚书右仆射，进爵淮阳郡王，进入了北齐帝国的权力中枢。

小人得宠，其实也不光投其所好那么简单，那只是入门把戏，真正宠到亲密无间，宠到难舍难离，还得有感情的投入——那种真正的、纯粹的感情投入，而不是逢场作戏，好比初恋时胶着不开的爱情。二人握槊、弹琴，换来的是开心，增进的是情感。和士开是真心对高湛好，把他当作至高无上的神一样看待。

高湛患有气疾，也就是呼吸、淋巴系统紊乱，喝酒之后就会发作，而越发作就越想喝酒——这点也跟他哥哥高洋一样。和士开就劝，眼中含情，说你别喝了，对身体不好，也不利于病情恢复。高湛感动，满口应承，可酒瘾上来依旧管不住自己。等下次高湛再喝，和士开便不劝了，在一旁默默流泪。相思不在话多少，深情总是无语时，高湛一看全明白了，说你这是无声之谏啊，把酒杯一摔，此后真的不喝了。

高湛也是真的对和士开好。老和的母亲病逝，高湛专门派武卫将军吕芬过去，日夜守卫、服侍老和，直至丧事料理完毕，就怕他有个好歹。之后高湛又派专车把和士开接来，二人执手相看泪眼，互相安慰了好一阵子。当此时，世间已没有什么力量，也没有什么东西能把他俩分开了。

高湛对和士开宠信依赖到了什么程度？说出来简直让人大跌眼镜。不管高湛办公、外出还是娱乐，老和几乎须臾不离左右，一会儿看不见都不行，吸引力比胡皇后、众嫔妃以及各类美女大得不是一星半点。有时玩得兴起，高湛便留和士开住在宫里，一起嘻嘻哈哈、打打闹闹到深夜，君臣无隙，在情感上早成了哥们儿。不住宫里时更来劲儿，老和一天要被召唤好几次，来来往往跑到腿软，脸上尽显疲态。

更要命的是，这召唤还不是有时有晌，而是毫无时间观念，有时老和还在回家的路上，便又被使者追回。一时半会儿追不来，高湛便接二连三地派人骑马去催，心急如焚，抓耳挠腮，直到老和一溜小跑、气喘吁吁地赶到。

不过高湛毕竟当着皇帝，肩上担着责任，就是他不想管事，臣子们也得找他汇报工作，以期留下殚精竭虑、不辞辛劳的好印象。此外每天还有无数的奏表、奏章，等着他御览、审批，签字或盖章，繁重的工作与和士开的"调情"之间，便不可避免地产生了矛盾。

这点老和也觉得别扭，你别看他一天往宫里跑好几趟，腿都快跑细了，可身体的疲惫带来的是精神的充盈，众人艳羡的目光尽收眼底，更强化了这种满足感，那未来的好处也会远远高过此时的辛苦，况且还有那么深的感情，不召见他还受不了呢。为了解开这个疙瘩，也为了高湛的身体，和士开终于鼓足勇气，态度诚恳、掏心掏肺地劝高湛，说自古帝王无论能耐多大，最终都化为了尘土，别老拿事儿当事儿，工作是干不完的，那些费心劳神的事儿就让各级官吏们去办吧，人间不值得，及时行乐才是王道啊，我的皇上哥哥。

这话说得真是暖心窝子，高湛心头一热，泪水在眼眶里直打转，想想还真是，人生苦短，就那么几十年，那尧舜英雄，桀纣暴虐，结局还不都是一样？我这么辛苦干吗呀！老和呀老和，你真是……高湛哽咽，握着和士开的双手摩挲着，久久不肯松开。

在和士开的点拨下，高湛很快下放了权力：让尚书左仆射赵彦深管人事，侍中元文遥管财政，护军将军唐邕管军事，黄门侍郎冯子琮、胡长粲二人负责东宫事宜。自此，高湛三五天才上一次朝，匆匆问上几句话，批上几个字，便忙不迭地找老和玩儿去了。

有了大把时间，和士开与高湛玩得更嗨了，而且还扩大了队伍，把胡皇后这个后宫闲人也拉了进来——没日没夜地玩游戏谁也受不了不是？高湛玩累了，便让胡皇后换手握槊，他在一边眯着眼、喝着饮料，摇头晃脑地当裁判。

男人和女人握槊，那握的就不只是"槊"——这个冰冷无情的道具——了。犹如牌桌上来了风流女人，能让紧张、沉闷的气氛瞬间变得摇曳多姿，激发逗闷子、讲段子的俗世快乐，这诗外的功夫，可以增添风情，从而让一个普通的游戏升华到另一种奇妙境界。

和士开与胡皇后起初并不熟谙，尚守君臣之礼，二人相对而坐，严肃对决，胜负既分，也只是各自莞尔，以配合高湛的鼓掌狂欢。渐相熟络之后，二人的心思便不在握槊上了，有时会假装思考，不经意地对视一下，带着传递来的火辣真情，小鹿乱撞的快感，继续低头盯着棋局，眼神渐渐空洞而茫然。二人没有立刻滚作一处，皆因高湛就在一边盯着，眼放精光地等待着棋盘上的结果。

再到后来就不行了，多巴胺和肾上腺素分泌加剧，嗞嗞作响，荷尔蒙止不住地弥漫、纠缠，飘满房间的每一个角落，和、胡二人开始按捺不住地调情，先是趁摸槊时小心翼翼地挨挨擦擦、捏捏揉揉，进而变成肆无忌惮地捶捶打打、推推搡搡，小样儿死鬼讨厌啦不绝于耳。但见：一个燕语喃喃，粉拳玉腿连踢带打；一个莺声呖呖，假装疼痛告饶不迭。淫心大盛双目喷火的，恨不得即刻生扑成其好事；玉面含着欲拒还迎的，巴不得雨打芭蕉嫩荷承露。握槊的两只手，由不经意地触碰，变成了久久相握，饱含温暖；看槊的两双眼，由不客气的犀利，变成了久久凝视，充满深情。二人不知不觉竟是痴了。正是：你有情来我有意，男女握槊真惬意。

正全神贯注于棋局的高湛，猛见游戏中断，心急如焚，又急于知道结果，忍不住大叫一声，和士开，你还瞎琢磨什么呢？这次你输定了。和、胡转眼望君王，无限惆怅涌入心房，暧昧氤氲而聚的燥化作两股热浪喷涌而出，细语微颤地齐声唤道：陛下，这就开啦。

和士开目下有了充分的自由，高湛不仅允许他住在皇宫，还允许他随意出入卧内，如此天作之美，老和再也没必要压抑心中的欲火，跟胡皇后搞到一起也就水到渠成了。高湛后宫有的是女人，他的心思早就不在胡皇后身上，饥渴的胡皇后也乐得与和士开苟且，就像《围城》里的鲍小姐，总想着引诱别人，反而迅速被别人引诱了。既然你情我愿，也就无所谓谁主动谁被动了。

只是此后高湛发现和士开更积极了，再也不像先前那样等着叫，等着催了，而是经常不招自来，不知疲倦、兴高采烈地提出三人一起握槊的请求。高湛满心欢喜，看着低眉顺眼、脉脉含情的和士开，都恨不得上去亲一口。

根据现存的资料来看，和、胡二人偷情是板上钉钉的事，但偷情的次数应该不是很多，因为高湛离不开和士开，且精力旺盛，很少有打盹儿的时候，行起事来有诸多不便。不过正因为次数少，才显得弥足珍贵，魅力因距离而增加，欲望因控制而浓烈。二人再对弈，看着霞云堆面、媚眼酥胸的小胡，想着那一夜的软语激情，和士开很后悔当初的建议，若高湛这厮一心国事，忙得脚不沾地，自己何愁不能软玉入怀，风月独享啊，真是自作孽不可活。

和士开这弈真是没白握，一举双得，不仅握来了高湛的宠信，还握来了美人的芳心。而这个美人还不是一般的美人，是北齐帝国的皇后——一个母仪天下，可以满足他任何要求的皇后。几年之后，高湛撒手归西，和士开的权威受到严重挑战，正是这个与他深情握弈、真情相拥的美丽女人，让他起死回生，有了第二次政治生命。

32

情何以堪

　　小人的智商不一定比主子高，但情商一定高过主子，因为这是他们不断训练的生存之道。他们一面要哄上司开心，一面还要实现自己的目标，而且还要尽可能地做到天衣无缝，滴水不漏，以防止出现任何可能的、不必要的信任危机，着实需要一些技巧。

　　就在高湛乐在"橷"中不能自拔，胡皇后情趣盎然、乐不可支的时候，操盘手和士开却有了新的想法，他开始不满足于这种玩乐了。再怎么受宠信，获得再多的赏赐，他终究也只是一个小丑——一个需要看主子脸色，哄主子开心的小丑，就连胡皇后那老娘们儿的脸色，他都要看，都要哄她开心，每次行事都得依照她的规定动作，而不是自己的想法。

　　这怎么可以呢？我难道一辈子就这样被别人掌控吗？疲惫之后的和士开，除了喝酒解乏，还经常这样省察自己的人生。他需要一些新的刺激，新的可能性，需要自己掌握主动，像握橷一样游刃有余，需要有人像他围着高湛一样，围着他转，也需要有仰慕他的美女顺从他，让他完成他想完成的各种动作。这些现在应该都不是问题，皇帝对自己言听计从，皇后对自己的表现还算满意，一切皆有可能。

思路一打开，再看世界果然就不一样了——原来有这么多的人想巴结我，以前光顾着研究握槊技巧、马屁绝学，光顾着观察高湛和胡皇后的微表情，这些竟都忽略了，真是资源浪费啊！和士开开始享受这个被巴结的过程，而且他很快发现，这个过程真的很舒服，像施了魔法一般，让他的精力更加旺盛，甚至连胡皇后都忍不住地夸赞，说他越来越年轻了。

在高湛为帝的太宁、河清年间（561—565），也是和士开高歌猛进、高潮迭起的几年，他像胡皇后享受他一样，贪婪地享受着权力给他带来的一切。不过也有人对他不感冒，表面上虽然恭恭敬敬，骨子里却写满了鄙夷、不屑和大大的瞧不起，这个他能感觉出来。前面的路还很长，还有很多沟沟坎坎啊，和士开自知根柢浅，一面继续为高湛勾勒享受人生的美好蓝图，一面给自己鼓劲加压，努力经营他的未来了。

他开始指手画脚地参与人事任免，以扩充自己的势力。势力就是实力，有实力才能战胜一切，才让人彻底臣服，包括那些瞧不起他的人。利用自己在皇帝、皇后那里的双重便利，和士开还做起了卖官鬻爵的生意，原则只有一条，不问贤愚，不看本事，就看这人对自己的态度。态度决定一切！那些怎么点拨都不上路的，敬酒不吃吃罚酒的，不管有能力没能力，统统都得靠边站。

此外他还另有一套拉拢人的把戏，比如哪个官员倒霉了，被御史弹劾或者坐监、流放了，他便想方设法进行搭救。活命之恩永难忘，这些人重获新生，自然对他感激涕零，金银珠宝等"赎命物"就别说了，那是慷慨相送，毫不含糊，以后但有吩咐，也是马首是瞻，莫敢不从。在这期间，和士开也开始有意识地培植亲信，寻找、筛选出那些真正死心塌地为他卖命的死党。高阿那肱便是其中表现出色的一位。

高阿那肱是个官二代，其父高市贵是高欢时代的悍将，因屡立战功，晋升晋州刺史，进爵常山郡公，死后又追赠大将军、太尉公。作为武将之后，高阿那肱精骑善射，颇有些弓马功夫，他最初在父亲手下做了个库典的小官儿，父子二人一起上战场，也立过不少战功。

高洋称帝后，高阿那肱做到了库直都督的位置，此后接连随军征蠕蠕、破契丹，职位也一直在上升，到高湛即位后的太宁元年（561），已经做到了假仪同三司、武卫将军的位置。跟和士开一样，高阿那肱不爱读书，也没什么文化。正因为没文化，也就不懂得什么礼义廉耻，更谈不上血性气节。做人做事没原则、无底线，只剩下见风使舵、逢迎媚上的奸巧了。

不过没文化不等于没心眼儿，无底线也不等于行事鲁莽，这不是一个范畴的东西。高阿那肱虽是武将出身，却粗中有细，而且政治敏感度极高，武卫将军这个四品小官儿显然不能令他满足。他看和士开得宠，便设法亲近，巧言令色、百般巴结，像和士开哄高湛一样，哄得和士开屁颠屁颠的。

和士开也正好琢磨着营建自己的圈子，便趁握槊之际，有意识地在高湛面前说高阿那肱的好话。好话说多了，高湛就形成了肌肉记忆，虽没见过高阿那肱几回面，对他的好感却神奇地与日俱增。没过多久，他开始像宠信和士开一样宠信高阿那肱，还经常让他去东宫侍卫太子高纬。在和士开的关怀与照顾下，高阿那肱的职位也一路飙升，到河清四年（565），已做到侍中、骠骑大将军、领军的位置，进入了帝国权力中枢。

最值得一提的是那段东宫岁月，为高阿那肱后来的崛起奠定了雄实的基础。武平二年（571），和士开被琅琊王高俨杀死，后主高纬如丧考妣，环视朝野，认为只有高阿那肱才具备和士开那样的见识与器度，即刻将他提拔到宰辅的位置，随后又敕封录尚书事，总知外兵及内省机密，成为北齐帝国炙手可热的政坛新贵。几年之后，北周大军攻破邺城，高纬仓皇南逃，正是这位见识与器度不同凡响的"奇才"，亲自为敌军引路，让高纬沦为了阶下囚。

和士开的权势越来越大，前来拜码头的络绎不绝，其中不乏高官贵戚、富商大贾，当然还有一些不学无术、不知廉耻的中下层官员。这些人对向上爬有着精准而灵敏的触感，不约而同聚集在和士开门前，竞相拍马，唯恐落后，以惊世骇俗的夸张表演，制造花样翻新的"审美体验"，甚至有人不惜认他为干爹，用无可置疑的硬实力增加四处炫耀的资本。

最牛的一个，堪称马屁界的奇葩。有一次和士开生病，他去探望，正好赶上一个大夫在开方子，说和士开得的是重度伤寒，吃别的药没用，要服"黄龙汤"才行。和士开不知道什么是黄龙汤，等端上来才知道是屎汤子，而且是那种发黑发霉的陈年屎汤子。老和面露难色，掩鼻发愁，那"奇葩"却早已热血沸腾，一拱手，字正腔圆地说：黄龙汤这东西很容易喝的，不才愿意为大人先行品尝。说完接过碗一仰脖儿，咕咚咕咚将一碗屎汤子全灌了进去，喝完吧嗒吧嗒嘴，似意犹未尽。

和士开心头一热，也就豪气顿生，又让人重新弄来一碗，闭着气，慷慨赴死一般，勉强喝了几大口。也不知这黄龙汤真管用还是刺激性太强搞得血脉贲张，没几天和士开这病还真就好了。

对于这种人，和士开会感动，也会给予人事上或经济上的一些补偿，但绝不会引为知己，因为这种人做事没有任何技术含量，也没有什么底线。和士开现在需要的是人才，能帮他出主意、想办法、渡难关的人才，以便更好地稳固自己的地位和权势。目前似乎还没有人符合这些条件，就连高阿那肱也不行。

和士开一直等待、寻觅着，直到发现更胜一筹的另一个"奇才"——祖珽。

33

另类奇才

祖珽出道其实比和士开还早，早在高欢时代就出来做官了。他的出身也比和士开好，范阳郡（治所在今河北省涿州市）祖氏一族，自魏晋以降便是世家大族，其中耳熟能详的，是以闻鸡起舞、北伐中原而声名大振的祖逖。

祖珽一支当时留在了北方，没有随祖逖南下，后来世代在北魏做官，祖珽的高祖、曾祖、祖父曾担任过诸如尚书丞、太守之类不大不小的官。后世名声最大的，是祖珽的父亲祖莹，也就是《三字经》里面"莹八岁，能咏诗"的那个祖莹，曾担任东魏国的护军参军。

与和士开的粗鄙、平庸、不读书，只会握槊、弹琵琶不同，祖珽自小饱读诗书，满腹经纶。他深受父亲的影响和熏陶，学习能力极强，文章写得行云流水，笔力遒劲，为世人所津津乐道。他也因此少年得志，先在东魏做秘书郎，后又任尚书仪曹郎中。

祖珽也的确有些本事。东魏兰陵公主远嫁蠕蠕可汗时，大将军高欢亲自护送她出塞，当时的太学博士、"北地三才"之一魏收即景生情，作了《出塞》和《公主远嫁》两首诗，祖珽闻而和之，结果这和诗广为传咏，风头一度盖过了原作。他还替冀州刺史万俟洛撰写过一篇《清德颂》，健笔凌云，道逸纵横，高欢看后啧啧称奇，便让他在自己的儿子、并州刺史高洋手下做了个开府仓曹参军，后来又调到自己府中当功曹。

除了文采斐然，祖珽还天资聪颖，博闻强记。有一次高欢故意考验他，一次性交代了三十六件事，祖珽洗耳恭听，默记于心，回去后逐一写出，竟无一事遗漏，一时传为佳话。当时民谣中有"多奇多能祖孝徵（祖珽字孝徵），能赋能诗裴让之"的说法，足见其本事不是盖的。

祖珽唯一能与和士开有交集的，可能就是弹琵琶了。祖珽弹琵琶手法娴熟，弹得比和士开还好。而且他还会好几门外语，比如鲜卑语、粟特语、西域胡语等，懂阴阳玄道，精通医药卜数，总之是个无可置疑的学霸，各种知识、技能没有他不会的。

尽管各方面都比和士开强，但祖珽混得却不如和士开好，因为他是个让领导又爱又恨的人。所谓又爱又恨，即是说，此人虽有过人之处，却也有着一大堆毛病，有才而无德，两相冲抵，让人爱恨交加，难以抉择。祖珽劣迹斑斑，私生活更是混乱到让人目瞪口呆的地步。

比如玩音乐，他不喜欢那种自弹、自唱、自我沉浸的小清新，而是喜欢与纨绔子弟一起唱、一起跳、一起躁的乐队式体验，等众人玩够了、玩嗨了，便成群结伙地去嫖妓，权当休息和放松。不仅如此，他还经常和陈元康、穆子容、任胄等同僚一起，在自己的豪宅里彻夜纵情，剧饮胡闹——祖珽为什么年纪轻轻便拥有豪宅？是自己奋斗得来的吗？这些疑问一会儿自然明了。

届时，祖珽会豪爽地拿出数量不少于一百匹的山东大文绫以及连珠孔雀罗等高级绸缎做奖赏，让歌伎、婢女们投掷樗蒲为乐（樗蒲是一种棋类游戏，类似于骰子，因掷博的投子为樗木所制，故称樗蒲，"蒲"是"博"的转音，又因这种木制掷具五枚一组，故又称"五木"或"五木之戏"），兴起之后集体躁狂，几近失控。

关于祖珽的无底线，《北齐书》中记载了这样一件耸人听闻的事：参军元景献是东魏国已故尚书令元世隽的儿子，其妻是孝静帝元善见姑姑家的女儿，曾经的皇亲贵戚，也不知祖珽和她什么关系，经常邀请她一起参加派对狂欢，并以金银珠宝做诱饵，让她与诸人挨个儿睡觉。其骄狂、淫逸、寡廉鲜耻可见一斑。

除了招妓、胡闹，祖珽还跟寡妇王氏有一腿，是长期、稳定的性伴侣。两人约炮儿从来不背人，隔老远就开始喊话，这边说，娘子，下次叙旧在哪里？那边说，相公，某月某日方便否？买菜似的就定下了时间、地点，直来直去，旁若无人，反让一旁的人甚是尴尬。

对祖珽的为人、朋友圈以及糟糕的私生活有个大致了解之后，现在说说他的财产来源。这就不得不提他另外一个永远改不掉的臭毛病——顺手牵羊，这一天要不捞点什么，就像丢了什么似的，有一种无法抑制的冲动。而且他的捞点很低，几乎是见什么拿什么。有一次高欢宴请幕僚，席间忽然不见了一只小巧的金酒杯，于是挨个儿搜身查验，最后赫然发现，小酒杯竟然很巧妙地藏在祖珽的发髻之中。去胶州刺史司马世云家喝酒，祖珽瞥见两盏铜碟不错，便习惯性地揣在怀里，结果被厨师抓了个正着，主家为之尴尬，祖珽却安然自若，照吃不误。

这些还都是小事儿，祖珽的胆子不止于此。他还因骗盗三千石的官粟，被高欢打过二百皮鞭，发配到甲坊服了一阵子苦役——而且还是戴着镣铐、加倍劳动的那种。高澄做东魏大将军时，因欣赏祖珽的才华而让他在府上做秘书丞（掌管文籍的官员），此公却趁工作之便，顺走了几卷高澄召集诸多人手誊写的《华林遍略》（该书共六百二十卷），然后卖了钱去赌博，被高澄发现后狠揍了四十大板。

高洋升任东魏国丞相后，祖珽浑水摸鱼，建议补充令史的职位，前后十几个，全被他明码标价卖了出去，后来又偷卖了几卷价值不菲的《华林遍略》，气得高洋当面呼之为贼。祖珽屡次以身试法，按魏律应该处死，但高洋考虑到他服侍父亲、哥哥的缘分，又爱惜其才华，终究对他网开一面。

高洋逼宫禅让后，转而让祖珽去中书省掌管诏诰，传递出委以重任的信号。结果祖珽不争气，在中书省依旧不老实，还是见什么拿什么，又被打发到了尚药局，担任尚药典御，负责皇宫的医药、医疗事务。就是混成这样了，祖珽依然不忘雁过拔毛，他奏请高洋制造胡桃油（一种中药，用胡桃仁榨出的脂肪油，能治疗癣、冻疮等皮肤病），然后通过上花账等形式中饱私囊，终于被高洋罢了官。

多年以后，已退位为太上皇的高湛，大张旗鼓地修改前帝高洋的庙号和谥号，将偏美谥的"高祖文宣皇帝"，改为偏平谥的"威宗景烈皇帝"。其推波助澜者，正是这位让高洋又爱又气、爱恨纠缠的祖珽先生，他看出高湛对高洋的积怨，便将自己的不满也一并加了上去。

祖珽再次出山，说来也有些幸运。高洋死后，高殷即位，在大赦天下的同时也招募了一些有功的旧臣回任，祖珽就此捞到一个章武太守的职位。结果祖珽还没上任，便赶上高演宫变，诛杀杨愔等人，把亲侄子赶下了台，他也就顺势留在朝中，做了个著作郎的小官，撰写个碑志、祝文，参与编修国史啥的。

这种类似秘书的工作，按说挺能发挥祖珽的特长，可他是个耐不住寂寞的人，多次密启高演议论是非，有的没的添油加醋，不停地刷存在感。最后搞得高演不胜其烦，专门把中书、门下二省的负责人找来，扔给他们一大摞密信，让他们核查内容的真伪，并敕令有司，以后凡祖珽奏事，一律不报。弄得祖珽灰头土面，垂头丧气。

祖珽被高演小觑、漠视，不敢再轻举妄动，又闲极无聊，便退而求其次，将目光聚焦在长广王高湛身上，期待从他那里重获新生。祖珽有句名言常挂嘴边："丈夫一生不负身。"跃然纸上的，是一个典型的、精致利己主义者，跟和士开劝高湛时的话及高湛本人的价值观极其相似，所以受到高湛的青睐也在情理之中了。

不过要巴结高湛不能光靠嘴说——祖珽劣迹斑斑，臭名远扬，估计高湛对他也不感冒。要像和士开握槊、弹琵琶一样，找个合适的媒介、载体才行，祖珽除了握槊其他样样精通，这个对他来说不是问题。他很快想到了一个新鲜、高雅的点子——绘画。他不是在高洋时代当过尚药典御，还奏请高洋制造过胡桃油吗？彼时他不光揩胡桃油的油这么简单，还利用占有大量原材料的便利，大玩具有试验性质的超前艺术——用胡桃油作画，他在之前留下的众多成品画中，挑了一幅特别中意的，用精美的礼盒包装好，拿着去孝敬高湛。

祖珽主动示好，还带着礼物，高湛也不便说什么，想客客气气打发他走就完了。未想祖珽临走前顺嘴秃噜了一句，说看高湛骨骼清奇，将来一定贵不可言，而且他昨晚还梦到了高湛"乘龙上天"的壮观景象，相信最近一定会有好事发生。祖珽信口胡诌，将远古周公的梦，很自然地嫁接到自己的昨夜。

高湛彼时正有上位之心，丝毫没有——可能也不愿意——怀疑梦的真假，对祖珽的诚恳和远见卓识大为激赏，瞬间引为知己，并慷慨承诺，说如果真如阁下所言，我一定会让老哥你大富大贵的。

祖珽虽懂阴阳五行、周公解梦，却无法预料政治走向，也不一定看出高湛心存不轨，他只是念着长广王的名头借机上位，没想到高湛后来还真的当了皇帝。祖珽因为精准的预言而重新发迹，官拜中书侍郎，摇身一变成了高湛欣赏、倚仗的亲信，也就此开启了他与和士开的各种恩怨纠缠。

34

貌合神离

　　那些巴结上司的人，都有一种马屁独享的心理，亦即他可以巴结，却不希望别人也来凑热闹，更不希望别人得到的好处超过自己。祖珽突然得宠，让和士开大为吃醋，好似自己的财富缩了水，变得愈发懊恼起来。

　　有一次高湛在后花园饮酒，让祖珽弹琵琶，和士开跳胡舞，最后每人赏了一百匹绸缎。赏赐完全一样，和士开很不开心。不开心倒不是因为赏的这点东西，他也不缺那仨瓜俩枣，而是这琵琶从来都是他弹，现在换成了祖珽弹，却让他跳他并不太擅长的胡舞。跳胡舞其实也没什么，让主子开心才是目的，换个形式，跳出花样儿来，兴许更能讨喜。可跳胡舞是体力活儿，弹琵琶只是动动手指，消耗的能量不一样。累点也就算了，权当锻炼身体，可跳胡舞明显不如弹琵琶高雅，显得有文化，赏赐再一样就有点说不过去了。

　　更让和士开窝火的是，赏赐一样，即是说受赏的人在赏赐者心中的地位全然一样，这问题就很严重了。我和士开跟高湛跟了多少年，你祖珽才来几天，风头就想盖过我，这哪行！这样下去很危险，还是别让这小子在眼前晃悠了，趁着高湛对他依赖还不深，赶紧让他走人。

和士开打定主意，此后便针对祖珽公关，在高湛面前如此这般地一番说辞，终于将祖珽下放到基层，出任安德太守。至于当时和士开说了什么，才让高湛下了决心，这个并不重要——无非是明褒暗贬，说祖珽是个人才，应该到基层历练历练什么的，将来好重用，一如朝堂钩心斗角的惯用伎俩。重要的是，此事进一步证明了和士开在高湛心中的地位，是无法撼动和取代的。

自上而下易，自下而上难，官场升迁如鲤跃龙门，再想回来哪那么容易啊。祖珽先任安德太守，后又转任齐郡太守，折腾半天还是原地踏步，最后他终于明白，这么转下去的结果就是光荣退休，一年到头儿都跟皇帝说不上一句话，怎么可能进入高层呢！祖珽于是主动出击，以母亲岁数大了需要照料为由，请求调回京城，无论如何不在基层待了。

也活该祖珽走运。折子刚报上去，正好赶上南朝陈的使者来访，高湛便委派祖珽为中劳使，负责接待事宜。祖珽非常珍惜这个机会，好好地表现了一番，重新在高湛脑子里挂了号，不久便荣升太常少卿、散骑常侍、假仪同三司之职，掌管礼仪、诏诰，再次进入权力中枢。

写诏诰这活儿祖珽早在高洋时代便干过，如今奋斗多年，又回到最初，祖珽百感交集，不禁慨叹命运多舛，世事无常，他再也不敢轻浮胡闹，因为这份工作、这个职位得来太不容易了，他要加倍珍惜。这种心理说来也很微妙，犹如一个人升迁太快，是不大会珍惜眼前职位的，总觉得未来可期，便想越过台阶直上层楼。等他在某一层原地打转儿时，也就开始接受现实，自降标准了，甚至再迈一小步都会心满意足——这也不幸成为某些人事主管的惯常手段，通过某种程度的压制，确保被提携者的敬畏。

祖珽这次很清醒，也找准了自己的位置，皇帝再怎么宠信自己，跟人家和士开还是没法比。这就像爱情一样，那种经年累月的缠绵，是无法在短时间内超越的。既然超越不了，就必须要靠近他，接受他，融入他的圈子，否则迟早还会马失前蹄。

目标既已明确，巴结和士开便成了祖珽未来一个时期压倒一切的首要任务，他像问候皇帝一样每天问候和士开，工作上的大事小情，都是先向和士开请示，而后再向皇帝高湛报告，得到什么稀罕宝贝了，也先紧着给和士开送去。诸如此类，无所不用其极。官场上没有永恒的敌人，只有永恒的利益，和士开见祖珽归来后变了个人，而自己又想开拓势力，也就乐得将他收于麾下，加以利用了。而且和士开很快发现，这个祖珽原来就是他觅之不得、不觅奚彰的那种人才。

有的人能在官场左右逢源，皆因他们不会独栖一枝，钟爱一峰，将鸡蛋放在一个篮子里，他们从不放过任何机会，总是在人事变化之前提前布局。这无疑会让那些未来的主宰者大为受用，享受提前到来的优越感，从而产生新的可能性。祖珽在这方面非常老练，他洞见深刻，眼光也极具前瞻性，只是先前太过随意，没有好好利用，现在终于到了尽情发挥的时刻。

某天汇报完工作，他表情严肃、小心翼翼地问和士开：如今陛下对您的宠信可谓无人能及，旷古未有，可您想过没有，万一哪天皇上驾崩了怎么办？一语惊醒梦中人，对啊，光顾人前人后风光了，还真没想那么长远，一朝天子一朝臣，前朝越得宠，结局可能越悲惨，这样的例子太多了。看我不顺眼的人那么多，谁知道他们憋着什么坏呢。

见祖珽话里有话，又是一副成竹在胸的表情，和士开赶忙躬身请教。祖珽受到尊重和鼓舞，也就更加底气十足，开始娓娓而谈，说以前文宣帝高洋的儿子高殷、孝昭帝高演的太子高百年，或者没当成皇帝，或者没当长久，原因是缺少时间上的过渡，以至于根基不牢。看着和士开洗耳恭听的样子，祖珽不失时机地抛出一个改天换地的计划：您应该劝劝皇上，让太子早继大统，以稳定君臣关系，这样他将来的皇位才能保住，江山才会稳固。这事儿要是办成了，那皇后和太子一定感恩戴德，您也就没有什么后顾之忧了。

和士开茅塞顿开，连连点头，又疑虑高湛不肯让位，问他具体怎么操作。祖珽接着说，你可以先将这个意思渗透给皇上，让他有个心理准备，等时机差不多了，我会专门上表建议，这事儿准成。

想成事，就不怕没理由，不久，天上有彗星出现，太史向高湛奏报：

慧，除旧布新之象，当有易主。

古代出现彗星，被视为不祥之兆，彗星又叫扫把星，因而有扫尘"除旧"、去垢"布新"之意，往大了说就是改朝换代。这个星象之语自古就有，并非齐太史的新说辞，但"除旧布新"已然暗示明了，进一步阐释"当有易主"则是头一回，如此直白，不排除祖珽或和士开买通太史的可能。祖珽趁机上书，说陛下虽贵为天子，但还不是人间极贵，应该传位给太子，自己做太上皇帝，这才是真正的至尊，还能顺天行事，何乐而不为呢！

只拿天象和至尊说事儿，难免太抽象，祖珽接着又举出前朝的实例——北魏献文帝拓跋弘年仅十八岁便禅让太子拓跋宏，退位为太上皇帝，以力证其可行性和实操性。这事儿高湛早听和士开念叨过好几次了，心中也有盘算，现在祖珽又如此这般，加之神秘彗星的缘故，也就一口答应下来。

河清四年（565）四月二十四日，北齐第四任皇帝高湛正式将皇位传给年仅十岁的太子高纬。高纬即日在晋阳宫登基，随后大赦天下，改年号为天统，并诏封太子妃斛律氏为皇后。

登基仪式比以往复杂一些，群臣先是轰然跪倒，参拜新君，起来后又再次齐刷刷地跪倒，恭请高湛进位太上皇帝。太上皇帝高湛又讲了一通除旧布新的现实意义，而后委派胡皇后的妹夫、黄门侍郎冯子琮以及尚书左丞胡长粲出入禁中，辅佐少主，完成了帝国权力的交接——当然，军国大事还是要请示太上皇帝的。四年后，太上皇高湛离世，可以让他瞑目的是，他的最大愿景终于实现了——经过四年的过渡，儿子高纬的皇位终于稳固了，这是他内心最渴望、最在乎的事。

高湛退位为太上皇帝时，虚岁只有二十九岁，按说正是年富力强的时候，但这是相较于常人，对于北齐诸帝来说，则属于高寿了，因为北齐的五任帝王都很短命。按虚岁算，高洋死时三十四岁，高殷十七岁，高演二十七岁，高湛三十三岁，高纬二十二岁。最大的三十四岁，最小的则减半，只有十七岁，平均寿命不足二十七岁。如果再算上北齐灭亡的最后一年，高纬禅位给八岁的儿子高恒——他也于同年被杀——则平均寿命更短。

高氏家族并无短寿基因，高洋的父亲高欢活到五十二岁，祖父高树生活到五十五岁，在兵荒马乱、医学并不发达的古代，都还算是不错的。后来出现断崖式下滑，一个很重要的原因是非正常死亡，高洋酗酒乃至精神崩溃，高殷、高纬被杀，高演被野兔惊魂，都不是寿终正寝。而高湛盛年暴毙，也与他玩乐无度不无关系。

其实不只是皇帝，高家自高欢之后的第二代、第三代，人均寿命都不长。北周宇文宪俘获广宁王高孝珩后，曾问及他齐国灭亡的原因，高孝珩唏嘘感慨，对整个家族做了一个全面总结：

自神武皇帝以外，吾诸父兄弟无一人得至四十者，命也。

"神武皇帝"就是高孝珩的爷爷高欢。高欢之后，高氏家族可谓集体短寿，没人活过四十岁，高孝珩认为这是命中注定的劫数。短寿的原因，当然离不开家族内部的自相残杀、自我毁灭，但究其根源，则与北齐帝国的传位方式不无关系。

北齐最初的传位方式，是父死子继，也就是高洋传位给儿子高殷。但这种方式显然不符合大多数人的愿景，包括高氏兄弟、鲜卑勋贵以及他们的代言人娄昭君，更倾向于另外一种具有鲜明游牧民族特征的传位方式——兄终弟及。高演也由此废杀侄子高殷。高演也想传位给儿子，又怕重蹈覆辙，不得已才传给了弟弟高湛。可见对于皇帝本人来说，父死子继才是想要遵循的正统，只是这种方式前路坎坷，屡被中断。

高湛当然也想传位给自己的儿子，但基于哥哥高演的教训，临终再传具有极大的不确定性，死后也无法左右，所以才以退位的方式过渡，先将儿子高纬扶上马，而后以太上皇的名义坐镇，稳固其地位，以期实现父死子继的终极目标。祖珽高就高在这里，他可能看出了这一层，恰如其分地充当了传位大计的助推者。他因建言有功大被宠遇，不久便晋封秘书监，加仪同三司。如此，北齐帝国也如游戏一般，进入了一个小人当权、娃娃为帝的小时代。

35

逆我者亡

　　和士开受宠，北齐宫廷由此出现了一个被后世称作"恩幸集团"的新势力。其实这些人此前也一直存在，只是不像现在这般高调、抢眼。他们大部分是来自西域的胡人或者西域胡化的汉人，特点是精通各种乐舞，比如演奏西域清乐、龟兹乐，吹笛子、弹琵琶，跳西凉鼙舞，此外还擅长杂耍百戏如杂技、魔术、滑稽表演等，不一而足，总之是以娱乐、取悦帝王为己任。

　　浓郁的异域风情，在给人以新奇的同时，也带来强烈的艺术感染力，高氏诸帝耳濡目染，又成为这些技艺的推动者，高澄、高湛乐此不疲，后主高纬更是孜孜不怠。君王的喜好，无疑会引领那个时代的社会风潮。北齐文学大家颜之推在《颜氏家训》中记载了这样一件事：有个士大夫很得意地向别人夸赞自己十七岁的儿子，说他会写奏章，还专门学习了鲜卑语和弹琵琶，凭借这些特长去服侍三公九卿，一定会被宠遇。

　　颜之推对此事当然持鄙夷态度，举例子也是为了作反面教材，但从中也不难看出当时胡风之劲。这些人陪伴君王，不离左右，用技艺讨巧的同时，也渐渐开始影响朝政，和士开就是其中的佼佼者。

在和士开培树势力的过程中，也不可避免地遇到了麻烦。因为有人会不买他的账，也有人会对他的行为不齿，对他所主导的这个过分娱乐化、浅薄的时代心存不满。或者有人也想在高湛面前争宠，而将他视作自己前行的障碍。原因不一，结果却大致相同，这些人也因诉求趋同而联合起来，开始向和士开宣战了。

打响第一枪的是侍中高元海，他是当年高湛经营邺城时的心腹，曾苦熬一夜为主子献出三条计策，高湛即位后对他也很重视。他自认为在高湛心中的地位不逊于和士开，况且他不是一个人在战斗，还有他的两个智囊兼铁杆亲随——度支尚书毕义云和黄门郎高乾和，都不是等闲之辈，他们不约而同地在高湛面前说和士开的坏话。为了收到更理想的效果，三人还聚在一起商量，准备找个合适的时机，集体在高湛面前参上一本。

或许是小人最熟悉小人那套把戏，这和士开竟出奇地敏锐，很快就嗅到了危险，于是先下手为强，去高湛那里反咬一口，说高元海等人结党营私，心怀不轨。和士开在高湛面前说话本来就有分量，说这种话分量就更足了，高湛很快便有了反应，渐渐疏远了毕义云和高乾和。当此时，高元海才真切地感受到，他真的是小看了和士开，这小子在高湛心中的位置已无人能替。

三人集团很快瓦解，毕义云见势不妙，赶紧见风使舵，转而倒向和士开一边，备了厚礼去贿赂他，请他在高湛面前美言几句。和士开目的既已达到，也不想树敌太多，也就大人不记小人过，原谅了毕义云，最后还替他捞了个兖州刺史的职位。当然这些都是做给别人看的，顺我者昌，逆我者亡，是顺是逆你们看着办，我的能量你们是了解的。

最倒霉的是高元海，本来和士开说他坏话，高湛还是以宽容为怀的，毕竟他在自己称帝的问题上出过力。可正当和士开苦觅良策，琢磨着怎么再次下手时，高元海却主动撞向了枪口。原来毕义云去兖州后，曾致信高元海，说了一大堆议论时政的话，中心意思是想劝高元海收手，别跟和士开斗了，斗不过。结果高元海进宫时不小心把信给丢了，让给事中李孝贞捡到，奏报给了高湛。高湛气不打一处来，你还说你不结党，证据都被我抓到了。和士开见机会来了，忙上前点眼药水，添油加醋说了高元海一大堆坏话。

高湛听完更加雷霆震怒，把高元海召来，劈头盖脸就是一顿马鞭，边打还边数落：你拉帮结派打击忠良，这是不仁；当年你教唆我反叛兄长，这是不义；你让我用邺都的弱兵去抵抗晋阳的强军，这是愚蠢。你个不仁不义又愚蠢的家伙，我要你何用！让你出个主意还得想一宿，就知道你小子没安好心。

一通火发完，高湛还不解气，又贬黜高元海出京，出任兖州刺史，而兖州刺史毕云义则在和士开的庇护下再次回朝任事，给事中李孝贞也因举报有功晋升中书舍人。当然，高元海在兖州任上也没待多长时间，就又找机会调了回来，因为他在朝中还有另外一个强大后台，此人在北齐帝国的最后十年呼风唤雨，只手遮天，只是那个时候还没完全显现出来，这是后话。

当年那个忽悠高洋的金紫光禄大夫徐之才，到高湛朝已做到尚书左仆射的实职高位，因为他除了忽悠还有一项本领——精通医术。有一次高湛生病，徐之才很自信地开了几服药，高湛吃完果然很快好了。而且徐之才还能把医术和忽悠两相结合，让双边效果最大化。比如高湛嘴里长出一颗龇牙——也就是智齿，觉得新鲜，询问尚药典御邓宣文，后者如实相告，说这个没什么用，最好拔掉，结果吃了高湛好一顿鞭子。又问徐之才，老徐比自己长牙还兴奋，满面春风地连声道贺，说这是智者之牙，只有聪明长寿的人才会长。高湛龙颜大悦，差点没笑出另一颗智齿。

和士开觉得这个徐之才不可小觑，迟早会成为争宠的对手，便像当年对付祖珽一样，想尽办法鼓动太上皇帝高湛，终于将他外放，去兖州做了刺史——说起来这兖州地界可真是多事之秋，一把手变动过于频繁。如此，胡太后的哥哥、尚书右仆射胡长仁递升尚书左仆射，中书监和士开也顺理成章地晋升为尚书右仆射。

七个月后，高湛病危，急召徐之才回朝诊治。因路途遥远，徐之才紧赶慢赶，也只在高湛死后第二天才赶到，匆匆瞻仰了一下先帝遗容，便又被和士开轰回兖州去了。

高氏皇族中也不乏血性之人，比如河南康献王高孝瑜（高澄长子）就看不上和士开的小人嘴脸，更看不得和士开与胡皇后胡天胡帝。在这件事上，高湛可以像聋子一样充耳不闻，他却不能眼睁睁地不管，因为这关乎整个高氏家族的荣誉和尊严。他瞅机会找到皇叔，斥责这种有伤风化的握槊游戏——他也只能说这个，其他的事不好抓到把柄，凡事都要讲证据，否则后果很严重。高孝瑜的话很直白，说皇后贵为天下之母，怎么可以跟臣子一起握槊呢？握来握去的像什么话。

高湛诧异地望了一眼高孝瑜，不但不以为然，反而教训了他一通，大意是说，握槊属于体育项目，娱乐活动，是陶冶情操的，偶尔的肌肤触碰实属正常，没什么好大惊小怪的，你心中无私，眼里自然无欲。不过高湛不在乎，儿子却很在乎，几年之后，已经独挑大梁的北齐皇帝高纬，偶然间发现了母亲的秘密，盛怒之下将她幽禁起来。

高孝瑜性子一向直爽，不光敢参奏高湛的皇后和宠臣，对宗族长辈眼里也不揉沙子。比如高湛很看重赵郡王高睿，高孝瑜便加以规劝，说当年高睿的父亲高琛死于非命，不宜太过亲近。这又要说到一段风流往事，高琛是高欢同父异母的弟弟，也是高欢时代的功臣和权臣，为高欢南征北战立下过汗马功劳，高欢领兵在外时相府的大事小情全都交与高琛打理，兄弟二人可谓亲密无间，配合默契。可惜后来高琛过度理解了这种亲密，忍不住和高欢的一个妃子（小尔朱氏）有染，被高欢杖责而死。

这事儿应该是高睿乃至高睿全家讳莫如深的敏感话题，难免反应过激。高睿风闻此事，恨得咬牙切齿，等和士开反击，参奏高孝瑜生活腐化、奢靡无度时，便不失时机地点了两滴眼药水，说在高孝瑜的地盘，人们只知有河南王，不知有陛下。一句话将可轻可重的生活作风问题上升到不可原谅的政治高度，着实让高湛吃了一嘴苍蝇。

河南王高孝瑜与高湛同岁，二人自小一起玩耍，关系甚好，当年高演、高湛诛灭杨愔集团时，高孝瑜也参与了高湛的伏击计划，所以高湛即位后对他礼遇有加，高看一眼。和士开和高睿的诽谤虽说让高湛有了想法，但也仅限于疏远，不会有进一步的动作。可这高孝瑜偏偏不争气，偷偷和高湛后宫一个叫尔朱摩女的御女私通，在他眼皮子底下点燃了导火索。

尔朱摩女本是娄昭君的婢女，后来成了高湛的御女——御女属于后宫妃嫔的一种，有八十一人之多，地位低下，大致相当于侍女。高孝瑜与她眉来眼去，最后不可避免地发生了关系。这种关系虽说一直处于地下状态，但除了当局者迷并自以为神不知鬼不觉外，其实旁人早已尽收眼底。高湛可能也知道，只是并不在意。

事发于一个普天同庆的大喜日，亦即太子高纬与斛律光之女结婚的当天。那一天众人忙碌而兴奋，唯有高孝瑜和尔朱摩女心不在焉，忍不住躲到静处相思缱绻，互诉衷肠，结果被人发现，报告给了高湛。这下高湛就容不了这个大侄子了，你口口声声说别人有伤风化，自己干的这叫什么事啊！我说什么来着，心中无私眼里才会无欲，你戴着有色眼镜看人，当然看不见好人了，你以为谁都跟你一样啊！

高湛把高孝瑜召来，罚他喝喜酒，连干三十七杯，最后烂醉如泥。高孝瑜身体本来就肥胖，这下喝多了更走不动道了。高湛于是交代近侍娄子彦，让他用车子送高孝瑜回家。路上高孝瑜口渴，娄子彦按照高湛之前的吩咐，以毒酒灌之。车到西华门，高孝瑜毒性发作，浑身燥热，跌跌撞撞下车找水，结果失足掉到井里淹死了。

对于得势的小人，总会有人挺身而出，与之针锋相对，这种人直率、干脆，结局往往不太乐观，或死得很惨，或在险中获胜。高孝瑜便是这样，只可惜他的结局属于前者。而事实上，多数人面对淫威会选择沉默，因为他们缺少与之抗衡的力量，心里有恨也不敢说，但他们心存正义，会在暗中祈祷，期盼苍天主持公道。高孝瑜的三弟、河间王高孝琬即是如此。

高孝琬是高澄的第三子，也是嫡长子，与庶出的哥哥极为要好。高孝瑜的死讯传来，他痛哭流涕，哀伤欲绝，恨自己无能，恨那些小人猖狂，恨不得将他们一网打尽。他照着和士开、祖珽等人的样子扎了许多草人，当箭靶子，每天弯弓搭箭狠狠地射，以解心头之恨。和士开和祖珽知道这事后，心里自然不舒服，便将此事上升了一个维度，通过移花接木，转嫁了暗喻的对象，然后郑重其事地向高湛汇报，说高孝琬在自家花园扎了一个草人，模样很像陛下，每天乱箭齐发。

为了进一步证明高孝琬居心叵测，二人又进一步举证，说上回突厥入侵并州，高孝琬曾摘下头盔摔在地上，说他又不是老太太，戴那破玩意儿干什么！这显然也是针对陛下的，说您怕死，像个老太太。还有，二人继续说，在高孝琬的封地，广泛流传着一句民谣：

河南种谷河北生，白杨树上金鸡鸣。

河南、河北之间自然就是河间——河间王的河间，"金鸡鸣"三字，则是说高孝琬欲行"金鸡之赦"，意欲图谋不轨。"金鸡之赦"是大赦天下时施行的礼仪，只有皇帝才有资格使用，这下算是点中了高湛的软肋。二人你一言我一语，直说得高湛脸上阴云密布。

也活该高孝琬倒霉。不久他得到一颗佛牙，如获至宝，将其供奉在宅第内。佛牙夜晚发光，有人便汇报给了高湛，说在高孝琬家中发现不明发光体，很是奇特。高湛派人去搜，顺便在仓库里翻出几百杆长矛和一些旗子，被认作图谋造反的工具，也向高湛进行了反馈。高湛很震惊，下令将高孝琬全家逮捕，连夜审讯。

审讯中，一个姓陈的小妾因平时尖酸刻薄，不受宠幸，便趁机诬告高孝琬，说他经常画皇上的头像并对着它哭。高湛勃然大怒，你这是诅咒朕啊，也不拿画比对——其实那是高孝琬父亲高澄的画像，都是一个娘生的，难免有几分相似。即命武卫将军赫连辅玄倒持鞭杖——也就是用粗的那一头——狠揍高孝琬。

高孝琬疼得大叫，连呼叔父饶命。高湛怒目而斥，说你怎么胆敢叫朕叔父！意思是你为什么不称陛下或太上皇，说的是礼仪问题，高孝琬实诚——也许是被打糊涂了，以为这是个常识问题，竟一五一十地排起了辈分，说臣是神武皇帝（高欢）的嫡孙，文襄皇帝（高澄）的嫡子，魏孝静皇帝（元善见）的亲外甥，怎么就不能叫叔父呢？

高湛见他顶嘴，更加恼怒，咬着牙拎了根棍子，从牙缝儿里挤出一句冰冷含混的话：叔父！叔父！朕现在就叫你舒服舒服！上去一顿猛打，把高孝琬打得登时折了两条腿，最后竟活活疼死了。

正义有时是会传染的，尤其在亲人之间，一如陋习也会广泛传播一样。"草人事件"还远未结束，高孝琬死后，安德王高延宗（高澄第五子）更是伤心之至，眼中出血，之后他如法炮制，也扎了一个草人，而且还就扎成太上皇帝高湛的模样，然后用鞭子狠狠抽打，边抽还边质问：你为什么要杀我哥哥？叫你杀我哥哥！如此明目张胆，被家奴举报也就毫无悬念了。高湛把高延宗叫来，让他趴在地上，用马鞭狠抽了二百来下，几乎将他打死。

和士开为所欲为，人挡杀人，佛挡杀佛，他紧紧盯着那些可能对他造成威胁的对手，时刻做着出击的准备，却万万没有料到后院起火。他的得力助手——再次回朝变成了乖乖兔的祖珽，向他的权威发起了最为严峻的挑战。

·第八章·

太姬的威风

36

合久必分

"君子之交淡如水"说的是一种没有利益的交往，然而利益无处不在，人们多数情况还是被它左右并联结在一起的。利益的联结既稳固又脆弱，当利益链条环环相扣时，人们往往抱成一团，攻守同在。而利益链条一旦被打破，或受到另外一种利益的驱动，则会自然散掉，祖珽与和士开就是这样。

不知从何时起，祖珽开始不满足于现状。也许是在和士开指手画脚中感觉尊严丧失，或者看和士开颐指气使不太顺眼的时候，也许是觉得自己待遇还不够丰厚，说话还不那么有力，或者夹在同僚之中左右为难，不怎么顺心的时候，总之每种状况都与祖珽张扬不羁、独断专行的本性相悖。这不是他想要的，也不是他回归的初衷，他有了新的人生目标——履职北齐帝国的宰相。

这并非痴心妄想，他现在有这个条件，太上皇高湛对他宠信如初，让他重新在北齐政坛立稳了脚跟。他提出的让太子尽早上位的战略构想，又让他获取了新君和太后的双双赏识。他现在官居要职，地位显赫，几年来的苦心经营又积攒了不少人气和人脉，羽翼既丰，翅膀已硬，凭什么不向着更高更远的目标飞翔呢？

　　要想成为帝国政府的一把手，就要扫清前进的障碍。当前最大的绊脚石就是和士开、赵彦深、元文遥几个人，赵、元二人一个管人事，一个管财政，都在要害部门，必须拿下。和士开就更不用说了，既插手财政又插手人事，几乎无孔不入。况且，自己是靠着和士开上位的，再怎么风光都不可能风光过他，再怎么风光在他面前也得感恩戴德、唯唯诺诺，这个着实令人不爽。经过一番纠结和权衡，祖珽终于下定决心，向他昔日的"恩公"和士开出手了。

　　人的思维有时容易被催眠，会因自身感觉的良好，被莫名其妙地引入一个无法转弯的死胡同，或者原路退回，或者撞到头破血出。祖珽被表象遮蔽了双眼，被欲望迷失了方向，也和当年的高元海一样，过度低估了对方的实力。也许他觉得以现在的实力对付和士开根本用不着费心劳神，也许宦海沉浮让他终于明白，任何所谓的策略都是在走弯路，他这次出手的方法非常简单，就是向太上皇高湛奏本，直接弹劾。犹如两个人比武，舞出多少剑花，都不如迅疾如风地直接一刺，干脆、有力、实用。

　　不过祖珽没有亲自出面，那样做目的性太强，也没有说服力，他还不至于那么鲁莽。他找来这几年一直密切交往且无话不说的朋友——黄门侍郎刘逖，拟好了弹劾和士开、赵彦深、元文遥等人罪状的奏本，让他找机会递上去。

　　祖珽利令智昏，刘逖却并不是个老糊涂。高官对决都是生死较量，搞好了前程似锦，搞不好则会马失前蹄，也许还要掉脑袋，所以他犹犹豫豫，想吃又怕烫，这事儿就耽误了两天，最后被和士开等人侦知。

具体和士开等人是怎么知道的，这个无从查证，世间没有不透风的墙，也没有能够守得住的秘密，只要某个消息能从一个人的嘴巴里，传到另一个人的耳朵里，就不能排除还会传给第三人的可能。也许刘逖在犹豫的过程中，为了化解郁闷跟别人提起过，或者祖珽在向他交派任务时，没注意隔墙有耳，抑或和士开等人预感不祥，一直在时刻关注祖珽的举动，又或者干脆就是刘逖告的密，总之三人听说后均被吓了一跳，忙不迭地凑到一起会商，然后一溜儿小跑地去高湛那里喊冤，说祖珽诋毁他们。

高湛听完也骇了一跳，平时看你们挺和谐的啊，敢情都是装出来的？你们太让朕失望了。不过失望归失望，兹事体大，却不能不引起高度重视。高湛即刻让人把祖珽叫来，准备亲自讯问。

这下事情公开，脸皮撕破，祖珽与三人对簿公堂，再也不用藏着掖着了，于是眼睛一闭，牙关一咬，竹筒倒豆子似的，噼里啪啦罗列了和士开、元文遥、赵彦深三人一大堆不是，包括但不限于：结党营私、玩弄权术、卖官鬻爵、司法受贿，等等。

祖珽的本意是想让高湛看清三人的真面目，未想高湛思路清奇，听完后眼珠子瞪得溜圆，说这三人都是朕最信任的人，也是朕最重用的人，问题这么大，是说朕用人不当喽？祖珽脑袋嗡地一下，知道问题的性质变了，慌忙转移话题，开始说另一件事。可情急之下逻辑混乱，比高湛还诡异，说陛下没有用人不当，但是陛下确曾强征民女入宫。

高湛差点没把眼珠子瞪出来：怎么这里头还有朕的事儿啊？那是她们家乡受了灾，朕好心收留她们，给她们口饭吃，是为了她们好，怎么是强征呢！祖珽见话彻底说拧巴了，索性把心一横，死磕到底，说受灾是没错，可陛下为何不开仓赈济呢？那样她们自然会有饭吃。这下高湛彻底没了耐性，火往上蹿，随手抄起一把刀，刀把子向前，一下便杵进祖珽嘴里。祖珽牛脾气也上来了，满嘴流血却并不闭嘴，唔哩哇啦地更加情绪激昂。

祖珽的反抗让高湛发狂。接下来他拿起鞭子，抡起棍子——总之捞着什么使什么，照着祖珽劈头盖脸一通乱打，越打越疯，越疯越打，最后简直是往死里招呼。祖珽疼得满地打滚，嘴也不犟了，连呼陛下饶命，情急中祭出自己的学术价值，说臣还要给陛下炼长生不老的金丹呢，高湛这才罢手。

不挨揍了，祖珽却不知道见好就收，龇牙咧嘴地爬起来，又顺嘴嘟囔了一句，仿照的是《史记·高祖本纪》中记载的刘邦的话：陛下有一个像范增那样的人才，却不知道好好利用！意思是像他这种大智慧之人，应该特别受到重用才对。可这高湛似乎天生具有逆向思维，每次都能精准地避开正确答案，让祖珽憋气带上火，这次又把事儿揽自己身上去了，一脸不屑地问：你把自己比作范增，是在暗示朕是败走乌江的项羽吗？

说到历史，祖珽来了精神，一边调整因疼痛而扭曲的表情，一边如数家珍，说项羽本是一介布衣，率领一帮乌合之众，拼死拼活打了五年才成就霸业。陛下则是藉父、兄基业才有的今天，臣认为项羽不可轻视。换句话说就是：别老往自己脸上贴金了，你还不如人家项羽呢！

高湛彻底疯狂，叫人用泥巴堵祖珽的嘴。祖珽边吐边说，边说边吐，气得高湛又给了他二百鞭子。最后高湛打累了，见祖珽不说话也不动弹，彻底给干趴下了，这才让人发配他去甲坊做了苦役。

弱者喜欢看强者倒霉，并在他们走背字儿的时候落井下石，藉此获取正义的快感，达到心理平衡，并满满地刷上一波儿存在感。祖珽便见证了这一过程，他后来的遭遇更为凄惨。做了一阵子苦役后，高湛又打发他去了光州（治所在今山东省莱州市），并敕令地方官好好看管。光州别驾张奉福曲解圣意，不但将祖珽收监，还给他戴上枷锁，晚上点芜菁子当烛火，愣是把他的眼睛给熏瞎了。

不过祖珽虽盲，却并未像失去航标的航船，就此触礁、沉没，不久后他又有了第三次回归，因为他攀附上了一个女人——一个权力非同寻常的女人，这个女人彼时正在蓄积力量，准备在北齐宫廷翻江倒海。而在祖珽巴结上这个新主子之前，那个让他生不如死的对头和士开，也迎来了他政治生涯的至暗时刻。

37

绝地反杀

对于和士开来说，天统四年（568）的十二月初十是一个阴霾弥漫的日子。就在这一天，他心目中的男神，和他一起玩、一起乐，一起指点江山一十八载的亲密战友高湛，永久地离开了人世。

高湛其实也不想离开，尤其不想离开和士开，就像和士开也不想让他离开一样，他们已经习惯了彼此拥有的日子。高湛卧病之时，和士开心急如焚，亲自在床边伺候汤药，一如当年高演对待母亲的那份真情。高湛自感命不久矣，拉着和士开的手说话，饱含深情地望着他，夸他有伊尹、霍光之才，并郑重其辞地托付后事，让他好好照顾、辅佐幼帝高纬。最后摩挲着和士开温暖的大手，意味深长地说了一句，不要辜负我，这才依依不舍地驾鹤西游。

高湛死后三天，和士开依旧封锁消息，秘不发丧，因为他不知道该怎么办。失去最雄伟的靠山，他像霜打的茄子，一下子没了生气。这三天所带来的烦恼、焦虑和困惑，甚至湮没了之前所有的风光和快乐，他心事重重，面色暗淡，挂着多年前失去父母时的痛苦表情——甚至比那个时候还要痛苦百倍。

这三天，北齐帝国也像进入了一个权力真空期，一切都停止了运转，就连少数知情者也不明就里。黄门侍郎冯子琮忍不住询问：为何迟迟不发丧？和士开一面为有人打破僵局而长出一口气，一面毫无底气地自我掩饰，说当年神武帝高欢、文襄帝高澄都是秘不发丧，现在皇帝年幼，恐怕有人图谋不轨，我打算把那些王公贵戚召集起来，一起协商一下。

冯子琮问这事儿，其实也有自己的一番考量。尽管他对和士开表面奉承，内心却并不感冒，作为胡太后的妹夫，他当然希望胡太后垂帘，不想让和士开专权，而和士开又一向忌惮掌管军事的太尉、赵郡王高睿和掌管禁军的领军将军、临淮郡王娄定远（娄昭君弟弟娄昭之子）这两个皇亲国戚，如他趁机做些手脚，比如假传遗诏夺取二位的兵权，那就生米煮成熟饭，一切不可挽回了。

见和士开如此说，冯子琮赶忙加以阻拦，说太上皇早就把皇位传给幼主了，群臣富贵，那都是太上皇和皇帝的恩赐，只要保住他们现有的地位，相信他们绝不会有二心的，这和神武、文襄二帝时的情形不一样。而且您已经好几天没出宫门了，太上皇驾崩的消息早在外面传开了，久拖不决只怕反生变故啊。和士开现在患得患失，智商趋近于零，被冯子琮一吓，赶忙宣布了高湛的死讯。

有想法的不止冯子琮一个，他的如意算盘被侍中元文遥看得明明白白。为防止他帮着胡太后干政，元文遥和高睿、和士开一起合谋，把他贬去郑州做了刺史。不过元文遥和高睿真正要对付的，却是和士开。

小人的做派，其实是任何旁人都看不惯的——除了那个乐在其中的上司。这些看不惯的人中，既包括正义之士，也包括其他宵小，这两类人尽管在做事上不兼容，却有着情绪上的共通，就是都看不了小人得志，因为他夺走了本该属于自己的荣耀或者宠幸。

在这种复杂心境的驱使下，北齐朝野上下，正义的和不正义的，怀揣着各种目的和用心的人，便紧密团结在了一起，形成一种力，先是暗潮涌动，而后波涛汹涌起来。他们的目标只有一个：再也不想在朝堂上看见和士开这个小人。

首先发难的是高氏宗亲，挑头儿的是三个重量级人物：赵郡王高睿、冯翊王高润和安德王高延宗。三人碰头之后，又联合了领军将军娄定远、侍中元文遥、开府仪同三司安吐根等人一起开会，商议如何处置和士开。

会议出现了争执。一些人主张即刻抓捕，并下狱问罪。另一些人则考虑到和士开在胡太后和高纬心中的崇高地位以及他现有的巨大权势，感觉一下子扳倒的可能性不大，况且一击不中必遭反噬，不如徐徐图之，分步骤进行。最后大家达成一致：先把和士开调出朝廷，最大限度地削弱他的权力。调子定下来，众人一哄而起，集体奔赴皇宫，去找胡太后和小皇帝高纬交涉。

彼时正赶上胡太后宴请宾朋，推杯换盏，渐入佳境。当着众人的面，高睿等人直言不讳，强烈要求将和士开外放。理由很充分，从大的方面讲，和士开是先帝的弄臣，国家的蛀虫，是城狐社鼠之流，于国无益。从小的方面讲，和士开贪污贿赂，秽乱宫掖，影响极坏，不适合在朝中任职。

说别的也就算了，"秽乱宫掖"几个字抑扬顿挫，尤为刺耳，胡太后听得脸上一红一白，尴尬万分，也勾起了她对无数个缠绵夜晚的温情回忆。

之所以说这个，这帮人也是放手一搏，期盼胡太后在羞愧之余，放弃力保和士开的可能。但他们显然低估了男女之情，这种如漆的胶着、鱼水的缠绵，实在比那惺惺相惜、互惠互利的友谊来得坚固。况且胡太后就此松口，无异于在大庭广众之下承认了私通的事实——事实倒是事实，却不能承认，说出来也不行。

这帮人弄巧成拙，反倒坚定了胡太后对爱情的忠贞。她收拾了一下羞怯的表情，随即厉声反问众人，你们说和士开是先帝的弄臣，那先帝在世的时候你们为什么不说？为何偏偏在这个时候说？这不是欺负我们孤儿寡母吗！几位王既然都来了，那就一起喝杯酒吧，其他事到此为止。

高睿等人虽有被拒的心理准备，却没想到势头来得这般凶猛，听完胡太后居高临下一顿抢白，便生了鱼死网破的决心。其中开府仪同三司安吐根态度最为强硬，他祖上本是安息胡人，北魏时定居中国，安吐根是高欢时代的功臣，在高欢与蠕蠕联姻问题上立有大功，一向受高家亲待。他一板一眼地说，自己既受皇恩，就不恋生死，若不把和士开调走，朝廷上下就会人心不稳，望太后三思。

胡太后见没镇住众人，反而逗起了安吐根的执拗，怕一时激起众怒，赶忙往回敷衍，说此事容咱们改天再议，今天这场合也不合适，你们就先回去吧。

对于这种缓兵之计的答复，高睿等人虽不满意，却也无可奈何，知道再说下去也不会有结果，想想毕竟赢得了"再议"的胜利，也就有些释然了。众人起身之际，有的将官帽扔在地上以示愤怒，有的拂衣而起以示不满，给足自己面子之后纷纷退下。

此事胡太后并未当真，以为这帮人也就出于一时之愤，发泄发泄就完了。孰料第二天高睿等人如约而至，聚在云龙门吵嚷不休，还派代表元文遥进来启奏，继续讨要说法。胡太后气得浑身发抖，再也没有昨日的修养，劈头盖脸一顿训斥，把元文遥给骂了出去。可这元文遥是带着任务来的，回去后又被推了回来，照本宣科还是那番话，如此往返三次，搞得胡太后脑袋都大了。看来这帮人是不达目的不罢休了，又人多势众全是实权派，不好来硬的，左右没了主意。

当时左丞相段韶正好在场，见这样僵下去也不是个事儿，便自作主张，让尚书左丞胡长粲去给高睿等人传话，打圆场，说太后说了，先皇的灵柩还没下葬，现在说这等琐事不合时宜，希望诸位王公静下心来考虑考虑。众人以为胡太后态度转缓，又如此说，再坚持下去会陷于道义上的被动，看看时间不早了，也就拍屁股回家了。

众人散去，胡太后立刻把和士开召来，询问对策。已经嗅到危险的和士开智商早已恢复如常，他先替自己狡辩了一番，说先帝在时对我最好，招来忌恨也实属正常，不过现在先帝还未下葬，太后还在居丧，他们就开始制造事端，窥伺朝政，足见不是针对微臣，而是别有用心。

和士开心中早有盘算，所以说话慢条斯理，并不着急。胡太后却早已不耐烦，催他快讲办法，别整没用的。和士开这才说出一条以退为进、欲擒故纵的妙计：太后可对高睿等人说，元文遥与和士开同时受到先帝宠信，怎么能去一个留一个呢？应该把他们都调走，不过要等太上皇的陵寝完工后才能赴任，高睿等人以为臣真的要走，心里一定高兴，便不会纠缠了。

胡太后依计行事，即刻下懿旨，外调和士开为兖州刺史，元文遥为西兖州刺史，算是给了高睿等人一个交代。

和士开原以为把对方阵营的元文遥拉进来，又有时间上的缓冲，高睿等人便不会再坚持了。未想高湛甫一下葬，这帮人便又聚在一起，催促和士开赴任。胡太后有意拖延，说等先皇过完百日祭再说吧，众人也不答应。为缓和气氛，胡太后叫人给高睿倒酒，高睿疾言厉色，说我是来谈国家大事的，不是来喝酒的！说完转身离去，第二天照来不误。

兵家讲"穷寇莫追"，是怕逼得对方玩命，导致战况逆转。和士开现在就像打败的士兵，被逼进了死胡同，不是你死就是我亡，终于露出了杀机。下手之前，他做了最后的努力，亲自挑选了两名绝色美女，连同一捧价值不菲的华丽珠帘，煞有介事地去给领军将军、临淮郡王娄定远送礼。之所以选娄定远为突破口，和士开也是有考量的：一则因为他是外戚，不至于像高氏宗亲那般坚决；二则他也同样受到先帝高湛的宠信，也许会念点旧情。

和士开一反趾高气扬的常态，在娄定远面前挤出一脸的谦卑，先往高处架他，说那些亲贵们想杀我，承蒙大王开恩才保住了性命，还任用我为刺史，今天特来辞行，聊表一下心意。对于这种凭空生出的功劳，娄定远既不承认也不否认，但心里很受用。又见到如此两份大礼，脸上的笑容便也催生开来。不过他对和士开到底心存警惕，试探性地问他，以后有什么打算？还想回来吗？

这话问得愚蠢至极，想是被大礼击昏了头，和士开就是想也不会说啊。他开始一本正经地胡诌乱道，说我在朝中待得太久了，内心其实也很不安，如今外调算是遂了心愿，就不打算回来了。

之后还提了个小小要求：还请大王今后多多关照，若能让我做一个大州的刺史，就更加如意了。和士开一脸诚恳，又采取移花接木之法，以暴露本性的贪婪增加说话的可信度，娄定远再不怀疑，心里一热便应承下来。实惠既然留给了自己，那面子就要留给他人，老和告辞时，娄将军甚至起身相送，一直出了府门。

此次送礼，和士开抱有两个目的：一来为探虚实，看能否瓦解对方。这个证明是不可能了，美女、珠宝都办不到的事儿，基本就没有缓和余地；二来麻痹对方，让他们相信他真的要走，放松了警惕，他也就找到了出手的机会。去见胡太后前，和士开没有隐瞒娄定远，说我也去给太后和皇上辞个行。这实则是和士开此行的第三目的，本来在这敏感时期，高睿、娄定远等人对他严加防范，是绝不允许他和太后、皇上接触的，而坦然相告，则将这个极其敏感的见面变得顺理成章。果然，娄定远想都没想便答应了他的请求。

见到胡太后和高纬，和士开将气氛渲染得很有张力，先是唉声叹气，说先帝去世时臣后悔没跟着去——这当然是在侧面夸赞自己劳苦功高，同时亮明一种态度，用后悔得要死的夸张表述忠心，而不是真的想一起去，否则现在去追也不晚啊。等场面做足，和士开话锋一转，将内部争斗上升到敌我矛盾，把寄存在自己这里、随时可能爆炸的火药桶，扔给了小皇帝高纬，说据臣观察，那帮人的真正意图，是想把陛下变成当年的济南王。

济南王就是北齐的第二任皇帝高殷，高演篡位后将其贬为济南王，这个类比就很明显了。和士开说这话时表情严肃，语调低沉，语气却极为肯定，仿佛天要塌的样子，让屋里的气氛一下子紧张起来。见胡太后和高纬动容，和士开随即嚎啕大哭，如丧考妣，继续引导这对孤儿寡母的情绪：你们看着吧，我离开之后朝廷一定会有大变故，我还有什么脸去见九泉之下的先帝啊！搞得母子二人害怕至极，也跟着哭了起来，边哭边问，就没什么办法了吗？

和士开等的就是这句话，他赶忙顿住哭声，然后清了清略显浑浊的嗓子，朗声回答：办法还是有的，这事儿其实也没那么复杂，陛下只需下一道诏书就能办妥。主意拿定，三人忙不迭地传内监伺候笔墨，拟定好一道诏书，将娄定远外调为青州刺史，同时严斥赵郡王高睿的"不臣之罪"。

翌日天气晴好，高睿精神饱满，穿戴整齐，准备再次进宫规劝太后。经过这几天的努力，他感觉事情差不多了，昨天娄定远也传来消息，说和士开去意已决，应该没什么大问题了。看着窗外树枝上欢快叽喳的喜鹊以及远处湛蓝的天空，不禁为之神清气爽。反倒是妻儿们有些担心，劝他今天还是别去了，说心里总感觉怪怪的。高睿不以为意，说国事重要，耽误不得，我宁可死了追随先帝，也不想让国家就这么完了。随即昂首出门。

到了宫门口，有平时熟络的内监上前，好心劝他不要进去，暗示他进去之后恐生变故。高睿大摇其头，说我不负苍天，死而无憾，既然来了就一定要有个结果。进殿后，高睿继续催促和士开赴任，胡太后依然含混其词，左支右绌，最后干脆起身入内，把他晾在那里。

高睿悻悻离宫，刚到永巷即被伏兵拿住，随即五花大绑，押送到华林园的雀离佛院。在那里，职业杀手、大力士刘桃枝早已等待多时，他舒展了一下筋骨，上去就是一通拳打脚踢，将高睿活活打死了。

高睿死后，朝野上下无不痛惜，但谁也不敢多说话了。和士开又重新被任命为侍中、尚书左仆射，娄定远见乾坤逆转，急忙投怀送抱，把之前和士开送来的东西又还了回去，为了显得真诚，还搭上了不少自己的宝贝。

　　和士开绝地反杀，铲除异己，重新执掌了北齐朝政。此后，他在小皇帝高纬年龄尚幼，胡太后对他青睐垂怜的难得机遇期，信马由缰，游刃有余，无比惬意地度过了一段高光岁月，直至后宫一名叫陆令萱的女婢逆势崛起。

38

一步登天

武平七年（576）十二月，也就是北齐后主高纬被周军俘虏的前一个月，北齐历史上著名的女相陆令萱自杀身亡，带着无尽的遗憾，带着未享受完的荣华，极痛苦而又极不情愿地去了另一个世界。她的那些亲人、侍婢，除了儿子穆提婆投降北周外，其余全被杀。陆氏的辉煌，与北齐帝国一起，湮没在落日的余晖中。

陆令萱的一生可谓大起大落，她绝不会想到，当她正值青春年华、无忧无虑的时候，家庭会突遭变故，自己沦落为奴。她也不会想到，当她厌倦世事、生无可恋之时，又会突然飞黄腾达，到达一个想也不敢想的高度，享受着国家的顶级待遇以及无数官僚的顶礼膜拜。当然她更不会想到，一千四百三十七年之后，她会以一个全新的名字——《陆贞传奇》里的陆贞，以一个聪明美丽、活泼可爱的少女形象，以职场奋斗、青春励志的经典情境，出现在一部古装、言情的宫斗剧中，受到万千男女的热捧，并晋级为新的偶像。

清新脱俗的气质、玛丽苏的叙事，如移宫换羽一般，蒙蔽了求真的眼，让一大批吃瓜群众沉浸其中，不忍——也不愿、更不想——质疑她过往的历史、传奇的经历和无止境的欲望以及为了实现欲望而施展的残酷无情的手段。

陆令萱是鲜卑人，本姓步陆孤（也写作步六孤），祖上在北魏孝文帝汉化改革时改为陆姓。不过陆令萱没有血统上的幸运，她是通过自己的不懈努力，才最终获取帝国最大荣耀的，这点和电视剧一致。只是历史上的陆令萱出身要苦得多，地位要差得多，起点也低得多，其成功的途径，也远没有电视剧那么励志。

所谓励志，一定有理想化、典型化甚至情绪化的东西在里面，并不一定真实。而陆令萱在历史上的成功之路，则极具现实性，她是藉着一个母性的本能，通过抚育皇太子而平步青云的。虽说抚养孩子也有技巧，也有主人喜欢不喜欢的差别，但其含金量显然跟定国安邦的伟业、上阵杀敌的真本领没法比，然而事实有时就是这样不讲理，这种朝夕相处的陪伴，耳濡目染的交流，却远胜那些栋梁之才的杰出表现。

陆令萱的老公叫骆超，也是鲜卑人，他本姓他骆拔，后改为骆姓，也颇具传奇色彩。北魏末年关陇暴动，义军首领莫折念生自号秦王，骆超也成了他麾下的一员战将，后来莫折念生被部将杜粲杀死，骆超又杀了杜粲，一跃而成义军新的首领。之后骆超率众投降北魏，被敕封为秦州刺史。

再后来，骆超受到原义军成员的刺杀，转而投奔当时风头正劲的尔朱荣，在尔朱荣的堂侄尔朱天光军中效力，并参与镇压六镇之乱。尔朱氏被高欢击垮后，骆超去关中追随了宇文泰，一度做到大都督的职位——当年孝武帝元修西奔长安时，他曾奉命去迎接。高欢伐西魏时，骆超又投降了东魏，开始在高欢手下效命。

孝静帝武定五年（547）高欢病逝后，骆超曾预谋反叛，结果事泄被诛。

骆超死后，他的老婆陆令萱被没入东魏宫中为俾，儿子骆提婆为奴。高洋代魏建齐后，陆令萱又被分配到长广王高湛的府中，依旧做些端茶倒水、洒扫收拾的粗活笨活，直到六年后（556），北齐最后一任帝王高纬出生，这种状况才得到了根本转变。

皇权的弊端在于，一个人的精力毕竟有限，所以多数事情都要让底下人去完成——或者帮助他完成。这个人找对了，那于国于家有利，自己也省心。找不对，则是国家遭殃，皇族不幸。从概率上讲，这种找人的方式应该一半一半，找对、找不对的时候都有，但从结果来看，似乎找不对的时候更多，因为人的本性有自私的一面，缺乏监督便难免放任。况且这找人的人虽贵为天子，却终究不是神仙，有时全凭一己之念，感觉谁合适谁就合适。

那么谁合适呢？当然是那些看着顺眼的，什么样的人看着顺眼呢？自然是那些整天在眼皮子底下晃悠，渴了递茶，饿了传膳，情绪低落时能逗开心，疲劳困倦时捶腿捏肩的人。这样的人首选就是身边太监，所以历朝历代宠信太监的皇帝甚多。陆令萱当不了太监，却可以成为奶妈，在另一方天地辗转腾挪，发挥特长。

因为生过孩子，又有带孩子的经验，胡王妃——也就是后来的胡皇后——特意安排她哺育小高纬，并称呼她"干阿奶"。自此，陆令萱以一种不逊于血缘的亲情关系，与高氏皇族挂上了钩，成为高纬生命中不可或缺的一部分，参与并见证了北齐帝国最后的疯狂。

奶妈得宠，说起来也不是特例。早在东汉时，安帝刘祜的奶妈王氏，便被诰封为"野君"，后来的明熹宗朱由校的奶妈客氏——也就是跟大太监魏忠贤"对食"的那个，更是宠信无贰，无人比肩。不过多数奶妈是没有这个造化的，这里面有个机缘巧合的问题，也有个素质和水平的问题，原因是：被抚育者当时年龄尚幼，长大了不一定能留什么印象。而且奶妈一般不长期留用，差不多就打发回家了，不会给你太多培养感情的时间和机会。

陆令萱的情况比较特殊，她本身就在府中为婢，不属于临时工，不存在到期遣返的问题。而且这陆令萱看孩子也确实有一套，将小高纬养得白白胖胖，健康而有灵性，受到胡王妃和长广王高湛的交口称赞。小高纬对这个奶妈也很依恋，几乎到了须臾不能离开的地步，见不着就哭、就闹，这就进一步凸显了陆令萱的价值感。

因为抚育有功，高湛称帝后的第三年（563），在昔日主管胡皇后——也就是之前的胡王妃——的建议下，陆令萱被敕封为"郡君"，从此麻雀变凤凰，由奴婢、奶妈一跃而成宫中贵妇，彻底摆脱了底层身份。

最渴望权力的人，往往不是那些生活富足、衣食无忧的人，而是长期处于社会底层，饱受欺辱、磨难而又心有不甘的人，只有他们才会真切感受到权力的魅力，因为任何人在他们眼中都是高不可攀、遥不可及，都拥有巨大的权力便利，所以他们一旦掌权便会牢牢抓住，再也不松手。他们可以无底线地运用各种手段、各种伎俩，以确保权力的最大化——甚至永恒，并变本加厉地使用它。陆令萱就是这样一个人。

陆令萱的本事远不止看看孩子、换换尿布这么简单，她是个能说会道且会察言观色的女人。她对下奸巧，对上逢迎，在主子面前是一副表情，在侍婢、宫女面前又是另一副表情，左右都是那一张脸，却倏忽变化，莫测难猜。最后形成的局面则是：上面宠，下面怕，上面越宠，下面越怕。陆令萱也像羊群里的骆驼，很快在众人中凸显出来。

高湛整天拉着和士开与胡皇后握槊，也给陆令萱创造了绝佳的上位机会。胡皇后被陆令萱哄得屁颠屁颠的，玩游戏又方兴未艾，也乐得把那些费心劳神的琐事交与她处理。陆令萱在后宫履职尽责，小心经营，一个非她莫属的局面渐渐形成。后来高湛急流勇退当了太上皇帝，把皇位交给年仅十岁的小高纬，更是让她走出了关键一步。她很快被封为女侍中，开始进入后宫权力中心，进而迈向北齐的政治前台。

陆令萱看到了更为遥远的未来，为进一步增进与高纬之间的感情，她特别请示已荣升太后的胡皇后，让自己的儿子骆提婆入宫，与小皇帝高纬作伴。骆提婆比高纬大着好多岁，会玩的花样也多，每日嬉戏亵狎，让好奇心和求知欲正旺的高纬感到新鲜、刺激，并且乐在其中。不久，骆提婆便荣升录尚书事，晋封城阳王，进入了帝国权力中枢。

39

众星拱月

高湛死后，胡太后盛年寡居，又在和士开那里尝到过甜头，再也抑制不住自己的情欲。可那触她春潮、撩她心绪的可人和士开，此时正在帝国前台日夜操劳，难得有时间过来。远水不解近渴，着实令人心痒难搔。

不过作为皇太后，北齐帝国的实际掌舵人，想找个把男人消遣消遣还是不成问题的。她很快锁定了新的目标——沙门统领昙献，这个来自西域的胡僧年轻力壮，眉目清秀，且透着一股让人着迷的异域风情，比那和大叔不知强了多少倍。更让人欣慰的是，这昙帅哥还有得是时间，随约随见，不像和士开官儿瘾那么大，老是没空。

此后，胡太后枯木又逢春——在外人看来则是有了新的信仰，她经常借着拜佛的名义与昙献幽会，还悄悄让人搬过去一张质地考究的胡床，以增加舒适度。为了掩人耳目，她还让昙献招来一百个和尚，在寺院内齐声诵经——当然不能太大声，似有若无，如轻音乐一般最好，以便心无旁骛，而又遮人耳目地与昙献尽心

"修行"。

那些闭眼念经、一脸虔诚的和尚们并不傻，也并未完全脱离俗世，等胡太后走了，便挤眉弄眼，拿一脸倦容的昙献逗闷子，还都是一些打机锋式的高级梗，比如双手合十，一本正经地说：国家有幸，太上皇没有死。云云。

胡太后只顾玩乐，后宫事务便交由女侍中陆令萱打理，而小皇帝高纬又对这个奶妈言听计从，帝国的权力天平很快便向陆侍中倾斜了。也就是从这个时候起，权势熏天的和士开注意到了这颗政治新星的潜能，放低身段儿，主动投靠过来。

其实和士开不是因为忙才没空搭理胡太后，也不是对她失去了兴趣，而是感觉到了危险。他和胡太后的事尽人皆知，只是碍于二人的权势谁也不敢声张，可纸里包不住火，眼见小皇帝越长越大，对男女之情似乎也很痴迷，这种事肯定瞒不住他，不尽早斩断纠葛会有生命危险。他也需要新的靠山，以维护在新皇那里的良好印象，而陆令萱是不二人选。眼光独到的还有高阿那肱，他跟和士开一起，高调认了陆令萱当干妈。

不管出身如何，有了地位就会有人巴结，皇朝前廷如此，后宫也不例外。后宫一名初露头角的女官穆邪利，也同样感觉到了陆令萱的强势崛起，也紧随和士开、高阿那肱的凌乱脚步，忙不迭地跑过去认干妈，让早已忘却天伦之乐的陆令萱，一下子儿女绕膝，欢笑满堂。

穆邪利的母亲穆轻霄是鲜卑人，本姓丘穆陵，与步陆孤一样，属于鲜卑勋贵八大姓氏之一。穆轻霄最初在一个叫穆子伦的官员家里做女婢，后来转到侍中宋钦道府中，与宋钦道私通有了穆邪利——这件事当时还引发了家庭纠纷，宋钦道的原配闻悉后怒不可遏，又惹不起老宋，便拿穆轻霄出气，在她脸上清清楚楚地刻了一个"宋"字，以示羞辱。

宋钦道被高演抄家后，穆邪利也顺势没入宫廷，成了高纬皇后斛律氏的从婢，跟陆令萱的经历很相似，在共情方面有一定的优势。穆邪利小名穆黄花，字舍利，人长得很漂亮，又聪明，小皇帝高纬对她印象还不错，一次临幸之后心情愉悦，便金口一开，封其为"舍利太监"——这个"太监"不是传统意义上的太监，而是源自北魏时期设立的、负责管理后宫事务的一种女官。

陆令萱看出这种苗头，也有意拉拢穆邪利，便乐得做个顺水人情，很开心地收了这个干女儿。为了投桃报李，她还提出亲上加亲的建议，让自己的儿子骆提婆改为穆姓，与穆邪利结为兄妹。自此，骆提婆也就成了穆提婆。在陆令萱的大力举荐下，穆邪利后来顺利进位为昭仪，成为皇帝高纬的新宠。

最让陆令萱感到欣慰的，是曾经叱咤风云的"智多星"祖珽又回来了。高纬当年能早早上位，得益于祖珽的建言，他也一直想念并感激这个恩人。父亲高湛死后，他下了一道敕令，把祖珽从大牢里放了出来，并出任海州刺史。此举让绝望中的祖珽看到了新的希望，他眼瞎心不盲，知道高纬做到这步已经仁至义尽，要想返回京城，还得有人替他说话，而这个人非陆令萱莫属。要想巴结陆令萱，就得有个像样的投名状才行，既要让她知道自己有意投靠，也要让她产生一定的危机感，最好对自己形成依赖。

为此，祖珽先给陆令萱的弟弟陆悉达写了一封信，话虽不多，却句句切中要害。他将矛头指向了司空赵彦深，说赵彦深心机深沉，欲效仿商朝的伊尹和西汉的霍光，想独揽大齐朝政，到时候陆氏一族肯定没好果子吃，应该尽早想办法。言外之意，我祖珽既能看出此节，定然也有解决这个难题的把握。

陆令萱早就听说过这个善于谋策的祖珽，也想把他收于麾下，以进一步扩充和稳固自己的势力，便找来和士开商量——她知道和士开跟祖珽有矛盾，故意看看他的态度。和士开也很忌惮赵彦深，见陆令萱心动，知道此事不可逆，况且祖珽早已双目失明，对自己构不成实质性威胁，也就顺水推舟，很大度地表现出一副冰释前嫌的样子，明确表态这人可用——这倒也是大实话，矛盾归矛盾，祖珽的才能他是了解的。

二人达成一致，双双去找高纬提议，如此这般一番说辞，顺利让祖珽第三次返朝，履职银青光禄大夫、秘书监、开府仪同三司。作为回报，祖珽对二人竭心尽力，马首是瞻。他最初的作为也的确没令二位失望，比如在胡长仁事件中的表现。

陇东王胡长仁是胡太后的弟弟，时任北齐尚书令。和士开与他一向不和，陆令萱也想剪除太后的党羽，便先后到高纬面前谗言构陷，说他骄矜放纵，目中无人，最后将其贬到地方任齐州刺史。胡长仁心中憋气，便暗摸着收买了一个刺客，准备刺杀和士开，结果不小心走漏了风声。

和士开得到线报，一时拿不定主意，便去请教祖珽，问该怎么办。祖珽援引汉文帝诛杀舅母薄昭的故事，予以点拨，终于让和士开下了决心，怂恿高纬赐死了舅舅胡长仁。不久之后，和士开也如愿以偿地取而代之，成为北齐帝国新的尚书令。

外有和士开、祖珽、高阿那肱一帮权臣，内有穆邪利、穆提婆一干亲信，北齐皇宫俨然成了陆令萱的天下。她小心经营，力求皇帝信任的最大化，并将手中权力发挥得淋漓尽致，一点儿都不糟蹋，诸如卖官鬻爵、收受贿赂、替人减罪、聚敛钱财，等等捞钱卖好的事，她全都要插上一杠子。

主子豪横，是因为众星捧月，实力和势力使然，而反过来光耀群星，集团成员自然也会跟着沾光。尤其是陆令萱的儿子穆提婆，更是自信满满，气质逼人，就连北齐的四朝元老、右仆射唐邕见到他，都得凝神屏气，乖乖地立正站好。

陆令萱没想到会有今天，宦海沉浮，生死一念，全凭自己一句话。就连曾经不可一世的和士开，每次给皇帝汇报完工作，也都要踅到自己这里来报个到，给她带来外面的最新消息以及卖官鬻爵的钱财珠宝，或者孝敬一些自己新得的新鲜玩意儿。她喜欢这种感觉，喜欢过这样的日子。她甚至习惯了和士开的到来，有时还很默契，比如有好几次，她感觉和士开该到了，随即便听到了他恭敬、稳健的脚步声。

然而武平二年（571）七月二十五这天，正值秋高气爽的时节，陆令萱却总感觉哪里不对劲儿。按说今天是上朝的日子，和士开早该到了，可临近中午了也不见个人影儿。正疑惑间，一个贴身女婢慌张跑来，告诉了她一个令人震惊的消息：和士开被琅琊王高俨给杀了。

40

事发突然

事物都有它相反的一面，有锁就有匙，有矛就有盾，如此相生相克，不断前行，这是古人的理论和生存法则。人也一样，有小人就有君子，有阿谀奉承之辈，也就不乏刚直不阿的勇士，只是强弱的问题。

琅琊王高俨与和士开其实并无矛盾。和士开只手遮天时，他还是和尿泥的年纪，高孝瑜、高孝琬、高睿等人与和士开争斗时，他仍是一个少不更事的孩子，即便现在与和士开硬碰，他也才刚十四虚岁。不过这个岁数虽说幼稚、不成熟，却正值血气方刚、疾恶如仇的叛逆期，对陆令萱、和士开之流自然看不上眼。

高俨是高湛的第三子，也是当今天子高纬的亲弟弟。他最初被敕封东平王，兼任京畿大都督、领军大将军、领御史中丞，后又迁任司徒、尚书令、大将军、录尚书事、大司马。当然那时高俨还小，只有十来岁，可这也像高纬当皇帝一样，跟岁数没多大关系，他只需占住那个位置，公务自然会有人帮他处理，这毕竟是高家的天下。

高俨深得父皇和母后的恩宠，有个例子很能说明问题。北魏朝有个旧制，凡中丞外出时，前面都有仪仗人员拿着赤棒——也就是红色的大木棒子——开道，王公大臣们远远看见都要停下车子，卸下车辕，将车轭放在地上，把驾辕的牛或马牵到一边，然后恭恭敬敬地等候通过，否则便遭赤棒乱打。但自从高欢拥建东魏之后，这个仪式便废除了，高湛因为喜欢高俨，就又下令将其恢复。

就职那天，观者如堵，高俨威风至极，麾下所有僚属全部跟从，浩浩荡荡走在邺城大街上。高湛特意命人在华林园东门外搭建了帷幕，以便和胡皇后一起静心观看。为了增加活动的趣味性，他还故意派人骑马往高俨的仪仗队里闯，声明带有皇帝诏令，以试探仪仗队的反应。结果着实令人欣慰，闯入者被一顿乱棒打出，甚是狼狈。高湛对此非常满意，又怕小高俨受到惊吓，还专门把他叫过去好生安慰了一番。

高湛退位为太上皇之后，高俨改封琅邪王，办公地点在昭阳殿的东阁含光殿，地位也在其他诸王之上，同宗族的长辈见到他都得下拜。其府中所用器皿用品，也都和皇帝高纬一模一样。高俨年龄小，脾气却很大，且存在感极强。有一次他去高纬所在的南宫，看到刚刚送来的冰镇李子，回府后便大发雷霆，说我哥哥有那种好吃的，我为什么没有！发了好几天的无名火。

类似的比较，当然不局限于物质的供给，而是一种内心的角力。高俨其实瞧不起这个皇帝哥哥，好几次对太上皇直言不讳，说高纬太过懦弱，怎么能统率天下呢！高湛也一度有过废高纬、立高俨的冲动，只因百官和胡太后的劝阻才未施行。

陆令萱、和士开、穆提婆等人飞扬跋扈，高俨自是愤愤不平。

他瞧不起自家哥哥，不等于别人可以凌驾其上，这毕竟还是高家的天下。他也多次在公开场合叫嚣，扬言要替哥哥铲除侧逆。和士开、穆提婆收集线报，立即向陆令萱进行了汇报，并添油加醋，说琅琊王目光如炬，几步之外都能感觉到杀气，打个照面都会打冷战，比见天子还心惊胆战，他又手握兵权，这样下去迟早会对我们不利。

事关身家性命，陆令萱不敢怠慢，随即在高纬那里大吹耳边风，最后高纬终于对高俨的职务做出了调整：任命他为太保，其余官职，除保留中丞和大都督外全部拿掉。同时敕令其搬出含光殿，住进了北宫，未经允许不准再见太后，以防止内外勾结。

就这样和士开还是不放心，因为武器库就在邺城北宫一带，容易出事儿，便又以此为由上奏高纬，建议把高俨调出城外，然后再伺机削夺他的兵权。高俨的几个亲信——治书侍御史王子宜、开府仪同三司高舍洛、中常侍刘辟强闻讯后感觉不妙，急匆匆找到高俨，劝他万万不可离开北宫，说殿下被疏远，都是和士开等人挑拨的结果，迁出北宫就更遂了他们的意。

高俨年轻气盛，听说和士开又搞鬼，即刻起了杀心。他找来姨夫冯子琮，向他发泄不满，说和士开罪大恶极，孩儿想杀了他，你觉得怎样？冯子琮当年拜和士开所赐，被下放到郑州做了刺史，后来还是胡太后帮忙，才回朝出任侍中一职，对和士开早已恨入骨髓，只是没机会发泄。而且他在高纬那里也不受重用，早有拥立高俨之心，便极力怂恿了一番，促使高俨下定决心。

高俨先让王子宜写了一份奏表，历数和士开的各种罪状，要求将他收监问审，然后让冯子琮递上去。冯子琮拿了一摞文书让高纬签字，其中夹杂着王子宜的奏表，高纬也没细看，一律拟批同意。

有了皇帝签章，高俨心里有了底，随即付诸行动，他找来统率禁军的领军将军库狄伏连，煞有介事地交代他，说皇上有令，让你即刻抓捕和士开。

库狄伏连半信半疑，他知道这二位有矛盾，便多了个心眼儿，拐弯抹角找到冯子琮，让他向皇帝核实一下命令的真伪。冯子琮大摇其头，说琅邪王接到的敕令还能有假吗？皇上忙得很，反复上报会触怒龙颜的，到时候你我都吃不消。库狄伏连这才坚信不疑，即刻展开行动。为了防止走漏风声，他没有动用禁军，而是特意征调了京畿一带的将士，埋伏在神虎门外。

第二天，也就是七月二十五日清晨，和士开如往常一样，精神抖擞地去上早朝——最近他心情一直不错，丝毫没有觉察到危险。走到神虎门时，库狄伏连远远地迎上来，热情洋溢地与他拱手寒暄，并满面春风地向他道喜，说今天大人有一件大好事。一旁的王子宜随即递上一封公函，说皇上有旨，请大人去御史台相见。

王子宜与库狄伏连你一言我一语，恰如其分地表现出神秘、羡慕和巴结的各种表情，暗示会有好事发生，配合得相当默契。那封公函也是事先伪造好的，看不出任何破绽，所以和士开没有产生丝毫怀疑，随着库狄伏连的护卫队便出发了。刚走到御史台，和士开即被早已守候多时的都督冯永洛一刀拿下。

第九章

名将的凋落

41

骑虎难下

陆令萱赶到皇宫时，胡太后早就到了，正看着焦头烂额的高纬干着急。情况比陆令萱想象的还要糟糕：高俨集合了在京畿布防的三千多名将士，正驻扎在千秋门外，随时可能杀进宫来。

在此之前，高纬已经派大力士刘桃枝带着八十名禁军去宣召过一次高俨，让他进殿说话，结果是有去无回。刘桃枝臭名昭著，杀人无算，高俨对此早有防备，在他下拜时一使眼色，即有几名武士上前将其拿下，捆成粽子扔在一边，八十名禁军也一哄而散。

不得已，高纬又派侍中冯子琮过去交涉，说有什么事好商量。高俨说商量就商量，但提了个条件，说得让陆令萱出来接他，他才进殿。这是想要我的命啊，喘息未定的陆令萱闻言大惊失色，骇得两腿发抖，慌乱中竟抄起一把钢刀，躲在了高纬身后。

高俨现在其实也是骑虎难下，他没想到事情闹得这么大。按他最初的本意，只要杀了和士开，给那帮宵小们一个警告就完了。岂料王子宜、高舍洛、刘辟强等人却并不想就此罢手，他们知道，此事若没个说法，高纬也好，陆令萱母子也罢，都不会轻易放过他们。三人极力劝逼高俨，说事已至此，绝不能半途而废，否则将后患无穷，让高俨就势杀掉陆令萱母子。高俨这才一不做二不休，调集京畿部队前来逼宫。

杀和士开，尚可用清君侧的借口搪塞，调集大部队则有造反之嫌，性质就变了，这显然不是高俨发难的初衷。他虽然在王子宜等人的鼓动、施压之下，硬着头皮死扛，但终究心里发虚，所以当高纬再次派侍中韩长鸾（本名韩凤，字长鸾）过来，晓以利害，并宣召他进殿时，便有些犹豫。

刘辟强见高俨动摇，情急之下一把扯住他的衣服，说不杀掉陆令萱母子，殿下绝不能进去啊，太危险了。正僵持间，广宁王高孝珩和安德王高延宗（二人分别为高澄的次子、五子）闻讯赶到。高孝珩问他们为什么不冲进去，刘辟强说兵太少了，高延宗扫了一眼黑压压的人群，说当年孝昭帝高演杀宰相杨愔时，身边只有八十个人，你们现在有好几千人，怎么能说少呢！众人受到鼓舞，开始商量着怎么冲击皇宫。

高纬见大势不妙，一面急召左丞相斛律光入殿，一面把心一横，将宿卫皇宫的四百名步骑召集起来，发给他们盔甲武器，准备出宫迎战。队伍走到永巷时，遇到匆匆赶来的斛律光，斛律光忙将高纬劝住，说双方一旦交兵，恐怕引起激变，到时候更不好收拾。陛下应该亲临千秋门，把事情说开了，我担保琅邪王不敢轻举妄动。

有勇冠三军的斛律光壮胆儿，高纬像吃了一颗定心丸，又深吸几口气，平息了一下情绪，便带了几个随从，同斛律光一起去千秋门见高俨。

事情果然像斛律光料想的那样，快到千秋门时，他派人前去喊话，说皇上驾到。只这一句，高俨手下那帮乌合之众，便骇得四散奔逃了。高纬远远勒住马，喊着高俨的名字叫他过去，高俨一时不知如何是好，怔在原地一动未动，画面像定格一样，气氛十分尴尬。

斛律光急忙上前解围，笑呵呵地说，天子的兄弟杀个把奴才，这算不了什么大事儿，没什么好害怕的。边说边拉了高俨的手，径直来到高纬面前，一个劲儿地替他求情，说琅邪王年少轻狂，脑满肠肥，做事不加思考，等年纪大点儿就好了，希望陛下宽恕他的无知。

高纬先前的恐惧、愤怒化作怨气，到这个时候终于发泄出来。他拔出高俨身上的佩刀，用刀把儿在他头发上乱戳了一通，意思是朕不是不能杀你，只是舍不得杀你。见高俨噤若寒蝉，骇得眼神儿闪躲，这才泄了些火，原谅了他。

倒霉的是厍狄伏连、高舍洛、王子宜、刘辟强等人，作为此次事件的主谋或助推者，也成了高纬最后的出气筒。几人被五花大绑推到后花园，盛怒中的高纬亲自开弓，将他们一个个射成了刺猬，然后又下令斩首、肢解、曝尸街头，总之怎么解气怎么来。胡太后的妹夫冯子琮也未能幸免，太后责问高俨为何如此胆大妄为，高俨惊魂未定，下意识地把责任全都推给了冯子琮，说这都是姨夫教孩儿的。胡太后气疯了，派人过去用弓弦把冯子琮勒死了。

陆令萱受此惊吓，心里再也容不下高俨。高俨其实也是她看大的，倾注过很多感情，但此一时彼一时，他现在对自己显然没了好感，更无法跟高纬比，只要他活一天，自己就不会有安全感。在接下来的一个月里，陆令萱充分发挥自己"变脸"的功夫，一面与高俨多亲多近，给他讲那过去的事情。一面马不停歇地给高纬上眼药，说什么人人都夸琅邪王聪明神武，当世无敌，我通过观察面相，也断定他不是甘居人下的人，让高纬早作打算，弄得高纬心里直打鼓。

见火候差不多了，陆令萱开始适时加入感情牌，说自从高俨擅杀大臣以来，她就没睡过一天好觉——这话倒是千真万确，毕竟也算在刀尖上滚过了一回。许是想到了自己的委屈，或者一路走来的不容易，陆令萱眼圈儿一红，竟流下了两行热泪，弄得高纬一时感情慌乱，不知如何是好。

这些都被一旁的近侍何洪珍看在眼里。他受高纬宠幸，也有意巴结陆令萱，便替后者捅破了窗户纸，劝高纬尽早除掉高俨。高纬拿不定主意，晚些时候便悄悄派人把祖珽接来，想征询一下他的意见。作为陆令萱集团的重要成员，祖珽自然态度鲜明，并举出当年周公诛杀管叔鲜、季友逼杀庆父等大义灭亲、深明大义的典型案例，终于帮助高纬下了决心。

要杀高俨，需先过胡太后这一关。自上次逼宫之后，胡太后便让高俨住进了皇宫，变相保护起来，吃饭都要先替他尝一尝。高纬编了个理由，说打算明天一早和弟弟一起外出打猎，散散心，也好增进一下感情。胡太后见高纬说得诚恳，又来主动亲近弟弟，也就一口答应下来。

翌日四更时分（凌晨一点到三点之间），高纬早早派人来催。高俨揉了揉惺忪的睡眼，迷迷瞪瞪地望着窗外眨眼的星星，心生疑感，动作便有些迟缓，也有些不情愿。陆令萱老远听到动静——估计也早有预谋——急忙穿好衣服过来劝高俨，并故作嗔怪，说哥哥叫你呢，怎么还磨磨蹭蹭的？关系别搞这么僵。高俨这才穿衣服出去——经过陆令萱一个多月母性泪水的感化，小高俨对这位奶妈早就没了敌意。

高俨在众人簇拥之下亦步亦趋，刚走到永巷，即被大力士刘桃枝拿住，反手捆绑起来。高俨吓坏了，厉声疾呼：我要见太后和兄长。声音尖锐、撕裂，在寂静、空旷的皇宫中缭绕不绝，显得异常诡异、骇人。刘桃枝动作麻利地用衣袖塞住他的嘴，又把他的袍子翻过来蒙住头，扛起来就往外走。

一路上，高俨不停地蹬腿反抗，幼小、瘦弱的身躯，在高大、强壮的刘桃枝肩膀上不断扭动，幅度越来越小，越来越弱，最后终于一动不动了。刘桃枝掀开袍子看了看，高俨早已口鼻流血，满脸污秽，又伸手探了探鼻息，随即一把扭断了他的脖子。

42

东窗事发

胡太后摊上事了，摊上大事了！她和胡僧昙献的奸情终于东窗事发，让儿子高纬给知道了。

高纬从哪里得知？史书语焉不详，只说他听到了一些传言，然而并不确信。不确信说明他内心是抵触的，不愿意相信的，也说明他此前从未听说类似的事儿，更说明那些知情者对他是严格保密的——胡太后跟和士开的事儿高纬也一直蒙在鼓里，就是最好的证明。

那么，到底是谁打开了这个"潘多拉盒子"，有意将此事透露给高纬的呢？这人最少要符合三个条件：一是跟高纬关系密切，并且在高纬那儿说话很随意，没什么顾忌，否则说这话便有杀头的危险，那毕竟是高纬的亲妈啊；二是搞臭胡太后对此人有直接的好处，多半儿来自胡太后的对立面；三是这个人是女人的可能性比较大。

这种事向皇上告状，男人说男人可以，说女人怎么说？说你妈不正经，跟和尚有一腿，肯定会挨揍啊。说太后不检点，秽乱宫廷，也不合适。类似的话当年赵郡王高睿倒是也说过，不过明面儿上数落的也是和士开，只旁敲侧击一下胡太后，直接说，感觉有点怪怪的。

符合以上所有条件的，恐怕也只有陆令萱一人了。

随着职位的不断上升以及众星捧月的优越感，陆令萱对胡太后的态度早已发生逆转，由最初的像神一样供奉，到一点点将其拉下神坛，再到嗤之以鼻、不屑一顾，三部曲过渡自然，顺理成章。而胡太后对陆令萱也没好到哪去，由最初的攀亲戚，到引为知己、朋友，再到防贼一样防范，最后毫无真情可言了。

在此期间，二人或许有过拷问人性的心路挣扎，但终究不约而同地跨过了人性背离的山与河，美丽过往烟消云散，阴谋、诋毁随之而来。特别是陆令萱设计害死高俨之后，二人鼻孔撩天，互相倾轧，连表面的和谐都不能维持了。

世上没有永恒的秘密，也没有天衣无缝的策划，再怎么精细布局，也有百密一疏的时候，何况男女间干柴烈火的情欲。世间也永远存在着偶然，不知道什么时候就会蹦出来。高纬对母亲的行为虽说半信半疑，但并无真凭实据，也就没有即刻追究。真相大白于天下，源于一次偶然的发现。

这事儿说来有些荒唐。据《北齐书》记载，有一次高纬去拜候母亲，见其身边两个妙龄女尼长得挺漂亮，一时淫心大盛，带回寝室才发现是两个男人。这种叙事显然很难令人信服，高纬久在花丛，男人扮尼姑即便再婀娜，也不至于看不出一点儿破绽，就算真的没看出来，也不至于当着母亲的面表现轻浮。不排除高纬看出了破绽而有意为之、故意检视的可能。不管哪种情况——有意或者无意，也不管哪种感受——羞愤或者疑惑，都不影响事态的进一步发展，高纬顺藤摸瓜，昙献大和尚很快浮出水面。

盛怒之下的高纬反应异常激烈，不但送昙献上了西天，还将胡太后身边知情不报的亲信一并斩首。最后，他把母亲幽禁在邺城的北宫，敕令内外诸亲、文武百官，任何人不得与之相见。

经历此事，母子二人隔阂渐深。后来高纬于心不忍，又派人去接母亲回宫，苦闷、寂寞中的胡太后听说皇宫来人，竟骇得惊慌失措，以为是来向她下黑手的。回宫后，胡太后主动向儿子示好，给他送去好吃的，高纬也怕有毒不敢吃。母子二人疑三惑四，相互提防，再也回不去从前了。几年之后，北周大军攻破晋阳，高氏皇族全部做了俘虏，胡太后在全新的大周帝国彻底放飞，在情感与肉欲中放浪形骸，无拘无束，再也没了什么顾忌。

不过回宫后的胡太后还没有后来的潇洒，也并不就此甘心。为了重新赢取儿子的心，也为了最终不失掉权势，让陆令萱在后宫一人独大，她挖空心思，趋利避害，不失时机地在高纬身边安插了个眼线，就是哥哥胡长仁的女儿，她的亲侄女——一个优雅、漂亮而又不失妩媚的可人儿。她现在非常确信，同时也深有体会：女人对男人的诱惑，不逊于男人对女人的痴迷。

那是一个暖洋洋、让人春心萌动的早上，正值青春年少的小皇帝高纬，在宫中信步而行，边走边欣赏美景。最近他总算驱散了心中长久淤积的阴霾，重新畅快、明朗起来。他今天的心情尤其不错，看到宫中最丑的宫女小兰，都觉得比往日多了些女人味儿，甚至还多看了她两眼，吓得小兰的小心肝儿扑通扑通直跳。

那一刻，高纬绝然没有想到，就在不远的拐角处，有个更大的惊喜，在焦急地等待着他——胡太后早已让人将小胡打扮一新，守候多时了。这个有预谋的"不期而遇"，大大超出了胡太后的预期，高纬乍见华服娇艳、勾魂摄魄的小胡，晃得一阵晕眩，随即直勾勾地呆立在那里，眼珠子差点没掉下来，直把个小胡看得霞云飞上，玉面含羞，愈加地惹人怜爱。

伴随着不可遏止的雄性激素的勃发，高纬先生颤抖着上前，硬生生地将小胡一把抱住。软玉入怀，甜腻芬芳，小胡在羞怯中半推半就，娇喘呢喃，最终俘获了高纬那颗失魂落魄的心。如愿之后，伴着通体的舒坦，高纬即刻下诏，立小胡为左昭仪——这大概是他即位以来下得最快的一道诏书了。

胡太后培养小胡，和陆令萱培养穆邪利目的是一样的。地位稳不稳，影响大不大，关键要看能否把握皇帝，掌握他的一举一动，如此才能见兔放鹰，有的放矢。而高纬的皇后斛律氏不受宠信，已是尽人皆知的事实，谁来接班，谁来补位，显然关系到后宫未来的权力布局。

三个女人一台戏，四个女人则注定要掀起一波惊涛骇浪。搅起这潭浑水的是祖珽，他和斛律光的矛盾激发，最终让四个女人同时入局，从而引发了一场旷日持久的玫瑰战争。

43

落雕都督

习惯溜须拍马的人，不会错过任何附会、索引的机会，以期随时向主子献媚。胡太后被幽禁时，祖珽竟然突发奇想，建议高纬立陆令萱为太后，还举出当年北魏太武帝拓跋焘立乳母窦氏为"保太后"的特例，帮助高纬痛下决心。同时祖珽还大造舆论，逢人便说，陆令萱虽为女流之辈，却是个自盘古开天、女娲造人以来，从未有过的女中豪杰。说这话时祖珽眉飞色舞，声情并茂，钦佩之情溢于言表，就连那对早已不能视物、黯然无神的眼珠子，似乎都闪烁出智慧的光芒。

此事虽然最终没能获得高纬首肯，但却赢得了陆令萱的欢心。在腾云驾雾之际，她也毫不吝惜溢美之词，盛赞祖珽为北齐帝国的"国宝""国师"。这个国宝级的大国师，也因而顺利晋升尚书左仆射。在陆令萱的不断关怀下，他后来又如愿以偿地将尚书令赵彦深挤对出京，去地方上担任兖州刺史，自己独揽朝政大权，一时势焰熏天，朝野无不侧目——除了左丞相、咸阳王斛律光。

高俨逼宫时斛律光能迅速赶到，皆因他原本就在邺城，而且那时高纬对他已经有了不小的成见。斛律光字明月，是北齐开国将军、前左丞相、咸阳武王斛律金的长子，他很早就跟随父亲打仗，经历过战场的洗礼。十七岁时，因受到高欢的赏识而擢升都督，又因弯弓射雕，一箭而中，被人称作"落雕都督"。

随着战场上不断立功，斛律光的职位也稳步攀升，从征虏将军到左卫将军，再到大将军、太保、太傅，再到右丞相、并州刺史，最后履职左丞相，并在父亲斛律金死后袭封咸阳王，一直位居中枢，手握兵权。斛律光治军严谨，却不失为一个好将军，每次行军，在士兵们的营帐没建好之前，他绝不走进自己的营帐。士兵们犯了错，他虽也习惯性地鞭打、杖责，却从不随意杀人。因为有原则，加之作战勇敢，身先士卒，很少吃败仗，所以将士们都争相为其效命。

斛律光的弟弟斛律羡字丰乐，曾担任过幽州刺史，都督幽、安、平、南、北营、东燕六州诸军事，后来升任行台尚书令、骠骑大将军，也是执掌一方、威风八面的风云人物。因为擅长治军打仗，突厥人都很怕他，称他为"南可汗"。斛律光的长子斛律武都，位列开府仪同三司，先后出任梁州、兖州刺史，次子斛律须达、三子斛律世雄、四子斛律恒伽，也都位列开府仪同三司之位。

斛律氏三代显贵，礼遇胜于常人，在斛律光的妹妹嫁给高纬成为皇后之后，更是达到了尊崇的极致。但老将军斛律金并不以此为傲，他曾告诫斛律光，说自古以来，外戚家族都很难保全，女儿得宠会遭其他嫔妃妒忌，失宠则被天子冷落，咱们斛律家向来以功勋立世，不能指望这个，还得在战场上见真章。

无独有偶，斛律光的弟弟斛律羡，也经常为家族的势盛担忧。今人逯钦立辑校的《先秦汉魏晋南北朝诗》一书中，辑录了《北齐诗》四卷，其中记载了这样一件事，说当年高欢宴请群臣，酒酣之后，命众人作诗助兴，时任武卫将军的斛律羡出口成章：

朝亦饮酒醉，暮亦饮酒醉。日日饮酒醉，国计无取次。

直抒胸臆的表达，获得了高欢豪爽、不谄媚的正面评价。从诗的浅白程度来看，斛律羡是一个没有多少文化的武将，然而却不乏诗人的敏感、细心，对身居高位而无所为的现状，表现出一种隐隐的担忧。他甚至一度上表高纬，请求解甲归田，但没有得到应允。

斛律金和斛律羡的担忧后来果然应验，高纬并不喜欢这个斛律皇后，而且后宫——包括朝堂的好多人——都恨不得她赶紧死，好腾出皇后的位置。多年以后，斛律家族惨遭灭门，斛律羡也被高纬处死，临刑前，他发出"如此富贵，怎能不败"的感慨，给自己的人生画上了一个哲学式的叹号。

和士开、陆令萱等人在朝中肆虐时，时任右丞相、并州刺史的斛律光正在前线打仗。高湛刚死不到一年，北周武帝宇文邕即派齐国公宇文宪率军进围北齐的边境重镇宜阳（今属河南省），并切断了齐国的运粮通道。三个月后，也就是武平元年（570）的正月，斛律光率三万大军前往增援。

在这场历时一年半之久的拉锯战中，双方势均力敌，你来我往，谁也没占太多便宜。最后斛律光采取围魏救赵之计，首先放弃宜阳，进而北上，包围了北周的重镇定阳（北周汾州治所，在今山西省吉县境内），接着向西开拓，一直深入北周国境五百里。

当周军不得不抽调宜阳的兵力驰援定阳时，斛律光却突然杀了个回马枪，重创周军主力，重新拿下了宜阳城，之后回师凯旋。

也就在此时，皇帝高纬对斛律光有了成见。部队快到邺城时，高纬派使者过去，敕令解散部队之后再进城。这本也无可厚非，毕竟是天子脚下，也避免扰民。可斛律光觉得将士们浴血奋战不容易，还没得到奖赏便解散，有点说不过去，也对不起弟兄们，便奏请高纬先派人慰劳一下部队，然后再行解散。之后一边缓慢行进，一边等候使者音信。

未想高纬并没拿斛律光的奏表当回事，直到大军快到紫陌桥时，仍未派出使者。紫陌桥是邺城西北五里处的一座浮桥，大约相当于现在的城乡接合部，再走就是城区的范围了。斛律光等不来信使，又不敢再前进，只好就地安营扎寨，继续等候。

在高纬的认知中，这明显属于抗旨不遵、拥军自重的忤逆行为，自是非常生气。但为了防止节外生枝，他最终还是派使者过去意思了一下，斛律光这才解散了部队。不过高纬生气归生气，到底因为斛律光战功显赫，又在处理高俨的问题上立了功，最后还是晋封他为左丞相。让他送掉卿卿性命的，是与祖珽矛盾的爆发。

44

名将凋落

斛律光话少、严苛，却极具正义感。当他听说高俨杀了和士开后，曾开心地抚掌大笑，说皇子所为果然不同凡响。他尤其看不上新近得势的祖珽，自他执掌中枢以来，军马调度方面的事从不跟他商量，还不如以前的赵彦深。他也为此不止一次地发牢骚，说让一个瞎子掌权，国家必定遭殃。此话传到祖珽耳朵里，对他顿生敌意。

斛律光对穆提婆也不感冒。穆提婆看上了他的女儿，想做斛律家的女婿，被他断然拒绝。高纬赐给穆提婆一块军垦地，斛律光也以影响军务为由，明确提出反对。穆提婆丢了夫人又折地，心中怨恨可想而知，便与祖珽联合起来，开始搜罗斛律光的各种黑材料。偏巧此时，邺城有首童谣传出，对斛律光很不利：

百升飞上天，明月照长安。

按计量单位算，"百升"为一"斛"，"明月"是斛律光的字，"飞上天"自然又是一个敏感、引人遐想的景观，其意不言而喻。与童谣相互印证的，还有一句谶语：

高山不推自崩，槲木不扶自举。

"高（氏）山崩""槲（斛）木举"的比喻更加直白露骨，针对性极强。而"不推"与"不扶"的状态描述，更是暗示了一种天道轮回和潜在的民意方向。

此事原本是北周的勋州刺史韦孝宽所为，他在与斛律光的对阵中败北，脸上无光，心中憋闷，便找人编造了谣言，写好后故意丢在邺城大街上，以期达到挑拨离间的目的。谣言的作用是很微妙的，有时明知是假，听了却不舒服，尤其是影响或者威胁到自己的时候。韦孝宽赌的就是这一点。

以斛律光的身份和家族地位，一般理由难以撼动，唯有谋反一事才能动摇根本，所以祖珽听闻谣谶异常激动，认为这是一个千载难逢的好机会。为了强化效果，他又发挥诗文特长，提笔在"高山不推自崩，槲木不扶自举"后面续写了两句：

盲老公背受大斧，饶舌老母不得语。

然后连同北周的谣言一起，让他大舅哥郑道盖上报给了高纬。高纬闻知，召祖珽和陆令萱来问，二人均表示知情，并说邺都内外尽人皆知。祖珽还进一步解释自己添加的谶语，说"盲老公"指的就是他本人，"饶舌老母"则暗指陆侍中，"受大斧"和"不得语"则是让他俩去死的意思——说来他编造自己"受大斧"也真够下本的。

斛律家族位尊势重，一向为国家栋梁，出现这种谣言着实令人害怕啊。高纬吃不准，待二人退下后，又把侍中、领军大将军韩长鸾叫来，问他对这件事的看法。韩长鸾嗤之以鼻，说这事儿纯属无稽之谈，明显是敌人的离间计。高纬也就将此事搁置了。

祖珽见好几天没动静，感觉事情可能有变，便买通了斛律光丞相府的僚佐封士让，让他以密折的形式参奏斛律光一本，自己则继续煽风点火。这次祖珽整得挺神秘，声言有密奏，让高纬屏退左右，只留下新近加入陆令萱阵营的近侍何洪珍。结果这密奏和先前的明奏也没啥大区别，高纬便不耐烦了，说朕本来是想处理他的，可韩长鸾认为这是离间计，也就罢了。

高纬不拐弯抹角，倒让祖珽非常尴尬，一时不知如何对答，何洪珍却早已想好了一番诡异的说辞：陛下如果从未产生过处置斛律光的想法，也就算了，可是有了想法却不执行，万一泄露了怎么办？高纬不置可否，竟有些心动。

沉默的间隙，封士让的密折正好送到，大意是：斛律光西征归来，皇上诏令其解散部队，他却执意率军进城，显然是拥兵自重，目无国法。且其家中私藏弓弩、铠甲，僮仆家奴数以千计，还经常与其弟斛律羡、长子斛律武都等人暗通款曲，阴谋往来，如不趁早谋划，后果不堪设想。

封士让重提往事，让高纬如鲠在喉，祖珽、何洪珍又趁机添油加醋，终于让他下定决心，准备除掉这个隐藏很深的"危险分子"。

整个行动都是祖珽一手策划的。高纬既起疑心，想即刻招斛律光进殿，却又怕打草惊蛇，反让这个"早有准备"的危险分子狗急跳墙，一时不知如何是好。祖珽先生却早已备好一计：请陛下赐给斛律光一匹骏马，就说让他骑着马与陛下一起游东山，那斛律光必定前来道谢，届时臣自会安排妥当。高纬鼓掌称妙，又瞄了祖珽一眼，佩服他鬼点子真多。

斛律光进宫，刚到凉风堂，大力士刘桃枝便如黑旋风一般，向其身后扑去。斛律光身经百战，那腿脚功夫也不是盖的，听闻声响，本能地向旁边一闪，刘桃枝竟一下子扑了个空。当此情形，斛律光一切全明白了，冲着刘桃枝大声呵斥，说我不曾辜负国家，为何如此对我！

刘桃枝哪容他辩解，招手叫出另外三个大力士，上前一番缠斗，最后将斛律光牢牢按在地上。刘桃枝掏出事先准备好的弓弦，将其活活勒死。

斛律光一世英名，最后落得如此下场，北齐好多正义之士为之扼腕。而远在千里之外的北周武帝宇文邕，则难掩兴奋之情，这个屡次让周师败北的帝国强敌，居然死在了自家皇帝手里，真是老天开眼！为了分享喜悦，他宣布大赦天下，让老百姓也跟着沾了点儿光。几年之后，北周大军攻破邺城，宇文邕专门下诏，为斛律光平反，并追赠其为上柱国、崇国公。看着诏书上的名字，他不禁大发感慨，说如果此人活着，朕怎么能轻易灭掉齐国呢！

斛律光死后，高纬即刻派人赶赴兖州，斩杀了斛律光的长子斛律武都。同时下诏，说斛律光谋反已被正法，并将他的另外两个儿子——三子斛律世雄、四子斛律恒伽——一并赐死（次子斛律须达早亡）。斛律武都的儿子斛律钟，因为年幼幸免于难。

接着高纬又派中领军、开府仪同三司贺拔伏恩，带着十几名精骑连夜赶赴幽州，奉密旨捕杀斛律羡。同时另派领军大将军鲜于桃枝、洛州行台仆射独孤永业，率大队骑兵随后跟进，并特别交代，让独孤永业取代斛律羡，接手幽州军政。

守城的门将发现前来传旨的人衣着臃肿，里面明显穿着厚重的铠甲，所骑马匹也是垂首耷耳，尽显疲态，身上还冒着热腾腾的汗气，感觉有些诡异，劝斛律羡关闭城门，探明情况再说。斛律羡不以为然，说皇上派来的使者怎么能拒之门外呢！赶忙穿戴整齐，毕恭毕敬地出城相迎。一见面，贺拔伏恩便拉了斛律羡的手嘘寒问暖，表达思念之情，然后趁其不备将其拿下，旋即处死。

45

玫瑰战争

斛律家族惨遭变故，斛律皇后也被废为庶人，谁来替补成了问题。陆令萱属意自己培养的穆邪利，胡太后当然不答应，她期待着侄女胡昭仪进位，以稳固自己摇摇欲坠的权力大厦。不过看着陆令萱那一脸掩饰不住的得意，胡太后心里也犯嘀咕，以目前的形势看，陆令萱说话显然比自己管用。

为了堵住陆令萱的嘴，胡太后先下手为强，不惜降低身份，找人备了份厚礼给她送去，让她在皇上面前替小胡美言几句，并表达出想和她结为姐妹的意愿。给陆令萱送礼，这还是破天荒第一次，以前都是她想着孝敬自己的。和从前的女婢结成姐妹，更是亘古所未有，真是今非昔比啊。胡太后一边慨叹世事难测，一边又不得不找到陆令萱的亲信祖珽，让他也上书力荐一下小胡——这家伙如今可是皇帝跟前的红人。

虽说胡太后让高纬寒了心，可人家毕竟是母子，高纬将其幽禁后又接回宫，就是最好的证明。而且她又如此放低身段，低调行事，陆令萱不能不考虑。更重要的是，高纬和小胡现在显然处于热恋期，那种情意缠绵的胶着，是任何人无法撼动的，自己推出小穆的时机尚不成熟，还不如做个顺水人情。就这样，陆令萱也顺势向高纬推荐了小胡。

如此一来，陆令萱凭空多出了一个障碍，以前斛律氏为后，并不得高纬宠爱，所以在陆令萱眼里也可忽略不计。这个小胡当皇后就不一样了，高纬视其为心尖子，整天一副深情款款、言听计从的讨厌模样，自己也不得不低上一头，心里甭提多别扭了。不过她有耐心，从女婢到女侍中，再到今天的权势，她是经历过风浪的，也懂得水到渠成的道理，知道小火慢炖才能熬出最好的汤，一切都可从长计议。而且她还有个撒手锏，就是穆邪利为高纬生的孩子。

要说小穆这肚子也够争气的，那斛律氏还没怀孕，她便早早为高家添了个龙子，取名为高恒。陆令萱又想方设法让他认了斛律氏为养母，从而顺利当上了太子。有这张王牌在手，她便常在高纬耳边替干闺女抱不平，说哪有儿子是太子，当妈的还是婢妾的？拿话点高纬，让她多关照着点小穆。

对付小胡，陆令萱就不客气了。她从外面找来了一些精通旁门左道的人，悄悄行厌蛊之术，也就是背地里用巫术诅咒胡皇后。不久，这小胡便精神恍惚，说话也不正常了，还经常无端发笑，先前那个优雅漂亮的可人，慢慢变成了傻里傻气的村姑。高纬先生大倒胃口，也就渐渐疏远了小胡，还着实空落落了好一阵子。

这事儿说来蹊跷，厌蛊之术在古代并不新鲜，尤其是斗争激烈的后宫，其象征意义远大于实际功效。陆令萱折腾这个，也不过是一种发泄怨气的自我安慰罢了，然而却奇迹般地在小胡身上应验，不排除她对小胡做其他手脚比如下药的可能。

不是有鸡汤说，要治愈一段伤，最好的办法是开始一段情吗？这道理陆令萱也懂，趁着高纬进入感情空窗期的档口，她没再错过机会，果断出手了。仗着自己在小皇帝心中崇高无比的地位，她的安排比胡太后还要大胆，直接让小穆穿上皇后的服装，按照皇后的标准打扮一新，在一顶特别制作的、散发着珠光宝气的纱帐中坐好，然后一脸神秘地引诱高纬：有圣女出世，请陛下移步观瞧。

跟当初不期而遇小胡一样，青春多情的高纬再次目瞪口呆，重新包装之后的穆邪利光彩溢目，在朦胧的白纱中皎如秋月，而又妩媚动人，乍见之下惊为天仙，感觉好像不认识了。看着呆若木鸡的高纬，陆令萱不失时机地反问：如此佳人不做皇后，还有什么人配做皇后呢？高纬张着大嘴连连点头，眼神儿却定在了小穆身上。穆邪利由此顺利晋级，成为北齐帝国的右皇后，与降级为左皇后的小胡平分秋色。

两后并立，自然不如一家独大。为了尽早赶走小胡这个绊脚石，陆令萱开始打胡太后的主意。有一天她去找这个新认的姐姐拉家常，有意无意地大发感慨：什么亲侄女啊，竟敢说那样的话。胡太后果然入坑，问是什么意思，陆令萱拿出传闲话的标准伎俩，故意吊她胃口：这话我可不能说。一边摇头，一边作势欲走。胡太后自然不答应，非让她说出来不可，否则不许走。见胃口吊足，陆令萱这才揭开谜底：胡皇后有一天对陛下说，太后行为不检，不配训导后宫。

这话可够毒的，不管小胡说没说，都直戳胡太后的肺叶子。老胡的脸一阵儿红一阵儿白，憋得半天出不上气来。陆令萱走后，盛怒中的胡太后冲下人发了一顿无名火，之后把渐已失宠的小胡叫来，不由分说便让左右剃光了她的头发，打发她回了娘家。

　　突然没了小胡，高纬开始还有些想念，常派人捎些东西过去，但这种半是怜悯半是愧疚的小思念，很快便被一个非同寻常的大惊喜湮没了。折冲将军元正烈执勤时，在邺城东边的一条河里捡到一块玉玺，上书"天皇后玺"四个大字，赶紧向皇上作了汇报。高纬见后狂喜，认为这是大美女穆邪利带来的好运，还专门颁发了一道诏书，以昭告天下。当此时，小胡早已被他忘到九霄云外了。

　　穆皇后得宠，陆令萱也随之身价倍增。这干闺女到底没白认，她现在以皇后之母的身份，堂而皇之地荣升为"太姬"，视一品待遇，班列长公主之上，跟她的胡姐姐等量齐观，而且地位还要略胜一筹。

　　陆令萱终于达到个人权力的巅峰，北齐上下无不看其脸色行事。然而就像当初对和士开的不祥预感一样，在她最为春风得意的时候，却惊奇地发现，祖珽对她的态度悄然发生逆转，甚至敢和她作对了。

·第十章·

盛名的困惑

46

角色转换

社会的复杂性在于，人的品行和做派是很难被界定的。对于同一个人、同一件事，不同的人会给出不同的看法和结论，甚至同一个人在不同的时期，看法也不尽相同。这与人们的认知水平、所处环境、自身利益及主观需求等有关。祖珽当初一副标准的小人嘴脸，却被陆令萱、和士开重新启用，认定他有奇谋、高人一等，能在关键时刻发挥巨大作用。而当祖珽的角色突然转变，慢慢走向对立时，陆令萱又毫不犹豫地站出来，痛斥他是个巧言令色的大奸臣。

藉着陆令萱的关系再次进入帝国中枢，祖珽依然本性不改，毫不留情地打击异己——帝国柱石斛律光家族，就是被他的自私和偏狭夹碎的。他对权力有着极高的渴望，天生喜欢争斗，谁阻挡他前行，他就会对谁下手，就是陆令萱的亲信也不例外，比如和他一起处理朝政的侍中高元海。

高元海的老婆是陆令萱的外甥女，当年他因为跟和士开作对而被外放为兖州刺史，后来就是靠着这层关系才得以迅速回朝的。

这高元海有个改不掉的毛病——碎嘴，他和祖珽在一块办公或者聊天时，常常很神秘地把陆令萱私底下跟他说的悄悄话、体己话说出来。

说出来不是高元海将祖珽引为知己、无话不说，也不是因为祖珽是舅妈的人，对他完全信任，而是高元海就是这种行事风格，他以知道别人的秘密并将其泄露出去为人生快乐，看到别人惊奇、羡慕或者贪婪的表情，他会感到无比的满足。也就是说，他与祖珽的"深度"交流，不掺杂任何私人情感。相反，他们之间有着竞争对手一般不可调和的矛盾，在一团和气的背后互相较着心劲儿，谁也不想让对方超越自己。

祖珽向高纬请求做领军将军，执掌宫廷禁卫，高纬答应了。高元海却插上一杠子，找机会向高纬敲边鼓，说祖珽是汉人且双目失明，怎么能担当此等大任呢！高家向来以鲜卑人自居，汉人在北齐是受歧视的，可以做行政管理，可以出谋划策，掌管军队就不行了，况且还是负责皇帝和皇宫安全的禁军。祖珽双目失明，自身条件不好，好比让嗅觉失灵的人去做香水，高元海可谓说到了祖珽的两个软肋。

高纬不置可否。高元海又进一步添枝加叶，说祖珽和广宁王高孝珩有勾结，是个极度危险的人物。这招果然管用，皇帝最忌讳的就是臣子们暗通款曲，而且这种事又不太好印证，高纬于是暂时压下诏命，祖珽的领军职位也就此泡了汤。

任命诏书迟迟不下，祖珽知道有人做了手脚，再见高纬便先声夺人，说我和高元海素来不和，一定是高元海恶意中伤，在陛下这里说了坏话。祖珽猜测可能是高元海搞的鬼，但并无真凭实据，便想通过高纬的微表情，做进一步的分析和判断。那高纬毕竟年轻，平时说话都口吃木讷的，说谎更是结结巴巴，在祖珽这个老江湖面前没走两个回合便败下阵来，最后只得告以实情，确实是高元海说的。

果然是这小子，祖珽心里恨极，对高元海再不客气，说高元海还好意思说我和广宁王勾结，我们那都是正常的工作往来，高元海却是真的私结党羽，与司农卿尹子华、太府少卿李叔元、平准令张叔略等人朋比为奸，请陛下明察。有名有姓有事实，祖珽一口气说了一大堆，不由得高纬不信。

退下之后，祖珽兀自愤愤不平，又拐弯抹角踅到陆令萱的宫邸，把高元海泄露她秘密的事儿，绘声绘色地学了一遍，期间免不了佐以盐、醋以及辛辣辅料，整得鲜香可口，活色生香，听得陆令萱脸上一阵儿白一阵儿红的。最后她果断大义灭亲，让高纬下诏，将高元海贬为郑州刺史，尹子华、李叔元、张叔略一干人等，也全都被下放到了基层。

祖珽没能捞到领军之位，却获得了外交上的绝对胜利。鉴于他的忠诚表现，陆令萱为他谋得了骑兵曹和外兵曹两个职位，此外尚书省的机密、考核以及人事任免，也都由他一个人说了算。高纬对祖珽也愈加重视，因为眼盲，每次祖珽过来汇报工作，高纬都要叫好几个太监搀着他进进出出，并和他坐在一个榻上说事儿，亲切得连太监都嫉妒。有一次高纬听到兴处，还亲口许下永不杀他的诺言。

这次回朝，祖珽意气风发，连连升官，依然不改投机钻营的本性。不过随着岁数的增长和历经磨难，他对以往的蝇营狗苟也有反思，尤其是除掉斛律光，给他带来很大的震动。抄斛律光的家时，祖珽委派二千石郎邢祖信，负责家产的登记造册工作，尤其是预谋造反的弓弩刀枪。邢祖信完事后汇报，说总共抄得聚宴习射时用的十五张弓，一百支箭，此外还有七把刀，以及朝廷赏赐的两杆长矛。

祖珽不信，厉声问他：还抄到了些什么？不许隐瞒！邢祖信说，再有就是二十捆枣木棍子了，是处理家奴用的，据说斛律将军的奴仆和外人斗殴，他一律不问因由，先打自己家奴一百下。祖珽听完脸色一变，低声示意邢祖信闭嘴，说这事儿朝廷已有定论，还是不说为妙。

不让说归不让说，但斛律光这事儿对祖珽的触动还是很大的——至少在那一刻，他内心感到了极大不安。一个有威信的将军、一个于国有功的大家族，就这样轻而易举地毁于一旦，还被扣上谋逆的罪名，这是不正常的。他也有些后怕，怕这事儿哪天会落到自己头上。冷静下来，他开始重新审视自己以及帝国的一切——政事、人事和未来。

自高纬上位以来，以高氏宗族为首的勋贵集团，与以和士开为首的恩幸集团不断火拼，互有损耗，但总体上后者占据优势，因为有皇帝高纬为其背书。和士开死后，以陆令萱为首的新恩幸集团异军突起，如今大权在握，生杀予夺，愈发地不可一世。高阿那肱新近被任命为录尚书事、总知外兵及内省机密，与领军大将军、昌黎王韩长鸾，以及中领军、城阳王穆提婆共掌中枢，并称"三贵"，朝野睹之无不侧目。

尤其是韩长鸾，这个当初的太子侍卫，随着高纬即位而一步登天的家伙，虽为汉人却以鲜卑自居，对汉人有着严重偏见。他特别憎恨汉人中的读书人，动辄叫嚣杀光汉狗，咬牙切齿让人不寒而栗。这些人的言行让祖珽心惊肉跳，他猛然醒悟，自己不过是他们打压勋贵的一枚棋子，也是他们下一步的清除目标。他不想坐以待毙，总感觉未来还有另外一种可能。

　　他开始在自己主管的尚书省搞改革，一改前弊，选贤任能，补充新的力量。他还打算将改革推向全国，进一步裁减机构，淘汰冗员，进行人事换血。他奏请皇帝建立了文林馆，延揽学术人才，以培养自己的势力。北齐逐渐形成了一个以祖珽为首的新的汉人集团，不可避免地撬动了陆令萱集团的利益，新的冲突如箭在弦，一触即发。

　　陆令萱母子向祖珽发出过几次叫停的警告，祖珽却充耳不闻，依然故我，甚至连表面上的尊敬、客气都显得生硬了，气得陆令萱暗自发狠，你断我的财路，断我的后路，那就别怪我断你的生路。

　　祖珽其实也考虑到了危险，但他毕竟是老江湖，做事依旧有板有眼，长期混迹官场的经验以及在官场争斗中练就的手段，再次有了用武之地。他照例先发制人，暗示御史中丞丽伯律，让他弹劾主书（主管文书的官）王子冲受贿一事。此事牵涉到穆提婆，他想以此发端，顺藤摸瓜，将穆提婆、陆令萱、韩长鸾等人一网打尽。

　　王子冲很快被收审，祖珽看到了希望，但他知道仅靠一己之力是绝对不够的，便又做了些人事上的准备。他招揽陆令萱的对头——原小胡皇后的人为后援，奏请高纬任命小胡的哥哥胡君瑜为侍中、中领军，又征调胡君瑜的哥哥、梁州刺史胡君璧回邺城，准备提升他为御史中丞。

　　想象和实操之间，总是隔着一道黑暗、不可见底的深渊。祖珽想到了缠斗的艰苦、前途的曲折，却没想到如此艰苦、如此曲折。陆令萱集团根深蒂固，盘根错节，复杂程度远远超出他的想象，就是陆令萱本人的能量也被大大低估了。面对祖珽的进攻，这个高贵、优雅的太姬秒变凶狠悍妇，在高纬面前撒泼打滚，无所不用其极。在她的强势干扰下，胡君瑜最终被解除了中领军职务，改任金紫光禄大夫，胡君璧仍回梁州任刺史，王子冲则无罪释放。

这一仗，祖珽彻底败北。一些作壁上观的人彻底倒向了陆令萱，就连他一手提拔起来的吏部尚书段孝言也离他而去，和韩长鸾一起，不停地在高纬面前诋毁、诽谤他。那些原本准备罢黜的太监宵小们，更是轮番不停地说他坏话，真的、假的、有形的、没影的，或旁敲侧击，或含沙射影，或无意流露，或直言不讳，手段不一而足，形式千变万化，以集体的力量颠倒乾坤，把祖珽描绘成一个十恶不赦的恶棍，以至于高纬大为疑惑：你们之前可没少拍祖珽的马屁啊。

带着疑问，高纬找来太姬陆令萱——他亲爱的奶妈，这祖珽可是她推荐来的，怎么就变成这样了？给朕说道说道。陆令萱早知有此一问，就像当初跟胡太后捉迷藏一样，故意沉默不语，只做出一副惋惜的表情，先营造了一会儿气氛。等高纬再三催促之后，她才一脸无辜地叹了口气，迅速完成了角色的转换。

为了立于不败之地，也为了堵高纬的嘴，她首先进行了自我表扬式的自我批评，说老婢该死，当初我是听和士开说他机智博学，有些本事，不想让国家错失良才，所以才推荐了他。现在看来，这是个隐藏很深的狡诈之徒，人心真是难测啊，老婢看走了眼，实在该死！

轻描淡写的几句话，便将当初启用祖珽的真实目的，转换成了为国选才的良苦用心。而选才、用人难免失察，且又是和士开的主张，干干净净地把自己择出了事外，同时又不露声色地将太监宵小们的话全部坐实，给这个"奸臣"祖珽定了性——这陆令萱到底不是个一般人。

高纬自然不会对这个"实在该死"的老婢怎么样，他随即敕令韩长鸾对祖珽展开调查，核实相关情况。让祖珽的对立面去调查，无异于判了他的死刑，韩长鸾果然不负圣望，很快便查实了诸如伪作敕书、骗取赏赐等十几桩罪证。

铁证如山，无可辩驳，高纬即刻免去祖珽的侍中、尚书左仆射、开府仪同三司等官职，外放他为北徐州刺史。若不是当初立下不杀的重誓，估计这次就让他见了阎王。祖珽不服，要求觐见申辩，却被韩长鸾挡在了门外。祖珽要赖，坐在地上不走，韩长鸾招呼两人过来，硬生生把他架了出去。

半年之后，南朝陈的大军势如破竹，祖珽所在的北徐州被敌军包围，穆提婆故意不派兵增援，准备陷他于死地。危急中的祖珽运筹帷幄，大义凛然地唱了一出空城计，不但保住了南疆硕果仅存的北徐州，还让帝国挽回了些许面子。

47

真假面具

高纬处死北齐大将军斛律光，乐坏了北周武帝宇文邕，而接下来高纬毒死北齐的传奇英雄——兰陵王高长恭，则大大鼓舞了南朝陈的士气，很快以压倒之势尽陷江、淮。

高长恭又名高孝瓘，是高澄的第四子（一说是第三子），在高殷时代被封为兰陵王。兰陵王的全称应是兰陵郡王，兰陵郡是西晋时期从东海郡析置的一个年轻行政区，区域范围包括丞县、戚县、兰陵县、合乡县和昌虑县，郡治设在丞县，郡名则源于治下的兰陵县。兰陵县在今天的山东省临沂市西南，其余诸县，大致都在今天的山东省枣庄市境内。

兰陵王高长恭是个很有历史存在感的人物，他曾经的传奇，历来为人们所津津乐道，如今更是成为一些文学作品和影视剧的主角，再次引发人们的好奇和关注——为人熟知的手游角色"兰陵王"，原型即是这位北齐王子。高长恭传奇，自有他传奇的理由，别的不说，单论样貌和气质，就非常与众不同。

高长恭长相如何，史料并无详细记载，《北齐书》中笼统地说他"貌柔心壮，音容兼美"，《旧唐书》则概括为"才武而面美"，信息的基本面都是容貌出众，赏心悦目。不过"柔"和"美"显然不太适合形容男人，据此判断，他的外形应该偏女相——而且说话也偏女声。

一些后人的笔记也印证了这一特质，崔令钦在《教坊记》中，直言高长恭"貌若妇人"，缺少男性的阳刚。刘𫗧在《隋唐嘉话》中，则说他"白类美妇人"，"妇人"之前又多出一个"白"和"美"，让女性——或者说美丽女性——的特征更加明显。

高长恭样貌出众，说起来也是有基因传承的。他的爷爷高欢和奶奶娄昭君，当初就是帅哥美女的结合，前文说过，鲜卑籍女子娄昭君出阁前，说媒拉纤的几欲踏破门槛，那长相自然吸睛。而身形挺拔、齿白如玉的高欢更是帅到没朋友，迷得大美女娄昭君瞅一眼就非他不嫁。高长恭的父亲高澄，十二岁时便出脱成潇洒英俊的小帅哥，母亲是谁虽无记载，但高澄喜欢美女却是不争事实，不论是谁长相一定错不了。

高长恭继承的女性基因可能多一些，所以样貌偏阴柔，但也并未基因突变成娘炮，依然保留着"才武""心壮"的男人气概，这二合一的气质如今大受欢迎，举手投足都能俘获一批懵懂少女或少男的心。不过彼时的北齐崇尚彪悍的异域风情，高长恭虽说有着一身好武艺，敢在阵前勒马、横槊喝敌，但论长相就有些吃亏，不符合古代——特别是战场上——硬汉的审美标准，甚至不排除有些自卑。所以他每次打仗都要戴上一副面具，青面獠牙，令人不寒而栗，以弥补威慑力的不足。

高长恭的本事在高洋时代便有所表现。突厥兴兵晋阳，时任并州刺史的高长恭便以勇猛和无畏，博得叔叔高洋的喝彩，也获得众将士的交口称赞。不过他最为长脸也最为传奇的战事，还是前文提到的那场惊天地、泣鬼神的邙山大捷。河清三年（564），北周联合突厥进攻北齐，进围洛阳，高长恭奉命前去增援，部队驻扎在洛阳城北的邙山，一同前往的还有并州刺史段韶、大将军斛律光。当时高长恭戴着面具杀入敌阵，制造出强烈的视觉冲击。

按照《北齐书》的记载，高长恭杀到金墉城下，"免胄示之面"，"胄"是头盔之意，似乎还没有开始戴面具。但其他一些记载，比如同为二十四史之一的《旧唐书》，唐代史学家杜佑所撰《通典》，唐代笔记小说《隋唐嘉话》，以及南宋王灼所著评论随笔《碧鸡漫志》中，都明确提到他当时"著面具对敌"。

面具的材质也是说法不一，有说青铜的，有说铁制的，还有说木头刻的——据唐人崔令钦在《教坊记》中记载，高长恭认为自己的样貌"不足以威敌，乃刻木为假面"。木质轻便，戴在脸上可能舒服些，但不管何种材质，外在艺术表征都是凶狠骇人，制造强烈的视觉冲击——几百年后，北宋有位叫狄青的名将，也戴着这样一副面具冲杀疆场，当是高长恭的铁杆拥趸。

邙山之战，不但让来势汹汹的北周东征军黯然失色，也让高长恭在北齐一夜成名。不过人们对热点的追逐往往热情而短暂，随着记忆的缺失，所有讯息都将被过滤出去，尤其是两国交战，最后留下的往往只是一个以地名或年号命名的、模模糊糊的事件原象。邙山大捷的威名也是暂时的，它会逐渐淡出人们的视听，而被另一些更巨大、更新鲜的战事取代。

真正成就高长恭日后传奇的，是邙山大捷后一次不经意的炒作，那个场景高长恭记忆犹新，成为他一段时期血脉贲张的荣耀和心满意足的回忆，也终将成为他生命中最后几年不断闪回的噩梦。北齐战士彼时异常兴奋，不停地高声欢呼，手舞足蹈，互相叙说着这次意外的胜利。而高长恭则成为胜利的主角，谁也不会想到，这个长相俊美甚至有些腼腆的兰陵王，在战场上如此勇猛，如此能激发热血。那副神秘面具引爆了惊艳瞬间，让人们更加痴迷、向往。

好奇心不断催生着新的话题，在口耳相传中，高长恭不可避免地蒙上了一层神话般的神秘色彩，一些过往和旧事也被重新提起，成为述说传奇的新的补充。比如他作为一个名副其实的"王二代"，却为人低调、谦卑，从未刻意展现高高在上的王者姿态。他没有任何不良嗜好，也没做出过任何令人不齿的行为。他是个与民亲善、态度温和的好将军，每次得到好吃的，哪怕只是一个西瓜、几个苹果，他也要和将士们一起分享。

高长恭不迂腐，他是一个头脑灵活，有创意、有巧思的年轻人。唐朝人张鷟在《朝野佥载》一书中，记载了这样一件事，说高长恭制作过一个会跳舞的西域胡人，可以听从主人指挥，比方说他想劝谁喝酒，那个胡人男子就捧着酒杯向谁作揖，形象憨态可掬，萌动可爱，带给宾客诸多欢笑，人们即便喝多了，也会忍不住再喝一杯。

这虽则不是人工智能，起码也是机械传动，属于彼时的高科技，引爆宴会也是必然。《朝野佥载》属于笔记小说，民间记载免不了道听途说、张冠李戴或者夸大其词，但不大可能凭空杜撰。此记载或者确有其事，或者将别人的事加在了高长恭身上，又或者不是高长恭的发明，而是别人送给他的礼物，不管事实如何，都体现了高长恭的社交能力和人格魅力。

随着邙山叙事越来越宏大，赞美越来越洋溢，最后人们发现只有音乐才能表达彻底，再现彼时的心境，不知不觉竟哼唱出来。有好事者受到启发，不失时机地提炼、升华，最后谱写出一首《兰陵王入阵曲》。

此曲属于集体创作，自然也受到集体热捧，加之曲子曲调优美，歌词朗朗上口，很快便传遍北齐各个兵营，甚至成了出战疆场的军歌。将士们开饭时唱，训练时唱，休息时唱，打仗时唱，几个人聚在一起合唱，一个人时独唱，就是退伍回乡了，还要在家里唱，最后家人亲属都会唱了，连三岁小孩儿都跟着哼哼。

伴随着整齐划一的集体抒情，高长恭的大名也就此传遍北齐的各个角落，传到了南朝陈、北周以及北方的突厥，成为那个时代当之无愧的流行情绪。就是几百年后，这件事依然有人提及，比如北宋词人贺铸的《题兰陵王碑阴》诗，就说到了这次邙山之战，以及战后流行的《兰陵王入阵曲》：

　　金墉免胄战，破阵何神速。乐府有遗声，当歌凯旋曲。

高长恭不是神，而是血肉之躯的普通人。普通人被称作神，却仍滞留于人间，还不是人间天子，这事儿就很麻烦了，也非常危险。盛名之下，高长恭感到一股无形的压力。这种压力发轫于他卓越的功勋，发酵于人们过度的赞誉，最终失陷于《兰陵王入阵曲》传播的泥潭。随着声名日隆，他的压力越来越大，感觉也越来越不妙。

高长恭之所以感觉不妙，是因为他熟悉并清楚身边的环境。北齐已经不可避免地走了下坡路，新君胸无大志，佞臣、小人一味逢迎，他们自成一派，互相倾轧也互相抬轿，不允许出现另外的、与之相对的标杆和偶像。英雄无用武之地，甚至会死得很惨，斛律光就是前车之鉴。

高压之下，高长恭如芒在背，再也没有先前的放松。出于本能，他开始下意识地保护自己——他已经嗅到了危险的味道，必须迅速做出调整。他将那副凶悍、威武的面具雪藏，不再示人，这个给他带来无限荣耀的标志性物件，现在无疑成了最敏感的累赘。

缺少人物和故事，一度风光的面具也像失去了灵魂，开始变得颜色斑驳，暗淡无光。高长恭偶尔会在心情不好的时候拿出来擦一擦，把玩一下，再感叹几声，多数时间则束之高阁，不敢触碰，取而代之的是另外一副面具——一副不借助任何器具伪装，却使用时间更长、范围更广的面具，就像许许多多的同僚一样。

入朝参拜时，他一改往日旧习，不让任何仆从跟随，牵马坠镫或者抬轿掀帘，就只自己一人去，一人回，孤身只影，孑然一身。他不想在任何形式、任何细节上提醒人们，他就是那个一飞冲天、万众瞩目的时代英雄。为了表彰他的功勋，高湛让人买了二十个美女给他做妾，他也只留下一个相貌普通的意思意思，其余如数退回。

高长恭的转变让人始料不及，就像当初戴着面具从天而降，让敌军张皇失措、阵脚大乱一样突然。而更让人不可理解的是，一向廉洁自律、节俭低调的他，开始变得贪婪、疯狂起来。

48

弦外之音

因为事件的关联或者身份的差别，人们说话有时会产生偏差，而生出弦外之音。这在平时可能没什么，若处于热点追捧的峰顶或是舆论争议的漩涡，就要分外小心了。小心倒不是因为怕，而是这两个极端的场景并不正常，极易放大说话的效果，甚至产生歧义。

按照《北齐书》的记载，高长恭的性情改变，和一次谈话有着莫大关系。小皇帝高纬即位后，有一次和这个漂亮堂哥拉家常，回忆起当年那场生死攸关的邙山之战。在高长恭谦虚而轻描淡写的叙述中，他依旧听出了惊险的味道，不禁插了句嘴，说你入阵太深了，万一有什么闪失，后果不堪设想啊。高长恭叙事被打断，想都没想便回了一句：

家事亲切，不觉遂然。

如此回答，和当时谈话的语境、氛围不无关系，高纬作为兄弟——而不是国君——的亲切关怀，让高长恭感受到了血浓于水的亲情，气氛到那了，也就自然而然地流露心声，进一步表达自己对高氏江山以及高氏大家庭的双重责任。然而高长恭这样想，高纬却不那样想，为君者的敏感、多疑，让他听出了另一种味道。

北齐是高氏家族的不错，但在皇帝高纬眼里，北齐却只是他一个人的，其余都是臣子顺民，不管叔伯大爷还是兄弟子侄，都得奉他为老大，向他顶礼膜拜才行。高长恭跟他称"家事"，显然淡化了君臣关系，甚至还有点妄自尊大。这高纬就不高兴了，找你拉家常那是皇恩浩荡，你不能蹬鼻子上脸啊。

如果高长恭只是一个默默无闻的普通将军，或是高氏家族一个庸庸碌碌的普通皇亲，安于一隅，胸无大志，这样说话也没什么大问题，因为他构不成实质性的威胁，高纬最多一笑了之，还显得很大度，很亲善。可高长恭偏偏是一个威名显赫的大将军，而且手握兵权，有着极强的号召力，这高纬就犯嘀咕了。

看着一脸诚恳却掩饰不住得意的堂哥，高纬一下子感觉自己很渺小，心中醋意油然而生，眼里登时现出不快。戛然而止的停顿，瞬间凝滞的空气，以及高纬稍纵即逝的微表情，没有逃出高长恭的眼睛，他本就是个谨慎、敏感的人，功成名就之后更加低调、内敛。然而百密一疏，一激动还是说错了话，真是言多语失啊，但话已出口无法收回，只能靠以后的表现来给自己加分了。

正是基于此，高长恭才不惜自毁长城，下了高调贪腐的决心。为了尽快收到最佳效果——自那次谈话后，小皇帝那张藏不住事儿的胖脸上，便写满了猜疑和不信任。他的表现必须直接、干脆、不容置疑。

邙山大捷后，高长恭曾短暂履职尚书令，而后继续转战地方，历任司州、青州和瀛州的刺史。每到一地，官民无不雀跃——能在偶像麾下效力、治下生活，自然是一种荣耀。可这些人转瞬便有了新发现，原来这个大神级别的大英雄，并非想象中的完美，跟以前那些官员没啥两样，甚至在贪婪、苛刻、脾气暴躁方面不遑多让。管理也一团糟，跟期望值相去甚远。人们在大摇其头的同时，开始怀疑高长恭的为人，甚至开始怀疑当年那场著名战役的真假。

高长恭自我抹黑并非出于本意，让人质疑品质更是情非得已，但他又不得不这样做，否则便会被小皇帝猜忌，进而被那些见风使舵的同僚孤立。这些年来高氏家族内部残杀，在权力争斗中死于非命的叔伯、兄弟太多了，他不想重蹈覆辙。两害相权的选择着实不好受，他每天都在纠结、挣扎中度过。

不过高纬似乎更喜欢现在的高长恭，一个贪婪的人是不会有什么影响力的，这就够了！至于贪多少钱、受多少贿都无所谓，毕竟江山是高家的，这才是咱们高家的“家事”嘛。他那张胖脸也像六月里变幻莫测的天气，骄阳驱散了阴云，暖洋洋地令人感动。

由于高长恭表现太过积极和刻意，以至于贪腐动作有些生硬，吃相很难看，在瀛洲任上遭到行参军阳士深的弹劾。高纬想都没想，便把他的奏折丢到一边，然后下令免了他的职务——他不会纵容这种“不和谐”的声音。

其实邙山大捷之后，高长恭还有过一次露脸的机会。前文说过，高湛死后第二年北周来袭，围困宜阳城，大将斛律光前去增援，采取围魏救赵之计，北上转攻北周的定阳，然后趁周军抽调宜阳兵力驰援时迅速南下，拿下宜阳。当时留在定阳继续攻城的，是太宰段韶和兰陵王高长恭，后来段韶生病，高长恭便成了作战总指挥。

定阳的守将是北周的汾州刺史杨敷，他紧闭城门，坚守不战，抵抗十分顽强，双方一度胶着。此时的高长恭贪腐已成习惯，就在两军酣战的间隙，他都没有停止自己的远景规划，依旧毫无节制地克扣军饷，聚敛钱财。

因弹劾高长恭而被免职的阳士深，彼时也在军中服役，每天提心吊胆，如履薄冰，他不怵君子兰陵王，却怕"小人"高长恭，担心这个性情大变的长官借机报复自己。他苦闷到了极点，便将这种担忧告诉了许多人，以缓解无形的、无法释然的焦虑和压力。高长恭本无此意，听说后也只有苦笑，他让人把阳士深绑来，结结实实揍了二十大板，好让他安心。那意思，我对你已经毫不留情地进行了打击报复，这事就算过去了。

说起来这阳士深也是倒霉催的，如果他不散播消息也就罢了，高长恭可以装聋作哑，可他逢人便说，老高就不能沉默了，睚眦必报才能与贪官自洽，为了以正视听，进一步维护"贪腐"的标签，只好高调牺牲一下阳士深的屁股了。阳士深也乐得挨这一顿板子，暂时的皮肉之苦换来精神上的安全感，还是很划算的。

目睹高长恭的所作所为，亲信尉相愿很是担心，终于忍不住劝阻高长恭，说大王肩负着朝廷重任，怎么可以如此贪财呢！高长恭沉默不语——他也无法回答。尉相愿登时明了，一语道破天机，说大王难道是因为邙山之战威名太盛，故意给自己身上抹黑吗？高长恭嘴角抽搐了一下，避开尉相愿犀利的追问眼神，幽怨地望着远处，许久才微微颔首，说正是这样。

尉相愿轻轻摇头，继而重重叹了口气。这声叹息，既有为主子感到惋惜的哀伤，也饱含对朝廷不满的愤慨——几年之后，他又发出了同样一声叹息。那时北周大军早已兵临邺城之下，已经当上领军大将军的尉相愿不忍山河破碎、国土沦丧，联合新任司徒莫多娄敬显，准备破釜沉舟，伏杀奸臣高阿那肱，并拥立广宁王高孝珩为帝。结果功亏一篑，气得他拔刀砍柱，慨叹大事去矣！两声叹息跨越时空，连接着北齐最后几年可预知的情绪和调性，也游荡着他昔日主子兰陵王高长恭幽怨的冤魂。

鲁迅说过，面具戴久了就会长在脸上，再揭下来就得伤筋动骨扒皮。高长恭都还没真的揭，只是被人触碰了一下，就已经疼得龇牙咧嘴了。看着一脸痛苦、茫然的主子，尉相愿心如刀割，只得以旁观者的睿智加以点拨：朝廷若真想对付你，现在这样也能定你的罪，这不是避去一祸又招一灾吗！这话真真儿戳到了高长恭的痛处，他抬头望天，刚毅而英俊的外表再也掩饰不住内心的脆弱，竟默默流下泪来。他心里装了太多的事，不能说，没人懂，这下总算得到了释放。

待情绪稍稍稳定后，高长恭主动向尉相愿请教。尉相愿没有扭转乾坤的能力，也只好退而求其次，说大王以前功勋卓著，因而遭到猜忌，再打胜仗威名就会更盛，恐怕真的会招来麻烦。现在宜阳易守难攻，大王不如托病回家，别打这一仗了。虽然认可尉相愿的说法，但高长恭到底没能放下这次战事，而且很快又立新功。

定阳城三面挖有河壕，只剩东南一条退路，高长恭先从队伍里挑选出一千名精兵强将，预先埋伏在城东南的涧口，之后下令猛烈进攻。因围城日久，定阳守军已现疲态，加之城中粮草匮乏，援军又迟迟不到，战斗力大大衰弱。杨敷见势不妙，只得率兵连夜突围，被北齐伏兵抓了个正着。

攻破定阳后，高长恭又乘胜追击，一举拿下之前被北周军占领的姚襄城（在今山西省吉县境内，此城是十六国时期后秦帝国的奠基者姚襄所筑，因而得名），这才凯旋。

此战之后，高长恭开始找各种理由远离朝堂，并借机推掉了一切军务。但这种推脱是借口式的推脱，又不免为寻找合适的借口而上火。有一次他上火上到牙疼，肿了半边脸，他望着镜子里那张漂亮但不协调的脸，竟然露出了一丝扭曲的笑——不管怎样，总算又找到一个冠冕堂皇的理由了。

这种提心吊胆却又相对安稳的日子，一直持续到南朝陈的大军袭掠江淮的时刻。

49

神话消失

南方的南朝陈如今已步入陈宣帝陈顼时期。陈顼是陈国第二任皇帝陈文帝陈蒨的弟弟，陈蒨死后，其子陈伯宗即位，陈顼作为辅佐大臣，逐渐掌控军政，并在北齐武成帝高湛临死前两个月，废黜侄子自立，成为陈国的第四任皇帝。陈顼是个有头脑、有抱负且野心很大的皇帝，他见北齐朝政混乱，小人当道，便想趁火打劫，夺回萧梁时期失掉的江淮领土，甚至想顺势攻灭北齐。

陈顼信心满满，战意高昂，未想议政时却遭遇当头棒。朝中诸公意见不一，主张打的只占少数，而且态度也不是很坚决。多数人过惯了稳定、安逸的日子，不想再多生事端，明确表示反对，搞得陈顼很是窝火。最后还是侍中、镇前将军吴明彻主动请缨，坚决支持北伐，才彻底坚定了他的信心。

北齐武平四年（573）三月，陈顼任命吴明彻为都督征讨诸军事，裴忌为监军事，统率十万大军北上伐齐。吴明彻即刻兵分两路：东路由自己指挥，向秦郡（治所在今江苏省南京市六合区）方向进军；西路由都督黄法氍率领，向历阳（今安徽省和县）方向出击。

北伐军进展非常顺利，黄法氍任命前巴州刺史鲁广达为先锋，在大岘山（在今安徽省含山县东北）大败齐军，接着又打退了北齐的增援部队，很快逼近了历阳城。吴明彻则顺利拿下了秦州城。

秦州城是北齐在秦郡南境建造的一座城池，紧挨南陈国土，为边境防御要塞，城前还专门修了一道水渠，贯通长江和滁水，以作天然屏障。听说陈军来犯，齐人早用粗大树木做成栅栏放置水中，以期阻挡陈军攻势。可这木头栅栏哪里管用啊，吴明彻只派豫章内史程文季带了几百个勇士，便在一夜间将其清除干净，大军随即跟进，秦州城的防御也随之全线崩溃。

前线失利，高纬急忙召集群臣会商。开府仪同三司王纮发言时慢条斯理，说官军接连失利，邺都已是人心浮躁，如果再调军队屯兵江淮，只怕北面的突厥和西面的周国会乘虚而入，后果不堪设想，所以还应以大局为重，不能操之过急。又说：只要陛下轻徭薄赋，休养生息，使朝廷上下和睦，远近归心，届时天下肃清，那陈国就更不在话下了。

高纬对这种浪漫主义的远景规划并不感冒，但他也的确不想惊动国本，盘算了一下，最后还是决定意思意思，让开府仪同三司、领军将军尉破胡挂帅，率领一支杂牌军驰援秦郡，并让熟悉江淮地形的侍中王琳做他的副手。

对于这种安排，已在祖珽败落后重新回朝的司空赵彦深表疑虑。他说陈国来势汹汹，气焰十分嚣张，朝廷不派精兵不行，不让得力之人挂帅更不行。他认为派尉破胡去无异于螳臂当车，白白送死。秘书监源文宗对尉破胡也不看好，他之前曾履职秦、泾二州的刺史，对江淮一带的风情地貌也很熟络，主张让王琳单独挂帅，然后去淮南一带另行募兵。并胸有成竹地说：这些人为保家乡，自当出力卖命。但高纬对这些意见不以为然，赵、源二人也只有相对叹气的份了。

尉破胡初担大任，一时踌躇满志，即刻领兵南下，与陈军在石梁（在今安徽省天长市西北）遭遇。王琳劝尉破胡，说吴明彻这人诡计多端，不可小觑，而且陈军刚刚取得胜利，正是情绪高涨的时候，应该避免和他们短兵相接。不如先遏住他们的攻势，再慢慢消灭他们不迟。

那尉破胡立功心切，哪里肯听？北齐这支杂牌军成分比较复杂，内有鲜卑兵、汉兵，还有西域的杂胡兵。尉破胡特意挑选那些身高体壮、精于骑射的西域胡人，组成名为"苍头""犀角""大力"的几个先遣军和敢死队，威风凛凛，杀气腾腾，迅速摆出决战的架势。

吴明彻早已看出尉破胡的用心，所以并不着急。他坐在中军帐里，拿出一壶酒，摆上两个菜，然后把巴山太守萧摩诃叫来，开始使用激将法，说你打仗一向勇敢，是员猛将，这点我十分认可，但若和前辈关羽相比，还是有一定差距的，你想不想跟关公平起平坐？

萧摩诃是个不善言谈的直肠子，听完大嘴一咧，瓮声瓮气地回答，当然想啦，做梦都想。吴明彻点头，说想就好，据本都督观察，齐军的士气全在那些西域胡兵身上，你若能消灭他们，敌军就会不战自溃，你也就能和关二哥比肩了。说完亲自给萧摩诃斟酒、递筷，让他陪着喝两盅。老萧受此礼遇，酒没下肚就上了头，拍着胸脯朗声说道：大都督只管告诉我胡兵长什么样，我一定干掉他们。

吴明彻早有准备，招手让人带来几个齐国降兵，让他们详细描述西域胡兵的面貌特点和体格特征。萧摩诃听完，心中已有印象，仰脖儿干下一觥酒，也不吃菜，用手背擦了擦嘴角，一拱手，说大都督您就瞧好吧。之后转身出帐，单人匹马直奔齐军阵地而去。望着萧太守远去的背影，吴明彻捋着胡须，不住地颔首微笑——他对这小子的本事还是很有把握的。

齐军没想到凭空杀出一醉汉，那些胡兵刚要弯弓搭箭，萧摩诃早已冲到眼前，双手频发，投掷出无数枚铣鋧（一种铁质的小矛或小凿子），发发必中脑门，胡兵应声倒下一大片。进得敌阵，萧摩诃大刀挥舞，有如切菜砍瓜，又杀了几个膀大腰圆的大个子胡兵，齐兵骇得纷纷后退，人踩人，人挤人，稀里哗啦乱了阵脚。对面的吴明彻早已看得真切，令旗一挥，大军如潮水般掩杀过去，齐军就此败北。

尉破胡以最快的速度吃了败仗，让北齐士气大挫，在接下来的一个月里，南朝陈大军如入无人之境，接连取得胜利：南谯太守徐榬攻克石梁城，接着又拿下了庐江城，瓦梁城和阳平郡则不战而降；历阳城守军抵挡不住，假意向陈军乞降，待黄法氍减缓攻势后又加强了守势，黄法氍一怒之下亲自上阵，破城后将守军全部杀光，北高唐郡闻讯不战而降；南齐昌太守黄咏攻克了齐昌外城；庐陵内史任忠攻破了东关的东、西二城，进而攻下蕲城、谯郡城；在陈军的高压之下，秦州、瓜步、胡墅等城相继投降。

以上诸城、诸郡，石梁城在今安徽省天长市西北，庐江城在今安徽省霍山县东北，瓜步、胡墅以及瓦梁城均在今江苏省南京市六合区境内，阳平郡在今江苏省宝应县，北高唐郡在今安徽省宿松县，齐昌外城在今湖北省蕲春县西北，东关、蕲城均在今安徽省巢湖市境内，谯郡城在今安徽省宿州市境内。陈军兵锋所指，涵盖了江淮大部，并进一步突破淮河向北经略。

不管南线战事如何惨烈，都与兰陵王高长恭没有任何关系。勇气这东西似乎也有生命力，它会随着困难和磨难的增加而逐渐积累，也会随着逃避与苟且的增多而渐趋消亡，高长恭久不参与军事，不去前线打仗，每日唯唯诺诺，勇气早已消磨殆尽。他没了冲杀疆场的冲动，也没了喝退敌兵的胆量，甚至连起码的热血也都没了。

眼见江淮国土沦丧，高长恭不但没有主动请缨，再立新功，相反却害怕自己被征召，害怕再次成为领兵出征的将军。每次前线战败的消息传来，他都要躲在家里来回踱步，战战兢兢地不住唉叹。他甚至想起了去年的牙疼，不知是口腔有了抵抗力，还是火气转移了部位，这次居然没有脸肿，搞得他照着镜子不断嘟囔：这脸怎么还不肿啊！那是恨不得即刻卧倒在床，好名正言顺地躲避各种讯息给他带来的压力、恐惧和煎熬。

当此时，无数个热泪盈眶的热血青春都已不复存在，激情渐渐远去，只剩下意识的习惯、顺从和无可奈何。在人群中或者独处时，他都感到一种从未有过的寂寞，他唯一的发泄方式，就是偶尔躲起来的老泪纵横。他也久已不去库房，把玩那副曾经让他风光，让敌军闻风丧胆的恐怖面具了。

面具上锈迹斑斑，早没了当初的风采，就像他那俊朗的外表一样，失去了威武的英姿，只剩下黯然的漂亮。由此，他也开始痛恨自己健康的体魄，既不锻炼，也不食补，头疼脑热还拒绝吃药，终于如愿以偿地卧病在床了。昔日的战神已全然成了废人，属于他的时代也早已谢幕。

高长恭想让高纬忘了他，可高纬偏偏某日灵光闪现，想起了这个久未谋面的漂亮堂哥，即刻派人召他进宫，想问问他对战事的意见。当得知这尊帝国的"战神"依旧在家抱病时，高纬把这阵子因败战而积攒起来的怨气、怒气，一股脑儿全撒了出来，咬着后槽牙挤出几个字：什么有病，我看是装病！不想为朕效力，不为"家事"分忧，朕留你何用！

几天之后，亦即北齐与南陈战事即将白热化的武平四年（573）的五月初三，高纬派尚药典御徐之范给高长恭送去一碗特别配置的毒酒，并交代徐之范，要亲眼看着高长恭喝下去。

高长恭骇得脸色惨白，双手颤抖地接过酒盏，对着瘫软在侧、兀自抽泣的老婆郑氏，有气无力地申辩：我忠心事主，不负于天，为什么要这样对我啊！郑氏绝望地看着他，哀求他去向皇上求情。高长恭摇摇头，无意再做无罪辩护，喃喃自语了一句：皇上是不会见我的。闭了眼，将毒酒一饮而尽。

50

迷雾重重

河北省磁县讲武城镇刘庄村村东，有一座兰陵王墓，即为当年兰陵王高长恭的葬身之地，如今是国家 4A 级景区，兰陵王碑也被列为国家重点保护文物。当地有许多关于兰陵王的演义、传说和戏曲，一直兴盛不衰。近几年一些影视剧和游戏的火爆，又将这个尘封已久的北齐将军送上热搜。

被鸩杀之前，高长恭对自己的结局是有预感的，因为他做了一件类似料理后事的事情，就是仿效战国时期孟尝君门客冯谖的做法，将家里价值千金的外欠契据全部烧毁。这既是一种放下，也是一种放不下，放下的是身后利，放不下的是身后名。名和利一直反复纠缠、困扰着高长恭的后半生，名声太盛时，他想用"利"来消除"名"的副作用，却又做不到彻底放弃，死后仍想获得某种意义上的认可。高长恭的五弟、安德王高延宗在经过哥哥墓地时，曾赋诗悼念：

夜台长自寂，泉门无复明。

独有鱼山树，郁郁向西倾。

睹物令人感，目极使魂惊。

望碑遥堕泪，轼墓转伤情。

轩丘终见毁，千秋空建名。

在诗中，高延宗对兄弟的真情，对功名的感悟以及对人生的慨叹，是可以清晰感知的。那一刻，他甚至不乏哲学上的思考。

在诸兄弟中，高延宗跟高长恭的感情应该是最深的。高长恭最为风光的时候，有一次跟哥儿几个谈论起邙山之战，他像往常一样，详尽叙述了当时双方的排兵布阵以及战场杀敌情况，照例赢来兄弟们的阵阵赞许。在这种以羡慕、夸耀为主题的集体抒情中，声音往往是一致的，在理性面前，人们似乎更在意维护一种约定俗成的氛围。这种情况下，高延宗的不同意见就显得尤为刺耳。

他似乎没听过瘾，摇着肥头大耳，直言四哥还不够大丈夫，遗憾他没有乘胜追击，说当时要是他在的话，会一鼓作气，捎带脚连周国都给灭喽。这话并没有贬低高长恭的意思，而是对勇猛的另一种诠释，是一种赞叹的升华。换句话说，他认为哥哥彼时战斗力爆表，不但能吓破敌胆，还能灭掉敌国。当然，高延宗如此说，也是哥儿俩亲密无间的一个侧面。

高延宗口无遮拦，也给我们提供了另一种思路，让我们重新审视给高长恭带来杀身之祸的那次对话。高纬当年所谓"入阵太深"的评论，或许只是军事角度上的担忧。无论当时情势如何，高长恭作为中军将领、三军统帅，都不应该如此冒失激进，而且只带了五百人，完全是以命相搏的节奏。这是一个不容忽视的现实问题。

作为帝国的接班人，高纬从小接受的是帝王式的思维和训练，难免会从"帅"的角度想问题，对高长恭的排兵布阵以及军事冒险存有疑虑。而高延宗等兄弟对勇猛的赞叹，则是对"将"的肯定。两种视角，会得出两种截然相反的结论。高长恭可能听出了这层意思，急于分辨，很自然地与"家事"相连，上升到政治高度，赋予其新的意义。脱口而出的话，往往是内心的真实反应，这就难免让初登皇位的高纬产生歧义。

不止一处资料表明，高纬是一个敏感的帝王，自小耳染目濡高氏家族的自相残杀，有着神经脆弱的一面，既缺乏安全感，也缺乏地位上的自信。最初他是认可这个堂兄的，前文说过，高长恭在高湛时代一直履职地方刺史，太上皇高湛死后，高纬才将其提拔到帝国中枢，出任录尚书事、太尉之职。但正因为位处中枢，有了兵权，高纬才会更加敏感。当然这只是一种推断，并非阴谋论，不管怎样，高纬对高长恭一开始并无怀疑，是这次随机的谈话出了问题。

此外还有一个疑问，那首《兰陵王入阵曲》怎么产生的？完全成于偶然吗？恐怕没这么简单。对高长恭的战神形象感受最深，讲起来头头是道，并想赋之以歌的是哪些人？无疑是那些跟着他杀入敌阵并且幸存下来的人，这些人应该是他的亲信，按照高长恭的作风，此后还会成为生死弟兄，那么这些人热捧他也就顺理成章了。

歌曲不会一下子产生，产生之后的传唱也需要一定时间，可期间并没见高长恭有什么反应，不排除他很享受这个过程，并任其发酵的可能。他的内心是狂热的，是想成名的，只是他没想到反受其累。中国自古就讲究平衡术，过于低调、含蓄会无人问津，而木秀于林风必摧之，人们只能找准自身位置，被动地接受肯定和认可。

高长恭不是一个能征惯战、百战百胜的将军，在段韶、斛律光的光芒映照下，他一直作为配角出现。然而《兰陵王入阵曲》指名道姓，显然将他作为主角并且是唯一的主角，在形式上忽略了所有人，这就难免把他送上风口浪尖。关于这一点，从他的仕途起伏中也可窥知一二。

邙山之战后，高长恭由并州刺史升任尚书令，但仅仅过了四个月便被高孝琬取代（高孝琬的结局前文已有交代），他则再次出京出任司州牧。司州是国都邺城所在的州，地理位置非常重要，但再怎么重要，其长官司州牧也属于地方官，跟尚书令不可同日而语。而后高长恭又履职青州、瀛洲刺史，官儿越当越远，存在感越来越低。直到太上皇高湛死后，高纬独自扛起北齐大旗，他才得以再次回朝，历任录尚书事、太尉、大司马等职。

邙山之战发生在河清三年（564），亦即高湛退位为太上皇帝的前一年，定阳拉锯战发生在武平二年（570）前后，也就是高湛死后的第二年。在此期间，高纬虽说已被推上皇位，但真正说了算的还是太上皇高湛。也就是说，对高长恭存有戒心的，应该是高湛而非高纬。

这个时期也是高长恭被神化进而贪腐自保的时期。如果那次谈话发生在这期间，并不能证明高纬对高长恭有了意见，因为高湛死后，高纬再次重用了高长恭。如果谈话发生在这之后，则与高长恭此前的自污构不成因果。那次谈话或许没那么重要，只是被后人放到了一个很重要的位置。

高长恭死后十二年（584），给高长恭送毒药的御医徐之范因病离世，终年七十八岁。十二年斗转星移，物是人非，北齐早已为北周所灭，而北周又被隋朝取代，徐之范也先后在北周和隋朝任职，伴随了数任帝王。数年之间，恍若隔世，高长恭的"千秋万岁名，寂寞身后事"却在民间悄然发酵。

　　人们崇拜英雄，同时也同情失败者，尤其是那些曾经让人热血沸腾的失败者。英雄落寞总是充满了诗意、悲怆和豪情，很容易成为后世文学、戏剧和艺术加工的对象。重塑英雄形象，也会弥补普遍的无力感，就像当初《兰陵王入阵曲》的传唱一样，曾经战场放歌的集体记忆，不可避免地转化成了一种执念：假如高长恭还活着，北齐不致走到这般田地。

·第十一章·

孤独的狂欢

51

惊天血案

与如今的兰陵王热不同，高长恭的死在北齐行将灭亡的最后几年没掀起任何波澜，就像一个曾经辉煌一时而后星光暗淡的名媛，再次复出已失了先前的人气一样。高长恭的心血到底没有白费，先是贪婪成性赢来骂名滚滚，而后隐于朝堂变得音讯全无，人们似乎已将他忘却，抑或是对忠臣良将的死业已麻木，不足以引起内心的震颤了。

唯一引起的躁动，反出现在南朝陈的大军之中。作为北齐的对手，他们比北齐人更容易记住那些对他们有过巨大威胁的人。高长恭今非昔比，其本人已构不成任何实质性威胁，他绝不会再像先前那样，带着可怕的面具冲过来，潇洒而有力地挥舞兵器了，甚至他还会不会骑马拿兵器都是个问题，这个他们也有了解，他们怕的不是这个，而是怕他所代表的那个符号——不败战神。

这四个字弃之不用，没有任何功效，可一旦启用得当，便会唤醒沉睡的集体记忆，成为战场上的一种号召，一种凝聚的力量以及必胜的信念，让了无生气的千军万马重新沸腾起来。所以，这颗巨星的陨落着实让他们兴奋，也让他们的进攻来得更加猛烈。

南朝陈的大军分三路呈放射状全面铺开，进展十分顺利：西路，郢州刺史李综攻克漅口城（在今湖北省武汉市黄陂区漅水口）后继续挥师北上；中路，大将任忠以最快的速度拿下合州外城（在今安徽省合肥市境内），黄法氍将大旗插在了合州城门上，宣毅司马湛陀长驱直入，轻取新蔡；东路，豫章内史程文季马踏泾州（在今安徽省天长市西北），吴明彻渡过淮水，将仁州（在今安徽省灵璧县东南）踩于脚下，淮阳郡（在今江苏省淮安市淮阴区西南）、沭阳郡（在今江苏省沭阳县境内）的郡守望风而逃，将大好城池拱手相让。

期间，高纬曾派尚书左丞陆骞领兵二万驰援齐昌。陆骞从巴水、蕲水之间出兵，与南朝陈的安州刺史周炅遭遇。周炅一面以老弱将士为疑兵与齐军周旋，一面亲率精锐走小路抄到齐军背后，杀了陆骞一个措手不及。自此，北齐在江淮之间再也无力抵抗，破城的破城，投降的投降，一时兵败如山倒。

陈军顺利推进，其中尤以征北大将军吴明彻最为灵活，他北上拿下仁州后，又突然向西南折返，一举攻克了峡口（在今安徽省凤台县西南），继而挥师东指，进逼北齐的南部重镇寿阳（在今安徽省寿县境内）。

寿阳的守将，除了扬州刺史王贵显，还有自秦州败逃而来的侍中王琳。秦州兵败，高纬可能也意识到决策有问题，便按照赵彦深和源文宗的建议，诏令王琳去寿阳募兵，以最大限度地阻击陈军攻势。王琳初来乍到，还没来得及动员，吴明彻便连夜偷袭，攻破了寿阳外城，王琳和王贵显只得退守寿阳的两个内城——相国城和金城。在这里，二王作困兽斗，打败了陈军一次又一次进攻。吴明彻久攻不下，索性围而不攻，开始在四周筑围堰，引淝水灌城。

这个方法看似笨拙却十分有效，犹如钝刀子杀人，结果往往致命。没过多久，因为潮湿和病菌滋生，城内士兵、百姓开始大面积腹泻、浮肿，死亡人数超过一半，战斗力急速下降。王琳、王贵显二人一面登城督战，苦苦支撑，一面不断派人前往邺城请求救兵。

为了保住寿阳，高纬这次下了血本，派行台右仆射皮景和率十万大军驰往增援。可这皮景和是个衰人，因为尉破胡、陆骞都吃了败仗，故而心生胆怯不敢行进，便自作主张，将部队驻扎在淮口一带观望。寿阳方面见援军迟迟不到，连续派人询问，高纬又派出好几拨使者不停催促，皮景和这才艰难渡过淮河。可刚走到距离寿阳三十里处，大军却又止步不前了。

就在南线告急，寿阳吃紧，皮景和的援军走走停停之际，邺城出了一桩惊天血案。

高纬派皮景和援兵寿阳后，便打算去晋阳待一段时间。一来晋阳已是北齐的陪都，有些事情需要处理；二来邺城近来太过沉闷，加之战事纷扰，想去躲个清静。这事儿搁平时再正常不过，可此刻战事正酣，就引发了朝廷两派的争议。

提出反对意见的是国子祭酒张雕、侍中崔季舒、尚书左丞封孝琰，三人交换意见后，一致认为此行不妥：此时寿阳被围，激战正酣，朝廷的援军尚未赶到，这些都需要信使往来通讯，尤其应该让皇上第一时间了解战事的进展和军队的调度情况，去晋阳无异于人为地延长了通讯时间，会贻误战机。而且此行会让一些人产生误会，认为皇上是在有意躲避陈国锋芒，造成人心不稳，引来不必要的麻烦。

主意既定，三人又找来散骑常侍刘逖以及黄门侍郎裴泽、郭遵等人，一起联名进谏，劝高纬不要去晋阳。

可巧这三人都是韩长鸾打击的对象。张雕本是高纬的经书侍读，很受高纬青睐，他又与高纬身边的近侍何洪珍交好，何洪珍不断给他递好话，因而大有成为新宠的可能，引起韩长鸾的警觉。后来张雕又在何洪珍的举荐下做了侍中，加开府仪同三司，负责帝国的财政管理，时常向高纬奏报收支用度，并提出过许多中肯建议。高纬佩服他的学识和能力，常当面呼其为"博士"，令韩长鸾更加不舒服。

张雕出身低微，骤然成为国家栋梁，对主子感恩戴德之余，也激发了澄清天下之志，工作起来雷厉风行，不讲情面。比如节流宫廷中不必要的开支，管束皇帝身边的太监，劝诫骄纵的宠臣，等等，随处可见他的身影。对皇帝宠臣韩长鸾也是直言不讳，多次让对方下不来台。张雕不光工作认真，还颇有些政治头脑，议论时事鞭辟入里，高纬在某种程度上也很依赖他，从而又夺去本该属于韩长鸾的许多宠信。诸多原因绑在一起，二人关系便不可避免地势同水火了。

崔季舒和封孝琰就更不用说了，二人之前都受到过祖珽的优待和重用，本就是韩长鸾的对立面。尤其是封孝琰，当年还当着韩长鸾的面儿夸赞祖珽，说他是"衣冠宰相"，异于常人，颇有儒家风范，让韩长鸾这个以"杀光汉狗"为己任的胡化汉人咬牙切齿，忿恨不已。

张雕等人的进言并不顺利，他们首先遭到司空赵彦深、录尚书事唐邕，以及因倒戈反击祖珽而升任尚书右仆射的段孝言等诸多重量级人物的反对。本来张雕等人事先征求过此三人的意见，三人也都表示同意，结果不知什么原因——也许被人收买，也许真的认为他们小题大做，觉得晋阳是国之根本也该去转一转了，总之三人到得朝堂又临时反悔，大摇其头，气得崔季舒急赤白脸地和他们辩论，最后也没辩出个所以然来。

这时韩长鸾突然站出来，将这个朝臣之间再正常不过的争论，以莫须有的神逻辑，扣上了一顶大逆不道的帽子，从而改变了事情的本质。他对高纬说，这些汉人官员联名上书，表面上是规劝皇上不要去晋阳，实则是在逼宫，是变相的造反，应该将他们全部处死，以儆效尤。

高纬欣赏张雕不假，但说到宠信，却不能和韩长鸾相提并论——之前韩长鸾如芒在背的危机感，不过是小人作祟的一种心理反射。他本来就被前线战事搞得头大，经韩长鸾一说更没了安全感，便把崔季舒、张雕、封孝琰、刘逖、裴泽、郭遵六人，以及那些在奏书上签名的汉人官员全部召集到含章殿，就在殿外设置刑场，集体砍了脑袋。

韩长鸾兀自不解气，又命人把这帮人的尸首扔进漳河水喂了鱼。在韩长鸾的"关照"下，这些人的家属也全都遭了殃，男丁被流放北疆戍边，妇女配给奚官署（内侍机构）做婢，男童阉了当太监，家财则全部罚没充公。

邺城一时冤魂肆虐，让这座因败战而变得死气沉沉的城市，又蒙上了一层阴森恐怖的氛围。两天后，齐帝高纬大驾启程，按原计划去了躲避晦气的"阳光之城"——晋阳。

52

壮志未酬

与这场惊天血案相辉映的，是寿阳城被血洗。

听说北齐援军赶到，吴明彻的部将们都有些担心，纷纷到大将军帐中讨主意，说寿阳的两个内城城池坚固，一时半会儿攻不下来，而北齐增援的大部队就在附近窥伺，不知大都督作何打算？言外之意，是让吴明彻暂避锋芒，暂时放弃攻城。

吴明彻手捻胡须，微微一笑，说诸位莫慌，所谓兵贵神速，讲的就是抓住战机，争取主动。对方的援军到了却驻扎不前，显然是不敢前来应战，这倒让我想起当年项羽打败章邯的巨鹿之战，我们现在也到了破釜沉舟的时候，未尝不是个好机会！众将见主帅胜券在握，也慢慢升腾起信心，开始摩拳擦掌，跃跃欲试。

翌日，吴明彻穿戴整齐，上马提刀，先在军中来了个战前总动员，之后亲自指挥部队攻城。陈军将士大受鼓舞，加之北齐援军带来的紧迫感，都比着劲儿地玩儿命招呼，从四面八方发起总攻，终于一鼓作气拿下了两个内城，守将王琳和王贵显也被生擒活捉。

皮景和眼见寿阳城被彻底攻破，也不上前支援，领着十万大军撒丫子就往回跑，所带辎重——骆驼、马匹、兵器、粮草等，全都扔在营地，成了陈军的战利品。随后，北齐的另外两支小股援军，一支刚到颍口（在今安徽省颍上县西）便被陈将樊毅击退，另一支援救苍陵（在颍口与寿阳之间）也遭完败。北齐军全线溃退，狼狈不堪。

皮景和回到邺城后，战战兢兢生怕皇帝怪罪，没想到却出现令人匪夷所思的一幕：因为所有援军中只有皮景和的一支保全了部队，劳苦功高，竟被远在晋阳的高纬擢升为尚书令。不知那些浴血奋战的将士听说后作何感想，更不知绑在吴明彻中军帐前的王琳作何感想！

王琳的经历也很曲折，他本是南朝梁的大将——这也是高纬不委以重任的一个很重要的原因。当年侯景宰割江南，肆意践踏梁土，最后被南朝梁大将陈霸先和王僧辩击败，时任岳阳内史的王琳当时追随王僧辩，也因军功拜封湘州刺史。后来陈霸先袭杀王僧辩，拥立萧方智为傀儡皇帝，给王琳留了个司空的位置，王琳不但不为所动，还率领旧部造战舰与之对抗，继续为梁室效忠。在此期间，他曾多次击败陈霸先的部队，就连这次北伐风光无限的吴明彻（时任安州刺史），当年都是他的手下败将，在溢城（在今江西省九江县西）之役中差点丢了性命。

陈霸先以陈代梁当了皇帝后，王琳便北上投靠了北齐。当时孝昭帝高演非常高兴，毫不吝啬地给了他一大堆头衔，包括骠骑大将军、开府仪同三司、扬州刺史，并晋封会稽郡公，让他镇守寿阳。不过高演对王琳并不完全放心，随即又任命卢潜为扬州道行台尚书，以监视并牵制王琳。王琳与卢潜不和，最后双方闹得很不愉快，又被召回了国都邺城，改任特进、侍中之职。

王琳熟悉江南地形，又擅长水战，与南朝陈还是宿敌，曾打败过吴明彻，无论从哪一方面讲，都是这次南下御陈的最佳人选。可惜他不被信任在先，孤城奋战在后，事齐多年最终还是做了老对手的俘虏，壮志未酬，英雄未竟，心中的憋闷可想而知。

王琳在军中的威信非常高。他是个体态优雅、喜怒不形于色的人，虽没读过多少书，头脑却十分敏捷，记忆力尤其惊人，军府官吏、僚佐多达上千人，他全都能叫出名字，这点和点名不拿花名册的唐邕有得一拼。王琳治军严格，却从不滥施刑罚，也不看重钱财，很得将士之心，其为梁抗争、为主报仇的忠义之举，也赢得了北齐官兵的好感。

然而一个人威信太高不一定全是好事，有人爱就有人恨。王琳被俘后，许多老部下目睹老上司的狼狈，唏嘘哀叹，不忍直视，纷纷跑到吴明彻帐中为他求情。吴明彻不但没被感动，反怕夜长梦多生出事端，命人连夜打造囚车，将王琳押解回建康（今江苏省南京市）。

囚车刚刚行出二十里，吴明彻心里又犯嘀咕，怕路上有人劫车，便又派刽子手追上去，将王琳直接就地正法，然后将其首级送往建康。那些老部下们听说王琳死了，全都呼天抢地，痛不欲生。其中一人还备了酒肉，去王琳的遇难处祭奠了一番，最后哭到没了力气，才用酒壶收了地上的血离去——这应该是对死者最好的安慰了。

王琳首级送到建康后，陈宣帝陈顼诏令悬城示众。有个叫朱玚的梁朝故吏，当年与王琳私交甚厚，不忍看朋友受此凌辱，便写信给中书监徐陵，请他向陈宣帝求情，希望皇上宽大为怀，像当年汉高祖刘邦以王礼安葬义士田横一样，让王琳入土为安。陈顼最后恩准，把王琳的首级交给了朱玚。

为避人耳目，朱玚把王琳的首级暂时安葬在寿阳城北的八公山一侧，当时王琳的生前故旧前来送葬的有好几千人，场面甚是壮观。而后朱玚又悄悄抄小路越过南朝陈的防区，去北齐国都邺城另议迎葬事宜。不久之后，受人所托的寿阳人茅智胜等五人，偷偷将王琳的灵柩运送到了邺城。高纬追赠王琳为开府仪同三司、录尚书事，并谥号"忠武王"，将其风光大葬。

53

宜思好事

听到寿阳陷落的消息，北齐高层出现两种截然相反的态度。多数人悲从中来，阴郁的脸上写满了遗憾、悲观和失望，作为一国之君的高纬，情绪也很低落。而同处帝国中枢的穆提婆和韩长鸾二人，却丝毫不为所动，居然握槊不辍，还在那悠哉悠哉地玩游戏呢。

见高纬不开心，二人还宽慰他，说那些地方本来就是从南朝夺来的，他们要就让他们拿去好了，别说占了一个小小寿阳，就是把黄河以南全都占了又能怎样？咱们齐国依旧是泱泱大国，陛下也依旧是大齐天子，人生苦短，正该及时行乐，愁坏了身子不值得。左右近侍一时马屁轰然，纷纷称赞这种享乐人生的宿命哲学，并把谈论焦点引到关心皇帝龙体上来。高纬见人们这么在乎自己，也就即刻转忧为喜，一边派人到黎阳筑城（在今河南省浚县东北），以加强黄河一带的防戍，一边觥筹交错、莺歌燕舞地忙碌起来。

既然北齐不在乎，南朝陈大军当然也就不客气，渡过淮河之后继续北伐，并顺利攻下了南徐州（在今安徽省宿州市境内）。北徐州（包括今山东省泰安市、临沂市各一部分）的百姓好多都是以前萧梁的子民，听说南朝军队快打来了，纷纷揭竿而起，组成声势浩大的农民武装，开始向北徐州城进犯。

北徐州的刺史就是被韩长鸾等人挤对下来的祖珽，叛军听说他是个瞎子，根本没把他放在眼里。未想这帮乌合之众着实低估了祖珽的能力，待叛军临近州城，祖珽下令大开城门，然后清街噤声，让人们躲在家里别出来，只选了一些精壮的市民，与将士们一起齐聚城楼，等候命令。北徐州城登时一片死寂，有如一座空城。叛军一时搞不懂什么阵仗，怀疑人去城空，又怕中了空城计。正游移迟疑间，祖珽突然下令，众人随之擂鼓呐喊，声彻云天，叛军登时炸了营，惊得落荒而逃。

待跌跌撞撞跑了一段路，发现后面并无追兵，这帮人知道上了当，忙又调转枪头杀了回来。这次祖珽不再客气，命令录事参军王君植领兵迎头痛击，不给敌人喘息的机会，他甚至亲自骑马到阵前引弓，以壮声威。瞎子骑马已是骇人，且能弯弓射箭，每发必中，叛军的惊慌程度不亚于中了空城计，很快就又打了退堂鼓。

不过由于叛军人数众多，祖珽最后还是采取了防御策略，及时收兵回城据守，同时派人向中领军穆提婆求救。穆提婆对祖珽怨恨极深，存心让他城陷人亡，得信后反而更加轻松愉悦，没有任何发兵去救的迹象。祖珽且战且守十多天，最后叛军熬不住，终于一哄而散。

南朝陈大军占领北齐江、淮大部分领土后，攻势有所减缓，齐帝高纬也过了几天消停日子，但没过多久，他就又听到了一个不好的消息：南安王高思好造反了。

高思好不是高氏族人。他原本姓浩，是个孤儿，被高欢的从子高思宗收养为弟，取名高思孝。因其骑射功夫了得，后来便在大将军高澄身边做了侍卫。高洋称帝后，高思孝受封左卫大将军，并于天保五年（554）随高洋北征蠕蠕。高洋见其作战骁勇，称赞他是"鹘入鸦群，宜思好事"，故为其更名为"思好"。

有了御赐新名，高思好如虎添翼，屡立战功，地位也不断攀升，后来累迁至尚书令、朔州刺史的高位，并晋封南安王。朔州是北齐的北疆重镇，防御着北方的草原劲敌，让高思好镇守朔州，自是体现了一种信任和重视。高思好经营朔州多年，甚得人心，治下也还算太平。本来现世安稳，未来可期，未想却被一个不速之客打破了平静。

南陈北伐，高纬担心北周和突厥伺机夹攻，便派朝中大员去边境各要镇巡视，督促一下防御工作。负责巡视朔州的人叫斫骨光弁，也是高纬一个信得过的宠臣。高思好非常重视，小心接待，好生伺候，生怕出一点儿差池。可这斫骨光弁在上面待惯了，又得皇帝宠信，根本没把这个地方官放在眼里，整天颐指气使，摆出一副主人训诫奴才的冷傲架势。

武将出身的高思好本就是个直脾气，逢迎谄媚已然违心，哪还受得了这份窝囊气？自尊受损的同时，对朝廷的诸多不满也一一浮现，最后越想越不对劲儿，一怒之下于武平五年（574）正月举兵反叛，并向各地发出檄文，说高纬亲小人、远贤臣，不辨忠奸，自己要担起清君侧的责任，扫除那些城狐社鼠。

其实不用等到看檄文，高思好要造反的消息，高纬也早就获悉了。哪里都有萧墙之患，朔州也不例外，高思好还在密谋期间，便有人跑去邺城向高纬举报邀功，结果被韩长鸾几句话给打发了。韩长鸾和高思好是儿女亲家，韩长鸾的闺女嫁给了高思好的儿子，这关系自然要好生呵护。见高纬有心询问，韩长鸾赶忙上前迂回，说这人信口雌黄，诬陷朝廷重臣，如今正是用人之际，不处理会扰乱军心，影响大局。高纬也就不再细问，一挥手，将那人拉出去砍头，当了反面教材。

高思好率军抵达晋阳的门户阳曲（在今山西省阳曲县境内）后，大军短暂停留，在那里他自称大丞相，热热闹闹地设置百官，彻底与高纬朝廷切割了关系。随后大军开拔，直扑晋阳。守护晋阳的武卫将军赵海仓促间来不及奏报，便矫诏发兵抵抗。结果众将士并不买账，说南安王来了，我们应该高呼万岁，夹道欢迎，怎么能随便打呢？议论纷纷，也不好好抵抗。

高纬惊闻兵变，着实机灵了一家伙，忙派录尚书事唐邕、领军将军莫多娄敬显、开府刘桃枝以及中领军库狄士文等人，率精骑驰援晋阳，自己则亲率大军跟进。

平定高思好比预想的要顺利，朝廷大军一到，高思好的队伍早没了先前的壮志，一下子被冲击得七零八落，没了任何抵抗能力。高思好见大势已去，无可奈何地投河自尽。唯一值得称赞的是高思好麾下的两千亲兵，刘桃枝的部队将他们团团围住，一边砍脑袋一边劝降，结果这帮人没一个投降的，刘大力士这次可算过足了杀人的瘾。

高思好死了也没落好下场，他被人从河里捞出来，暴尸七日，然后屠割焚烧，这个当年"鹘入鸦群"的猛禽，也因"宜思好事"的一时之愤，化作一缕青烟，飘荡在帝国天空。他的王妃死得更惨，高纬让太监把她绑在柱子上练射箭，射成马蜂窝后又用大火烧成了灰儿。看着缥缈而去的高思好夫妇，高纬生出一丝残忍的快感，驱散了几日来的阴霾。

54

残忍之乐

在旁人看来，高纬的履历高端，且高不可攀。他一降生便在王爷府，有着一个五彩斑斓的梦幻开始，睁眼看到的是像陀螺一样围着他转的忙碌人群，男男女女一大帮，分工明确、小心翼翼地呵护他、爱护他，不让他受一点儿风寒，吃一点儿苦头。穿开裆裤时，他被立为世子，就是什么都不做，未来也可承袭父亲长广王的爵位，成为帝国的一方诸侯，有自己的府邸、宅院、后花园，有奴婢的伺候、侍卫的保护、姬妾的陪伴，还有食邑的郡县以及花不完的钱。

高纬的幸运还远不止这些。虚岁五岁时，父亲一跃而成为皇帝，他也理所当然地升格为皇太子，早早搬进了东宫，超越了世子时的所有预期——而这仿佛还是昨天的事。他很快成为北齐帝国的重点培养对象以及未来可期的接班人，享受着帝国最好的资源。十岁时，接班的日子早早到来，父亲迫不及待地退位为太上皇帝，他成了帝国新的掌门人，文武百官齐刷刷跪倒面前，山呼万岁，恭祝骨骼尚在发育的他万寿无疆。十四岁时他开始亲政，在发号施令中享受一言九鼎的帝王威风，直至九年后做了北周大军的俘虏。

除了结局暗淡，高纬的一生无不写满了幸运、富足和荣耀，这样的人生不是随便哪一个人都能拥有的，放眼北齐也只有他一人而已。然而高纬却并不快乐——或者说并没有人们想象的那般快乐。从现存的史料来看，字里行间呈现着生杀予夺、唯我独尊，却也透射出一种别样的味道——那是一种莫名其妙的空虚，像在深夜里独行，没人说话，看不清道路，还兼有对未知终点的恐惧。这种空虚长久相伴，最终转换成了一种孤独，试图逃离却又焦躁不安，身处繁华却又落寞无助，直到做了俘虏的一刹那，他才如释重负，真正从这种可怕的孤独中解脱出来。

高纬的孤独并非与生俱来，而是被别人逼出来的。它最初隐现于一种不情愿中，没有人问过他喜欢不喜欢，便拿掉了他儿童应有的率性和天真，用世子的标准去包装他、打造他。做了太子，他要牺牲很大一部分玩儿的时间，去学习那些枯燥的经书礼法，学习那些帝王之术。当上皇帝后时间就更少了，每天都要上朝议事，他不想去，他害怕见那些朝廷命官，看着整整齐齐、黑压压的一片人头，他甚至感到一种莫名的恐惧。

朝堂上的时间是最难熬的，那帮臣子们有说不完的话，他都要有所回应。可甫一张嘴，方知自己不善言谈，舌头僵硬很难打弯儿，结结巴巴半天说不成一个整句，那些对他来说本就懵懂、似是而非的学业，此时也根本派不上用场。这种状况在群臣的关切注目和安静等待中，表现得更加强烈，他憋得两腮通红，窘得恨不能大哭一场。

渐渐地，高纬有了心理阴影，他专门定了个规矩：任何人奏事，均不得行注目礼。不管你是位列三公还是录尚书事，也不管你官至大将军还是尚书令，都得低着头自说自话，不能有眼神儿交流。然而情况却变得更加糟糕，原本一方的别扭变成了双方的尴尬，臣子们只尿急一般略述要旨，便心照不宣地候立一旁，让他更加不知所措。

不过他很快便明白了，其实他根本不用为这些发愁。他不会说话有人替他说，他不会做事有人替他做，上面有父亲这个太上皇帝罩着，身边有母亲胡太后和奶妈陆令萱护着，下面有忠心耿耿且会玩、会耍的和士开、祖珽，以及能说会道的穆提婆、韩长鸾、高阿那肱等一帮人捧着，他只需正襟危坐地杵在那里，尽量保持姿势不变，表现出一种冷酷和威严就行了。他很快适应并习惯了这种形式，他变得沉默寡言，人云亦云，如行尸走肉一般苟且。

在这些看似荣光却甚是无聊的日子里，高纬极度缺乏自信，也鲜有独立思考，直到亲政也没能形成自己的治国理念。他像浮萍一样随波摇晃，无法排遣喧嚣中的寂寞，更无法释怀热闹里的孤独。这种孤独在寂寞中浸泡，长久淤积，周而复始，不断寻找着出口，最终唤醒了人性恶，转化为对生命的无视和人性的麻木，直到他的弟弟高绰到来，他才终于找到了属于自己的快乐——一种残忍而变态的快乐。

南阳王高绰也是高湛之子，与高纬同龄，且同年同月同日而生，均诞生于天保七年（556）的五月初五。高绰比高纬早出来几个时辰，本该是哥哥，可因为是庶出，故而贬为老二，反成了高纬的弟弟。与哥哥高纬不同的是，高绰的天性没有被束缚，然而却走向了另一个极端——顽劣无度。

十来岁时，高绰留守晋阳，喜欢玩波斯狗，养了一大群。尉破胡劝他不要玩物丧志，没事儿多看看书。他听了不高兴，嗽了一会儿嘴，突然毫无征兆地操刀杀狗，一连砍死了好几只，瞬间浑身是血，血肉横飞，骇得尉破胡撒丫子就跑，此后再也不敢大模大样地提什么意见或建议了。

稍大些，高绰被任命为司徒、冀州刺史，不久又转任定州刺史。官大官小、官做得好不好先放一边，还是和尿泥的年纪，他的心思也没在做官上，只不过这是高家的天下，他占了一个高官的名额而已。他的爱好是恶作剧，常常一个人站在房顶，拿着弹弓弹击路人，看着他们被打中后茫然不知所措，疼得龇牙咧嘴，或者吓得抱头躲闪的样子，他心底泛出的快乐会化作清脆的笑声，飘向远方的街道和天空。

单纯的顽劣也就算了，毕竟是这岁数，可接下来就不是一个未成年人干的事儿了，甚至都不能说是人干的事儿。高绰的偶像是二伯伯高洋，而且是酗酒成瘾、神经错乱之后的高洋，尤其崇拜他那泯灭人性的凶残以及毫无节制的滥杀。比如他惩罚下人，会让他们脱光衣服，在地上或跪或蹲或爬，模仿各种动物的神态，并根据神态在身上画出各种动物的形状，然后纵犬行凶，看人狗相搏。

更有甚者，有一次他牵狗去玩，在街上遇到一个怀抱婴儿的妇人。妇人怕狗，下意识地闪躲一旁，反引起高绰的注意。他上前一把夺下婴儿，扔在地上喂狗，恶狗霎时将其撕咬得血肉模糊。妇人呼天抢地，高绰嫌她聒噪，又放狗去咬，狗见妇人目眦欲裂，不敢上前，高绰便将婴儿的血涂抹在她身上，再引狗去咬，最后妇人也被恶狗撕碎。

高纬听说高绰玩得出格，让人把他锁拿归朝，要治他的罪。未想这个原本不错的初衷，却随着高绰的到来变了味儿，出于好奇——或者因为同龄人的亲切感——高纬问高绰，你在州府里最好玩的乐子是什么？高绰一听来了精神，开始绘声绘色地跟哥哥交流心得，说我经常让人捉一些蝎子放在容器里，再捉一些蛆虫放进去让蝎子蛰，看蛆虫翻滚，特别好玩。高纬听得心驰神往，即刻吩咐下去，让宫人连夜捉了三升蝎子，然后放到一个大洗澡盆子里。

为了收到更加直观、更有冲击力的效果，在高绰灵光乍现的建议下，蛆虫被置换成了一个囚徒，手脚绑结实后，赤身裸体地扔到里面。蝎子迅速攀爬，不一刻布满全身，眼耳口鼻无处不是。看着盆中之人哀号凄厉，扭动身躯做着无谓的反抗，高纬、高绰哥儿俩乐不可支，不断地为英勇的蝎子拍手叫好。

事后高纬意犹未尽，嗔怪而又深情地望了一眼高绰，说有这么好玩的事，为何不早点奏报？高绰羞愧地低下头，态度诚恳地接受哥哥的批评。如此一来，本该治罪的高绰反成了高纬形影不离的座上宾，还被擢升为大将军。

高绰的行为引起了韩长鸾的反感，也许是高绰抢了他的风头，也许是其行为突破了他的底线——当然，更多的可能是利益之争，新恩幸集团对高氏亲贵有着本能的排斥，高绰的升迁引起了集团的警觉。总之他没给韩长鸾留下任何好印象。随着年龄的增长，高绰不可能总在皇宫转悠，后来韩长鸾瞅机会使了个离间计，终于让高纬对他有了成见，将其下放到地方，出任齐州刺史。

完成了感情和职务的切割，韩长鸾又指使亲信上表，诬告高绰蓄意谋反，还精心准备了一些有力证据——具体什么证据如今已不可考，但想来一定"铁证如山"。高纬现在已经不太依赖高绰，甚至有了一些疏离的陌生感。将信将疑之际，韩长鸾适时拱火，说这事儿非同小可，绝对不能饶恕，也就越过逻辑，直接把事儿坐实了。

高纬到底不忍公开处决这个曾经陪他玩耍、给他带来诸多欢乐的好兄弟，最后以向兄弟致敬的形式，在后花园安排了一场类似蝎子蜇人的游戏。他招呼新近得宠的何猥萨——一个身高体壮的胡人大力士，跟身体尚未发育完全的小高绰徒手角斗。结果毫无悬念，何猥萨先是故意炫技，戏耍了一番高绰，之后使出绝命杀，只一下便扭断了高绰的脖子。

高绰虽然死了，但其追求欢乐的奇葩方式却得以保留，并被高纬发扬光大。至此，北齐高氏家族那种异乎寻常的疯狂，开始在高纬身上淋漓尽现，甚至远远超越了父辈。在高绰灵魂附体般的感召下，他将过去那种让人不喘气的简单屠戮，升华为极具观赏性的复杂虐杀。

高纬养鹰，给它喂狗肉，这狗肉不是死狗的肉，而是割活狗的肉，每日一割，犹如凌迟，狗要好几天才死，想想都不寒而栗。杀狗如此，杀人更是骇人，杀之前要先剥掉面皮，检视欣赏一番，然后再杀，让人更加毛骨悚然。以暴虐为乐，以残忍为戏，高纬在孤独中疯狂，又在疯狂中寻乐，不可避免地进入死循环的怪圈儿。然而虐杀之后，看着血淋淋的现场，他却变得更加孤独、寂寞。

55

无愁之愁

　　除了虐杀，高纬也会通过其他方式转嫁孤独，以表面的红火热闹去冲淡内心的寂寞。他继承了父亲高湛奢侈的遗风，更加疯狂地摆谱和铺张，在奢华与浪费中寻找满足感。其封赏极具随意性，想怎么封就怎么封，想怎么赏就怎么赏，光高氏之外的异姓王便封了上百位，领军将军有二十多个，侍中、中常侍不下几十人，开府、仪同不计其数，就连苍头奴仆刘桃枝——这个杀人无算的大力士都开了府、封了王，摇身一变成了贵族，其他宦官、艺人、巫师、奴婢等受封者，更是多达万人。

　　封官赐爵让高纬找到了为尊者的畅快，而受封者也投桃报李，绞尽脑汁地陪他戏耍，哄他开心，以期获得更大的上升空间，高纬龙颜一悦，大手一挥，又开始新一轮无节制的赏赐，出手也更加阔绰。最后国库赏空了，就随手分他们几个郡县，让他们卖官冲抵赏金，以至于一些乡官都带有浓郁的皇家色彩，比如敕用州主簿、敕用郡功曹，等等。

　　那些后宫女人自然跟着沾光，得以在奢华中彰显美丽和魅力，就连普通的嫔妃也都能享受高消费，衣香鬓影自不必说，一个梳妆台都要花费千金。高纬先生乐得看她们舒展婀娜身姿，展开服装竞赛，女人们也正求之不得，于是争先恐后，变着法儿地花钱，早上刚换的新衣服，还没到晚上便弃若敝屣——因为已经过时了。

高湛当年曾为胡皇后做过一条珍珠裙裤，花费钱财无数，后来不小心被火烧坏了，高纬对之记忆犹新，也想照样子给穆邪利女士来一条。因珍珠不够，他特别派遣出一支胡人商队，带着足足三万匹彩锦，专门去北周的市场进行交易。结果周人不知怎么获悉了齐人目的，坚决不卖给他们。高纬的拧劲儿也被激起来，给商队下死命令，说换不来珍珠就拿你们的脑袋当珍珠，最后克服种种困难还是做成了，感动得穆邪利眼泪巴叉，兴奋得一宿没合眼。

不光是人，就连畜生也跟着风光起来。高纬的宠物狗喂的都是粮食和肉，不但吃得好，还有坐骑，在马背上铺了皮褥，让它端坐其上，睥睨众生。高纬的御马待遇比人还高，所吃食物有十多种，讲究营养搭配，到了冬天还用毛毯给它做衣服，以免着凉。

除了骑马、遛狗，高纬还喜欢斗鸡，胜利者待遇极高，和他钟爱的马、鹰、犬一起，敕封仪同、郡君等显贵名号——如"赤彪仪同""逍遥郡君""凌霄郡君"，并按相应的级别标准配给——当然也有倒霉的，像前面说的割狗肉喂鹰，当属狗之不幸者，肯定也不是宠物狗。

最让高纬兴奋的保留节目，是观赏种马交配。届时，他会早早让人搭起青庐（用青布围起的帐篷，多用来举行婚礼），给它们当婚房，自己则在安全范围内另辟最佳观赏场所，摆好酒菜、果品，众嫔妃列侍，一起坐等惊心动魄的一幕。

这些还都不算什么，更烧钱的活儿是土木工程，大型建筑，那钱花得海了去了。所建亭台楼阁，高纬今天看了喜欢，明天不喜欢就让人拆了重修，建成后又说还是之前的好，就又拆了恢复原样，直到他老人家兴趣寡然，工程才算告一段落。工匠们在高纬朝秦暮楚、反复无常的变化中，几乎得不到片刻休息，晚上要点起火把加班，冷了就用热水和泥，春夏秋冬，夜以继日，没完没了。开凿晋阳西山大佛像时，曾一晚上同时点燃万盆油灯，漫山遍野，场面煞是壮观，火光恍然照到了晋阳宫中，照到了高纬的卧榻之侧。

高纬害怕安静，就像磕磕巴巴的说话在静谧的大殿中回响，让他感觉不知所措一样，也许他只有听到丁丁当当的斧凿声，看到熠熠闪耀的灯火，才能驱散黑夜的孤寂。他变着花样疯狂，就是想让周边狂躁起来，他需要不影响他休息的噪音，需要适可而止的人头攒动，需要一种动态、张弛有度的安宁。

伴随着奢华无度，高纬还会走向另一个极端，就像吃腻了山珍海味，偶尔想吃路边摊一样，享受那种就低的新鲜感和差异感。他在华林园修建了许多低矮、破落的茅草屋，还建造了一个穷人市集，有卖菜的、卖肉的、卖水果的、卖小玩意儿的，自己则往来其中，看看这个，瞅瞅那个，装模作样地进行交易。有时他还故意穿得破破烂烂，扮成叫花子行乞，玩得不亦乐乎。

在纵情肆意中，高纬一直在逃避国事，却又不可避免地受到国事困扰。北周屡次兴兵犯齐，让他好梦难圆，气愤之余着人画了一些西部边境的城防图，依样仿建，然后让侍卫们穿上周军的黑衣，假扮周兵攻城，自己则率领众太监、众嫔妃、众宫女在城内顽强抵抗。在己方莺声燕语，敌阵鬼哭狼嚎的喊叫声中，高纬取得了一个又一个重大胜利。

高纬漫无目的地荒废着他的青葱岁月，寂寞芳华，犹如没有灯塔指引的夜航船，不知哪里是岸。他渴望找到一个归宿，一个能让内心获取片刻安宁的归宿。他一直没有找到，直到祖珽第三次回归，将他带入了一个全新的、更加广域的世界。

祖珽眼不能视物，内心却愈发敏感、细腻，他在高纬疯狂、任性和寂寞之外，灵敏地捕捉到了一丝文艺气息。他没有错过这个微小的正能量，也没有错过将其放大的机会。他适时奏请设立了文林馆，招揽一些精通文学、艺术、音乐、绘画，以及技术、历法、星象、卜筮的汉人做待诏（即随时听候皇帝的诏令召唤），让他们行走禁廷，伴随高纬左右，满足他对文艺和技艺的一切好奇心。

文林馆首先是一个学术机构，在客观上促进了北朝的文艺繁荣。其用人看才能而不看门第，学术氛围好，包容性强，因而招揽并培养出一大批年轻的学者型人才，比如邢邵、魏收、阳休之、徐之才，等等。邢邵、魏收与之前东魏时期的温子昇，被后人合称"北地三才"，是南北朝文学的代表人物，其中两个出自文林馆，可见当时影响之大。

这帮人平时说话都是文艺范儿，言语中夹杂着学术专业，俨然成了一种时髦的社交方式，不适应、跟不上或者没真本事的人便无所适从，被高雅边缘化。比如当年被高洋割掉胡子的"齐须公"许惇，便囿于这种新的社会情绪，既听不太懂，也插不上嘴，只好尴尬地杵在一旁，捋着齐刷刷的半截胡子，微笑而茫然地回忆那些"美髯公"的美妙岁月。

文林馆犹如一场文学盛宴，在历史上久负盛名，除了一些颇有影响的文集和诗集，其最大的贡献和成就，是编撰了有 360 卷之多，包括 55 个部类、240 个子目的《修文殿御览》。该书承前启后，以之前祖珽偷了卖钱的《华林遍略》为蓝本，并成为后世巨著《太平御览》的参考。

当然，祖珽设置文林馆并不只是为了学术，取悦高纬自不必说，同时也是为了扩充自己的势力。这两个目标可以说都达到了，高纬对文林馆很满意，他任命中书侍郎李德林、黄门侍郎颜之推为同判馆事，专门负责馆务事宜。再有诏告或公文，也不再找秘书监或秘书郎，而是交给文林馆办理。

在皇帝的重视和依赖下，文林馆逐渐变成一个具有政治影响的智囊机构，对传统的老旧势力——尤其是新恩幸集团，形成了不小冲击。这也是自杨愔集团覆灭后，汉人贵族扭转时局的最后一次努力，可惜一切为时已晚，北齐这架老旧的复古列车早已驶入泥沼，无法自救。

文林馆红火一时，让多年来死气沉沉的北齐宫廷一扫往日阴霾，焕发云雾初开新气象，也将皇帝高纬引向了另一种人生。

从遗传学上说，高洋的疯狂与胡闹，高湛的残忍与昏庸，在高纬这里似乎都有继承。但当他喜欢上文学之后，人们才惊奇地发现，原来他继承最多的，是伯伯高演的忧郁特质。在文学的引导下，他继而转向对音乐的孜孜追求，犹如几百年后南唐后主李煜散发的不可遏制的诗人气息一样，他也很快呈现出一个“音乐家”的完美气质。

高纬喜欢的不是中原音乐，而是西域胡乐。胡乐在北齐是一个特殊存在，几乎贯穿了帝国的始终，高纬之前的高湛、高洋全都喜爱并精于此道。在皇帝本人的参与、鼓舞下，胡乐在北齐宫廷蓬勃发展，并开始在官场、民间漫延，挑动着帝国神经，填补着士人空虚，也成为北齐高层社交、攀龙附凤的有效载体。

彼时借此上位的人不在少数，比如后宫，先是和士开向高纬推荐了会弹筝的毛夫人，而后彭夫人、李夫人也因擅长胡乐相继得宠。再比如官场，乐师曹妙达、安未弱、安马驹等人，因擅弹琵琶而得以封王、开府，成为一支独特的、影响极大且不可忽视的宫廷力量。尤其是曹妙达，琵琶技艺技压群芳，一时风光无两。

曹妙达出身琵琶世家，和其他宫廷乐师以及前文提到的和士开一样，弹的不是中原的直项琵琶，而是传自西域的曲项琵琶。当初曹妙达的祖父曹婆罗门，曾专门向龟兹商人学习此项技艺，并赢得了文宣帝高洋的认可和称赞，经常敲击胡鼓为他伴和。曹妙达的父亲曹僧奴，也因琵琶弹得好得到高纬的赏识，而晋封为日南王。他的两个女儿也藉此成了宠妃——小女儿因善弹琵琶进位为昭仪，高纬还为她盖了一座壮观绮丽的隆基堂，后因陆令萱诬陷被杀。曹妙达也在琵琶声中飞黄腾达，晋封郡王。他虽然穿上高贵王服，却不改伶人做派，反成皇宫一朵不伦不类的奇葩，一度引发人们对王者含金量的深度怀疑。

高纬似乎天生具备音乐天赋，他尤其擅长弹琵琶，不但自己弹，还能自己谱曲，自己演唱，可谓音乐全才。其代表作《无愁曲》音韵缭绕、哀思婉转，感染力极强，每每演奏完毕，伴随余音袅袅的，往往是一片窸窣、唏嘘的啜泣声。

《无愁曲》是大型演奏曲目，不是高纬一个人表演，而是招呼上百名太监、奴婢一起过来，站好队，分声部地给他伴和——场面之恢弘，不逊于悉尼大剧院的音乐专场。《无愁曲》成为高纬的保留曲目，他不只在宫廷演奏，外出巡行也不耽误，不管走到哪儿，只要兴致来了，立马搭台奏乐，他也因此荣膺"无愁天子"的雅号。

世间哪有无愁之人啊，不过是愁的东西不一样罢了。高纬看似无愁，实则寂寞，他只是在多才多艺的伶人、奴婢以及众嫔妃的陪伴下，在诗文、音乐的缝隙中，找到了一个排遣寂寞的出口，纵情狂欢的背后是无尽的空虚。高纬治下的北齐帝国，在文艺与娱乐的驱动下，呈现出前所未有的热闹与活力，回光返照一般，加速着末日的来临。

也正是从那个时候起，高纬开始被一种莫名其妙的情绪困扰，这种情绪被高雅包裹，随旋律起舞，在音符中流淌，又被天籁之声带上缈缈夜空，变得更加空灵、幽怨。他冲破了寂寞的藩篱，却跌入孤独的深渊，并由此触发了另一种疯狂——一种隐秘的、充满温情与浪漫的疯狂。

·第十二章·

帝国的黄昏

56

战地鸳鸯

有艺术细胞的人，似乎都不太适合从政，这是两种不同的用力方向。高纬是真的爱艺术，也真的懂艺术，他渴望的是伯牙、子期般的浪漫交融，而不是朝堂上的貌合神离。不久之后，一个漂亮、别致而又有气质的女人冯小怜的出现，让他的理想成为现实。

说到对女人的迷恋，高纬和他的父辈们——以及天下所有的正常男人——相比，也并无特别之处，容貌姣好、身姿婀娜、风韵而多情的女人，总是激发荷尔蒙的首选。只是在奶妈陆令萱的精心抚育和照料下，他对女人除了情欲、爱欲，还多了一分依赖，犹如当年叔叔高演对母亲娄昭君的依赖。比如小胡和小穆，他能在她们身上找到尊严、自信和满足，也能找到躲避风雨、躲避孤独的港湾。

不过这些都是暂时的，小胡、小穆虽然漂亮、迷人，也偶尔催生冲动，却始终没能进到高纬的内心深处。唯有冯小怜，才真正让他感受到了一种泛自心底的快乐，这快乐让他忘了母亲，忘了帝国，忘了身边的所有，一直持续到死。几年之后，北齐国灭，高纬做了周军的俘虏，周主宇文邕很大度地表现胜者的姿态，问他有什么要求，想见什么人。高纬想见的，既不是母亲胡太后，也不是曾经恍若仙子的穆邪利，而是他的灵魂伴侣冯小怜。

冯小怜的出现比较偶然，她本是穆邪利身边的侍婢，是穆邪利为了保住自己的后宫地位，而适时推出的一个牺牲品。花无百日红，美貌不长久，这个道理穆邪利懂，那个多情善感、多愁善变的小皇帝，不可能总像现在这么对她好。既然迟早会移情别恋，倒不如自己争取主动，一则可博得好感，二则让信任的人上位，对自己也不无裨益。主意打定，经过一番精心策划，她终于在五月五日高纬生日这天，隆重推出打扮一新、温婉可人的冯小怜女士，美其名曰为皇帝"续命"。

所谓"续命"，是一种古代的习俗。五月五日其实不只是高纬先生的生日，也不只是端午节吃粽子这么简单，它还是一个不太吉利的日子，《说文解字》中说：

五月，阴气午逆阳。冒地而出。

这里的"午"是十二地支里的"午"，古人以干支纪日，逢"五"为"午"，所以五月五日又称"重午""端午"。这句话的意思是说，五月五日是阴阳转换的临界点，之后阴气会从地里冒出，并逐渐胜过阳气。民俗由此将五月五日称为"恶月恶日"，要在手臂上系五彩丝辟邪。"五彩丝"就是用五种颜色的丝线搓成的细绳，又叫"续命缕"，寓意延续生命。

穆邪利别出心裁，很乖巧地将花哨却没有温度的五彩丝绳，换成了香甜、温润、娇媚动人的美女冯小怜，让她代为"续命"，想必更能催生高纬先生的阳刚之气。当然，穆邪利嘴里的"续命"应该有着双重含义，既是为高纬讨个吉利的口彩儿，也是要延续自己的荣宠与富贵。

冯小怜具备小胡、小穆当年的一切优势，年轻、漂亮、懂风月，聪明、乖巧且善于察言观色，能在男人最需要感觉的时候，适时去撩拨一下他的心弦，让美妙唤醒每一个细胞。她还具备她们所不具备的优势，她与高纬有着共同的爱好，是个会弹琵琶、会调琴弄箫的高手。悠扬而幽怨的曲子最动人心，这是人类共同的情绪，也是冯小怜的曲风。此外她还长袖善舞，让抽象的音符更加灵动。

高纬欣喜若狂，这个久在花丛不知花香的男人，竟有了小鹿撞胸的初恋感觉，他对美人迟暮的穆邪利报以感激的微笑，然后忘掉国土沦丧的种种不快，全身心扑到冯小怜这个真爱加新欢身上去了。此后皇宫里溢出的温情，与南方战场上的金戈铁马形成了鲜明对照，高、冯二人整日厮守一起，坐则同席，出则并马，愿得生死一处，共享美丽时光，那叫一个腻乎。这个温柔貌美、处处洋溢着艺术气息的冯小怜，正像一朵盛开的百合花，任由芬芳、娇艳恣意地弥漫、张扬。

武平四年（573）六月，也就是战神高长恭刚刚归西，南朝陈大将吴明彻的北伐大军所向披靡，攻陷江淮大部分城池之时，高纬正带着心爱的淑妃冯小怜在南苑游玩。时值酷暑，二人于闷热的天气中狎昵依偎，你侬我侬，不知疲倦地走着、看着、玩着，虽汗流浃背却丝毫不以为意。随行者一个接一个地中暑倒下，二人也全然不放在心上。

南朝陈大军占领江淮之后，开始放缓攻势，与北齐形成对峙。北齐朝野不那么焦躁了，高纬和冯小怜也玩得更加起劲儿，他们通过音乐、舞蹈、旅游放飞自我，在追逐真爱的道路上疾走狂奔，直到两年后迎来一场灭顶之灾。

北齐朝纲败坏，高纬只知玩乐，让北周武帝宇文邕看到契机，于武平六年（575）八月，再次向老对手发起了进攻。三年前，韬光养晦十二载的宇文邕，设计除掉了北周自立国以来便把控朝政的大冢宰宇文护，开始推行自己的改革计划。他下大力整顿吏治、肃清弊政并关心民生，国势很快强盛起来，由此也激发了东窥之心。不过这次进攻因为略显仓促，并未达到预期效果。

北周的东征军共分两路，一路由宇文邕亲自率领，攻克河阴（在今河南省洛阳市孟津区东）后进围金镛城，遭到北齐洛州刺史独孤永业的顽强抵抗。独孤永业采取疑兵之计，连夜赶制了二千个马槽，周军侦知后，以为北齐援军将至，非常害怕，攻城也没了信心。

另一路由齐王宇文宪率领，攻陷武济（今河南省洛阳市孟津区东北）后进围洛口（即洛水汇入黄河的入口，在今河南省巩义市东北），并迅速拿下东、西两座防城，还下令烧毁了连接黄河北岸永桥城（在今河南省武陟县境内）的浮桥，以截断齐军南下援洛的通道，唬得永桥大都督傅伏急火攻心，连夜进入中潬城（建在黄河中潬洲上的一座防城）增援。接着宇文宪又攻下南城，完成了对中潬城的孤立。在这里，北周军遭到了强势阻击，连攻二十天未下。当北齐右丞相高阿那肱率军从晋阳南下，到达黄河北岸时，恰逢周主宇文邕生了病，两路东征军只好连夜撤退。

第二年（576）十月，宇文邕再次亲率大军东征。带着去年因病退军的遗憾，这次他摩拳擦掌，立志一雪前耻。

一年多的时间过去，北齐并无多大变化，高纬虚惊一场之后继续玩乐，期间下过两道圣旨：一是大肆搜刮杂户女子充实宫掖，凡十四岁以上二十岁以下还没出嫁的全部入宫，隐匿者死罪；二是修建气势恢宏的度假胜地——邯郸宫（在今河北省邯郸市境内）。糟心的事儿也有一桩，就是近几年非常活跃的南朝陈大将军吴明彻领兵进犯彭城（今江苏省徐州市），在吕梁山（此吕梁山不是山西省那个吕梁山，而是位于今天的徐州市铜山区东南的一片丘陵）大败十万齐军。

除此之外朝野依然如故，钩心斗角，卖官鬻爵，忙得不亦乐乎。唯一引发感慨和议论的，是司徒、宜阳王赵彦深的死，这个为人温和、恭谨的五朝元老撒手人寰后，北齐中枢执掌机密的权贵，较为正派、敢说真话的，就只剩下侍中、开府仪同三司斛律孝卿等为数不多的几人。

北周这一年则收获颇丰，宇文邕派太子宇文赟与大将军王轨、宫正（北周东宫官，类似于太子师）宇文孝伯一起，巡抚北周的西部边疆，顺道攻打吐谷浑国，大军一直挺进到国都伏俟城（鲜卑语意为"王者之城"，在今青海省共和县境内，东距青海湖十五里），虏获了许多人口、牲畜和财宝。期间也有一个小的波澜，就是利州刺史、纪王宇文康图谋不轨，被宇文邕赐死。此外便是厉兵秣马，枕戈待旦，准备来年报一箭之仇。

北周大军这次准备充分，阵容也十分强盛：越王宇文盛、杞公宇文亮、隋公杨坚为右三军，谯王宇文俭、大将军窦泰、广化公丘崇为左三军，齐王宇文宪、陈王宇文纯为前军，宇文邕则坐镇中军指挥。

大军临近北齐晋州边界后，宇文邕陈兵汾曲（东南向的汾水流经新绛县后向西折入黄河，这一段称作汾曲），之后并不急于进攻晋州治所平阳（今山西省临汾市），而是分兵迂回，进行了一系列战略性部署：齐王宇文宪率领二万步、骑兵夺取雀鼠谷，陈王宇文纯率二万步、骑兵出兵千里径，郑公达奚震率一万步、骑攻下统军川，大将军韩明率五千步、骑兵进军齐子岭，焉氏公尹升率五千步、骑兵进驻鼓钟镇，凉城公辛韶率五千步、骑兵进攻蒲津关，柱国宇文盛率一万步、骑兵拿下汾水关。

以上进军和布防有一定之规，所取各地均在今天的山西省西南部：雀鼠谷在介休市西南，千里径在霍州市东，统军川在石楼县西，齐子岭在垣曲县东，鼓钟镇在垣曲县北，蒲津关在永济市西，汾水关在灵石县西南的汾水上。从地图上不难看出，这种布控属于南北呼应的线状布控，对平阳形成夹击之势。之后各部由内史大夫王谊统一监督，一起会攻平阳城。

同时，宇文邕还派赵王宇文招率步、骑兵一万，从华谷向汾州方向进犯（华谷在今山西省稷山县西北，汾州治所在今天的山西省汾阳市），以阻击北齐来自晋阳方面的援军，并做好诸军拿下平阳后，一起进军晋阳的准备。

北周军攻势强劲，给平阳造成了巨大压力。固守平阳城的是北齐晋州道行台仆射、海昌王尉相贵——前文中提到的尉相愿的哥哥，也是个精明强干、有胆有识的人。他一面率军拼死抵抗，一面飞报晋阳请援。在此期间，平阳城多次险象环生，几乎易手。后来宇文邕又亲自从汾曲赶赴平阳督战，周军士气大振，攻势更加猛烈。

形势急速恶化，平阳守军内部很快出现了分裂，先是行台左丞侯子钦出城投降，接着防守北城的晋州刺史崔景嵩反水，他悄悄派密使向周军乞降，并答应做内应。最后周军与崔景嵩里应外合，一举攻陷了平阳城，尉相贵及八千将士全部做了俘虏。

双方激战正酣时，北齐皇帝高纬与爱妃冯小怜的天池狩猎活动也酣畅淋漓地进入了高潮。平阳乃北齐西部第二门户，丢掉平阳则晋阳难保，平阳告急的快马信使从早到晚，一拨儿接着一拨儿，却都被右丞相高阿那肱拦了下来，说皇上正高兴着呢，边界冲突时有发生，小事儿一桩，何必急着奏报！等最后一拨儿信使到来，说平阳城丢了，高阿那肱才极不情愿地报与高纬知晓。

高纬想回去，小怜妹妹却正在兴头儿上，说别急着散嘛，都还没玩够呐。跟打麻将似的，要求再围猎一圈儿。看着小怜妹妹百媚千娇，楚楚可怜，高哥哥骨头一酥，牙一咬，说围一圈儿就围一圈儿，围完这圈儿咱就走。

结束为期八天的天池狩猎活动，高纬终于起驾回了晋阳，从天际浪漫乍回残酷现实，一时有些不知所措。之后他在朝臣的建议和坚持下，在晋祠集结军队并亲自指挥，准备南下驰援平阳。此时北周齐王宇文宪的部队攻下了洪洞（在今山西省洪洞县境内）、永安（在今山西省霍州市境内）两座城池。大军进驻永安城后，他派永昌公宇文椿在鸡栖原（在今山西省霍州市东北三十里处）一带驻屯，砍树造屋，以为军营。

高纬大军兵分三路，一路向千里径进发，一路挺进汾水关，自己则率大部队直逼鸡栖原。驻守汾水关的宇文盛向永安告急，宇文宪忙率大军驰援，抵住了齐军攻势。接着鸡栖原的宇文椿又告急，宇文宪再次折返救援，与北齐主力强力对峙，终因实力悬殊连夜败走。

宇文邕见北齐军来势汹汹，决定西撤以避锋芒。他任命大将军梁士彦为晋州刺史，统率一万精兵镇守平阳，并让齐王宇文宪断后，阻击北齐主力。宇文宪与高阿那肱的先头部队遭遇，情急之下率领百名精骑冲入敌阵，斩杀了北齐骁将贺兰豹子，暂时阻住了齐军攻势。之后便迅速渡过汾水，追赶大部队去了。

这下北齐军没了阻力，大军迅速南下，很快包围平阳城，并即刻展开猛烈进攻。对于周军来说，平阳城的防御形势现在很不乐观，原因是，上次己方攻城时，费尽心思破坏的敌楼和城墙还没来得及修好，这次齐军攻城也毫不含糊，损毁就更加严重。许多地方的残垣断壁只剩下几尺高，豁口随处可见，矫健的战马甚至可以随意跳跃，双方完全成了短兵相接的态势。

见守城将士面露畏惧，梁士彦亲自操刀上阵，说大伙儿放心，如果今天逃不过此劫，那我梁某人绝不独活，死也要死在诸位前面，左右是个死，咱们跟他们拼了！将士们大受鼓舞，一时群情激昂，奋力拼杀，打退了齐军一次又一次进攻。

趁北齐军休整的间隙，梁士彦又搞了个全城总动员，不光精壮劳力，就是妇女儿童也都轮番上阵，昼夜不停，只用了三天便修好了城墙。不过北齐军也很快换了法子，一边攻城，一边在城脚下挖地道，最后城墙被挖塌了好几丈，出现一个比城门还大的大缺口。

北齐将士欢呼雀跃，准备一拥而入。未想高纬见其豁口宏伟壮观，而手头又无摄影器材，很怕亲爱的冯淑妃错过这个难得一见的好景，竟下令暂停进攻，然后让人飞马去请大帐中躲清闲的冯小怜，等她到来后一同观看入城盛况。冯淑妃听说高哥哥让她去看西洋景，赶忙梳妆打扮，涂脂抹粉，又试了几件衣服，磨磨唧唧了好长时间，赶到时周军早用大木桩子堵住了缺口，高纬连连摇头表示遗憾。

不过冯小怜并不觉得遗憾，她听当地人念叨，说平阳城西不远处有一块巨石，上面留有圣人的遗迹，来都来了，就想着顺便去那里参观一下。高纬紧张小怜，又怕周军在城上放冷箭，便命人将攻城的城梯、撞木收集过来，远远地搭了一座木桥，准备让小怜轻移莲步，上桥远眺。

孰料这桥造得有些仓促，高纬陪着小怜甫一上桥，有根梁木便松动倾斜了，桥身一晃，两人好悬没摔下去。小怜在高哥哥怀里花容失色，再也不嚷着看什么文物古迹了。即便经历了桥上惊魂，二人也没有即刻回营，就在附近边散步边欣赏美景，直到夕阳西下，才拖着疲惫的身子回去休息。

57

夺命狂奔

当一个人过分依赖某个事物或某个人时，其内心的苍白、脆弱和无力感也就到达了阈值。高纬离不开冯小怜，从某种程度上说，是长久的落寞抵达所能承受的上限之后，过度消费出来的一种快乐，是内心孤独的集中迸射。当这种孤独的快乐与流窜般的逃亡密不可分时，也就有了那些令人啼笑皆非的怪诞举动。

在高纬组团旅游似的进攻中，北齐军围城一个月也没能拿下平阳。期间高纬倒也没闲着，他坚持认为冯淑妃此次从军助战有功，并给帝国带来了好运，准备就在军中达成心愿，册立她为左皇后，即刻着人回晋阳去取皇后的服饰。结果拿衣服的还没回来，宇文邕的大军却又杀了回来。

宇文邕本已折返长安，可越想越不是滋味儿，好容易打下了平阳城，又是这么重要的地方，扔了实在可惜，便又重整旗鼓，挑选了八万精兵赶赴平阳救援。北齐军一边围城一边倒也留了一手，为了防止周军可能的外援，在平阳城南的乔山与汾水之间挖了一道壕沟。宇文邕就这样被阻在了沟南，北齐军则在沟北布阵，双方成对峙状态，从早上一直到下午。

彼时双方都没闲着，宇文邕正骑马视察军营，给将士们鼓劲加压并予以慰劳，所到之处直呼将帅姓名，亲切而温暖。这些下等军官见皇上居然能叫出自己的名字，一下子血往上涌，又化作激动的泪，纷纷誓死效忠。

高纬则在征求高阿那肱等人的意见，问他们是打还是不打。高阿那肱沉思片刻后详尽分析道：我军人数虽多，但真正在一线的不过十来万人，其中生病负伤、打柴做饭的又占去三分之一，打起来恐怕占不了便宜，臣以为还是不要打，退守高梁桥（在今山西省临汾市东北）比较牢靠。武卫将军安吐根不以为然，说就这么一小撮贼人，我骑马过去把他们扔河里就完了，何必害怕。

高纬一时拿不定主意，几个油光粉面的小太监却被安将军的豪言感染，激发了久违了的阳刚之气，也跟着附和，说那宇文邕是天子，陛下也是天子，他敢大老远儿跑来耀武扬威，咱们为什么就只能守着壕沟呢？不能向他们示弱！这话显然刺激到了高纬，的确不能示弱，尤其是当着冯小怜女士的面儿，更不能舍了这张老脸。想明白此节，他一时心雄万夫，生出睥睨天下的豪情，竟下令将壕沟填平，准备主动发起进攻。

对面的周军正苦于没有飞跃壕沟的良策，却忽见一帮北齐工程兵黑压压聚拢过来，在壕沟边站定，随着一声令下，开始玩命挥锹填土，一下子全看懵了。继而恍然大悟，开始持戟列兵，准备来个守株待兔。

就在两军排兵布阵，准备生死决战的当口，高纬和冯小怜这对耳鬓厮磨的交颈鸳鸯，也一同乘了马，兴高采烈地去前线看热闹。冯小怜没见过两军交战的大场面，激动得心怦怦跳，害怕中夹杂着兴奋，兴奋中还略带一点娇羞，在霞光万道中显得愈加柔弱、妩媚和惹人怜。

刚到阵前，冯女士便惊奇地发现，东面有一支部队正在悄悄后撤，不知道这是战略性移位，要拉出开打的架势，惊惧之下狂呼而出：我军败了！声音甜腻、婉转，还略带颤音儿。高纬先生细细品味，竟忽略了说话的内容。

不过这一嗓子倒提醒了一旁的城阳王穆提婆，他下意识地上前规劝，说这里危险，请陛下和淑妃快点离开吧！高纬和冯小怜回过神儿来，随即掉转马头准备开溜。开府仪同三司奚长乐见势不妙，急忙上前阻拦，说军队半进半退是作战的常规，现在将士们军容整齐，蓄势待发，陛下一走情绪就会大受影响。再说仗还没打，陛下离开这里又能去哪呢？别处更危险。

高纬稍稍安心，动作有些迟缓，穆提婆上前一把拉住他的胳膊，说这话不可信，陛下还是赶紧走吧。高纬惊了一下，再不迟疑，带着冯小怜便向高梁桥奔去。北齐军见皇上跑了，军心登时涣散，被乘虚而入的周军杀得丢盔卸甲，狼狈逃窜。

一路狂奔至平阳城东北的洪洞，感觉离敌军很远了，高纬、冯小怜这对俏冤家才下马歇息。冯淑妃惊魂甫定，就地撂摊儿，照着镜子开始补妆，一边涂脂抹粉，一边自我欣赏，跑路时的急促、慌张和恐惧，换成此刻的柔媚、娇俏和鬼脸儿，高纬在一旁看得心软软的，喜欢得不得了。

正暗自出神，突听远处人声嘈杂，有太监高喊敌军来了，冯小怜最后看了一眼镜中的美女，高纬也最后端详了一眼照镜子的可人，这才忙不迭地起身收拾，再次上马狂奔。跑着跑着，居然碰到熟人了，原来是先前派去取皇后衣服的人回来了，和高纬、冯小怜碰了个正着。高纬想即刻一睹风采，亲自为冯小怜按着马镫，让她换衣服，挺拔伟岸的身姿沐浴在落日余晖中，彰显着一个男人的疼爱、包容与责任。一切停当，二人相视一笑，打马继续狂奔。

宇文邕这次下了狠心，再也不满足以前阶段性的胜利。他听从因防守平阳而信心满怀的大将军梁士彦的建议，准备一鼓作气，灭了这个几十年来两代人为之挠头的老冤家，所以大军只稍事休整，便继续向北挺进，直逼高氏的老巢、北齐的陪都——晋阳。

逃回晋阳的高纬看似气定神闲，心里却紧张起来，不知局面如何收拾，急忙召集群臣开会。众人七嘴八舌，有说减少赋税、停止劳役以慰民心的，有说收拾残兵、背水一战以固江山的，还有说暂避锋芒、退避三舍以期来年再战的。各执己见，争论不休，高纬均不置可否。

待众人情绪稳定，他才郑重其事地说出自己深思熟虑的两套方案：一、留安德王高延宗（高澄第五子、高纬的堂兄）、广宁王高孝珩（高澄次子，母亲王氏）镇守晋阳，他和冯小怜先去三百里开外的北朔州（在今山西省朔州市境内）躲一躲；二、万一晋阳失守，他和冯小怜就继续北上，投奔突厥。

群臣闻听一片哗然，情绪再次激动起来，纷纷出言劝阻。高纬把脑袋摇得拨浪鼓似的，一点儿没听进去。是夜，中领军、开府仪同三司贺拔伏恩反水，带着宿卫近臣三十多人偷偷溜出城，投奔了周军，更加坚定了高纬出逃的决心。与此同时，前线传来的消息也不容乐观。在平阳与晋阳之间，北齐尚有高阿那肱的一万步骑镇守高壁（在今山西省灵石县东南），另有一部退守洛女砦（在今山西省灵石县境内）。宇文邕大军一到，高阿那肱望风披靡，齐王宇文宪则顺利拿下洛女砦。

这下高纬真的不能再耽搁了，行李细软啥的都准备好了。可将领们嫌这样走太丢人，死活谁也不肯跟着，弄得高纬没脾气，总不能就他和冯小怜两人走吧，这兵荒马乱的，没人保护可不行。就在他急得来回踱步的当口，探马来报，说北周大军已经逼近晋阳。高纬恍然间听到了喊杀声，牙关一咬，赶紧交代后事。

他先是大赦全国，给百姓一点甜头，以缓解国内矛盾的形式，强化抵御外敌的信心和力量。同时把年号改为"隆化"，以期实现国运昌隆、化险为夷的美好愿望。之后他任命安德王高延宗为相国、并州刺史，统领晋阳以及并州境内的全部人马，并交代他说，晋阳现在归你了，你看着办，朕说什么也得走了。那高延宗哪里肯依，挡在车驾前面不让走，说这样不合适，陛下应该替国家着想，留在晋阳，臣等愿意拼死力战，一定能打败周军。

高延宗其人身体异常肥胖，臀大腰圆，肚皮尖耸，从前面看，像随时都会仰面跌倒，从后面看，则像大厦将倾，一直是人们调侃的对象。他一边蠕动着身子，一边摆动着大手，同时也没忘摇晃他那颗巨大的脑袋，连连说着不可不可，睹之极具漫画的喜感。

一旁的穆提婆再次出来解围，劝高延宗，说皇上大计已定，你就不要阻拦了。一边往一旁拽高延宗，一边向高纬献殷勤，说陛下您就放心去吧，这里有我们呢！语气豪迈，语境悲壮。高纬意味深长地望了他一眼，出了晋阳宫，绝尘而去。

按照高纬的真实想法，他根本就没打算去北朔州——那不过是一个托辞——而是直奔突厥寻求庇护。领军梅胜郎看出端倪，立马拦住去路，不停地规劝，高纬这才调转马头折返国都邺城。高纬改变主意，倒不完全因为梅胜郎叩马而谏，而是身边的人纷纷开溜，人数越来越少，只剩下高阿那肱等十几个太监、亲随，感觉北上也很危险。后来广宁王高孝珩、襄城王高彦道相继赶到，凑到了几十个人，总算有了点规模。到了邺城，对周军不战而逃、对高纬不离不弃的高阿那肱，因护驾有功晋升为帝国大丞相。

高纬走后，大表决心的穆提婆即刻出城，向西直奔周军大营请降。意欲笼络人心的宇文邕即刻任命他为柱国、宜州刺史，并把他当作深明大义的典范，向北齐官民下诏，说不管是谁，只要迷途知返，我们一律欢迎，献计献策的还能加官晋爵。北齐大小官吏也就顺势而为，紧随穆提婆之后，纷纷弃暗投明了。

穆提婆的母亲，北齐帝国风光无两的太姬陆令萱，听说皇帝跑了，儿子降了，臣子们都作鸟兽散了，一时万念俱灰，将自己挂在房梁上，找老公骆超倾诉衷肠去了。

58

困兽之斗

　　留守晋阳的录尚书事、晋昌郡王唐邕，和其他未降的将帅一起，请求新任丞相、安德王高延宗上尊号，称皇帝，说如果殿下不登基成为天子，众人恐怕不能齐心，也不会誓死效力，大齐的江山将就此沦丧，请殿下早作决定。高延宗推脱再三，最后勉为其难，以皇帝的名义下发诏书，大概意思说，高纬懦弱无能，朝政都由小人把持，现在大敌当前又连夜出逃，而且不知逃到哪里去了，他顺应王公贵卿们的要求，不得已才继位大统，云云。

　　之后高延宗大赦全国，改年号为"德昌"，将未来的施政重点放在以德治国上，想藉此收拾人心，期待着帝国再次繁荣昌盛。同时诏命晋昌王唐邕为宰相，齐昌王莫多娄敬显、沭阳王和阿干子、右卫大将军段畅、开府仪同三司韩骨胡等人为将帅。

　　高延宗不但笑容可掬，天生自带一股亲和力，而且他也真的很会亲民。举行完简单的登基仪式，他即刻深入一线，走到将士中间，与他们亲切握手、交谈，或摇、或捏、或摩挲，鼓励他们为帝国而战。和北周皇帝宇文邕一样，他也不断叫出将士们的名字，有时略显迟疑，反透出打动人心的真实。北齐将士也像前几日的北周官兵一样，热乎得眼泪巴叉，温暖化作悲壮，悲壮化作豪情，豪情化作力量，争抢着要为新皇帝效死，集体渲染决战前夕悲壮的仪式感。就连这些人的家属也被感染了，纷纷登上城墙，撸胳膊挽袖子，准备向敌军投掷石块。

晋州、并州溃散的将士听说改朝换代了，似乎又看到了希望，纷纷前来晋阳领命。高延宗表现得很大方，将自己多年的积蓄全部拿出来，连同后宫那些被高纬无情抛弃的美女们，一并赏赐给立功的将士，给战场注入兴奋的力量。此外他还查抄了十几个太监的老巢，所得金银财物也都赏了出去。

高纬回到国都邺城之后，才陆续听说高延宗的如许往事，那时晋阳早已陷落，北齐失掉了半壁江山。他后悔得不要不要的，跺着脚发狠，说早知道这小子这样折腾，还不如把晋阳让给周军呢！一批刚刚能拍上马屁的近臣轰然称妙，连说理当如此。

遗憾的是，高延宗虽有满腔热忱，却缺少实质性外援。他写信给瀛州刺史、任城王高湝（高欢第十子，母亲小尔朱氏），请求这个叔叔驰兵晋阳，说天子奔逃，国事繁重，不得已暂时主持大局，待打退敌兵后，会将皇位让给叔叔。结果高湝根本不买侄子的面儿，还把来使抓起来送到了邺城。晋阳实则成了一座孤城。

北周军包围晋阳后，迅速展开猛烈进攻，周军士兵着黑衣、打黑旗，黑压压一片有如黑云翻滚，场面煞是骇人。高延宗将城中力量分成三个部分：莫多娄敬显、韩骨胡领一路人马，镇守城南；和阿干子、段畅领一路人马，在城东抗拒宇文邕部；自己亲率一路人马，去城北抵挡周军的主力宇文宪部。

城北的战事很有节奏感，高延宗挥舞长矛来回督战，肥大的身躯矫捷自如，气势如虹。他指向哪里，将士们的箭矢便射向哪里，哪里的敌军便倒下一片。受到鼓舞的和阿干子、段畅不再满足于据守，兴奋中率领一千铁骑主动出城，杀入周军阵地。结果段畅失手，被俘投降，城东一时防守空虚，被宇文邕率军攻入城内。

时近黄昏，周军无法辨析方位，开始在城中四处放火，焚烧寺庙。高延宗、莫多娄敬显见势不妙，赶忙从北门、南门出城，射退了拦阻的敌军，迂回到东门包抄，与东门的守军形成夹击之势。周军被装了口袋，后进来的先慌了手脚，又争抢着往城门外跑，人群挤压、踩踏，乱成一锅粥，反倒自己堵住了去路。北齐兵冲上去刀砍矛刺，登时杀死了二千多人。城中齐军大受鼓舞，开始疯狂追杀周军。

形势急转直下，宇文邕身边的卫士死的死，逃的逃，加之晋阳城东的道路狭窄曲折，胯下坐骑一时慌不择路，也开始原地打转儿。仅剩的两个追随者——承御上士（官名）张寿，以及刚刚投降北周的北齐降将贺拔伏恩，只好全神贯注地跟马较劲儿，前者拼命拉着马辔往前拽，后者挥舞马鞭用力抽打马屁股往前赶，全都急出了一身汗。在齐国士兵大声吆喝的追砍声中，宇文邕东躲西藏，多次险象环生，一直挨到凌晨时分，才总算藉着贺拔伏恩熟悉地形的优势，狼狈不堪地逃出了城。

北齐军大获全胜，高延宗喜出望外，他甚至认为宇文邕已经死在乱战中，兴奋之余派人去死人堆里仔细查验，并交代特征：一个三十多岁、相貌不凡、留着长胡子的男人。结果扒拉半天也没找到。虽说小有遗憾，但仍不失令人兴奋的一战，杀到手软的将士们纷纷敲开城中的各处酒肆，自发地喝酒庆祝，以释放刚才的恐惧。喝多了就直接睡在大街上，没喝多的腿脚也不听使唤了。

宇文邕连吓带饿，突然感觉人生不易，竟萌生了回长安享清福的打算。多数将领也心灰意懒，斗志全无，表示回去养精蓄锐，来年打个翻身仗。只有骠骑将军宇文忻坚决反对，说咱们一路打来不容易，先克平阳，再困晋阳，把齐国皇帝都吓跑了，这是多么大的成绩啊！胜败乃兵家常事，这次不过小小失利，陛下又何必挂怀呢！大丈夫当死中求生，败中取胜，如今形势对我们大大有利，万万不可放弃。

一席话说得铿锵有力，将齐王宇文宪、柱国王谊等人的劲头儿也激了起来，纷纷鼓动宇文邕再接再厉。降将段畅急于表现，更是极言晋阳城内空虚，破城只是时间问题，宇文邕这才静下心来。

翌日清晨，周军吹响号角，重振军威，集中优势兵力，攻打防守相对空虚的晋阳东门。北齐将士还没从昨夜的醉酒中清醒，队伍也一时无法整顿，晕头转向便上了战场，战斗力大打折扣，周军终于杀出一条血路，一举攻破了晋阳城。高延宗气力用尽，无奈做了周军俘虏。

从临危受命到登基称帝，再到浴血奋战，打败宇文邕，最后城破被俘，高延宗所有这些大起大落，全都发生在两天之内。事后有人附会，从其年号"德昌"的"昌"字悟到真谛，说两个"日"并在一起就是两天，因而戏称其为"二日天子"。

宇文邕见到被押解而来的高延宗，赶忙下马给他松绑，一面用温暖的大手摩挲他身上被粗绳勒出的血印，一面关切地问这问那，似与老朋友畅谈旧日，畅想明天。突如其来的热情，反弄得高延宗怪不好意思，他一边羞愧地躲闪，一边客气地应承，说将死之人，不敢靠近天子。

宇文邕哈哈一笑，虚荣满足之后更加大度，说咱们两国的天子是没仇的，朕此次来只是为了救民于水火，放心吧，朕不会加害于你。一边说，一边命人给高延宗整理衣冠，看座上茶。宇文邕如此做，当然是给北齐人看的，在他巨大的人格魅力感召下，录尚书事、晋昌郡王唐邕以及晋阳其他残余势力，全都纷纷放下武器，投降了北周。只有莫多娄敬显一人逃回了邺城，并在那里受到高纬的特别礼遇，升职为司徒。

59

无处藏身

晋阳丢失，邺城惶恐。广宁王高孝珩向高纬献出一条战计：派任城王高湝率瀛洲、幽州之兵进军土门（在今河北省井陉县境内），扬言夺回晋阳；派洛州刺史独孤永业率洛州之兵开赴潼关，扬言进取长安；臣自率京畿之师出兵滏口（在今河北省武安市南），迎击周军。

此计大概是"声东击西"与"围魏救赵"的结合体，既有疑兵又有重点，虚虚实实南北并进，摆开一副决战的架势。高孝珩对此表现出谜之自信，说敌人听闻我南北皆有兵，且要夺取他们老巢，一定会不战而溃。

高纬听了很高兴，可高孝珩接下来又提了个要求，让他效仿高延宗，贡献出宫女和珍宝，赏赐将士以提升士气。高纬瞬间色变，脸一下子拉得老长，说为帝国效忠不是应该的吗？怎么倒要朕来哄着他们！最后连他的妙计也一并否了。高孝珩伤心欲绝，对北齐的前途彻底失望。

当然，那时的高孝珩也不会想到，他棋盘中最关键的一枚棋子——拥有三万铁甲战士的洛州刺史独孤永业，彼时早已指望不上了。平阳城陷落后，独孤永业曾上表请求出兵助战，结果奏章被压下来没上报，后来他又听说晋阳失守，一气之下便投降了北周，被宇文邕敕封为上柱国，晋封应国公。跳槽后的独孤永业重燃激情，对人生有了新的规划。

见高纬舍不得出血，义宁王斛律孝卿退而求其次，建议他走进军营，慰问一下将士——你舍不得花钱，耍耍嘴皮子总可以吧！这是让三军将士卖命的最小成本了。为了收到效果，斛律孝卿还煞有介事地替高纬撰写了一篇讲稿，并嘱咐他，说话时要慷慨激昂，最好痛哭流涕，让将士们觉得你在乎他们，这样才能激励人心。

高纬万难走出皇宫，走进兵营，刚准备发表演说，大脑却瞬间短路，突然忘了斛律孝卿事先写好的文本。众目睽睽之下，又恍然发现这种形式上的可乐，一时控制不住——可能也没打算控制——竟猛不丁儿地大笑起来。左右陪侍见皇上无端发笑，不明所以，亦不知以何种表情应景，后见其乐不可支，断定另有深意，也眉开眼笑地跟着附和。台上登时充满欢乐、祥和的喜庆气氛。

将士们本来满怀期望，却见这帮人跟闹着玩儿似的，伤害性不大，侮辱性极强，个个义愤填膺，说皇帝他老人家尚且如此，咱们又何必着急呢！刚刚燃起的一点信心顿时烟消云散，谁也没心思打仗了。高纬无可奈何，最后只得故伎重演，给众人封官以资鼓励，自大丞相以下，包括太宰、三师、大司马、大将军、三公这样的高级职位，全都增加了指标，或三人或四人，或多到不可胜数，将士们的情绪才稍稍稳定下来。

武平七年（576）十二月二十九日，也就是周军攻破晋阳城十天之后，宇文邕委任齐王宇文宪为先锋，率领大军浩浩荡荡向邺城进发。出发之前，他很大方地将晋阳宫中高纬舍不得奉献又没来得及带走的财宝珍玩以及二千名宫女全部赏赐给了手下将士，并对立功者加官晋爵，鼓励他们再建新功，把战前气氛烘托得蓬勃、热烈，而且张力十足。

宇文邕还很客气地向高延宗询问夺取邺城的良策，高延宗的回答非常肯定，说如果是任城王高湝据守邺都，结局胜负难料，若是高纬自己，则可以兵不血刃。宇文邕闻言更加信心满满，似乎邺城早已收入囊中。

得到周军来袭的快报，高纬急忙召集城中权贵，在朱雀门设宴，问询抵御周师之策。众人七言八语，莫衷一是，高纬听到头大也理不出个头绪。此时邺城早已人心惶惶，偷偷出城投降的不计其数，根本无法控制，也毫无斗志可言。针对这种情况，朔州行台仆射高劢（清河王高岳之子）献上一条狠策，说现在叛逃之人多是一些小官小吏，军心尚且稳定，请陛下将五品以上官员的家属安置在三台，然后下死命令，如不能取胜，就放火焚烧三台。我军背水一战，定能取胜。

高劢的计策让高纬犹豫不决，这样做诚然能把众将官推向一线，但也会把自己困在原地。这时有个望气者——也就是懂得望气术的人——大模大样地站出来，说根据他反复推演测算，国家近日会有大的变革，这是天意，建议高纬顺天行事。

这话显然更对高纬的心思，他即刻召集尚书令高元海等人入宫商议，决定效仿当年父亲高湛的做法，把皇位传给太子高恒。这事儿办得干净利落，堪堪过了两天，也就是新年的正月初一，年仅八岁的北齐新君便仓促即位，并改年号为"承光"。当了十二年皇帝，年仅二十二虚岁的高纬退位为太上皇帝。

承光元年（577）正月初二，亦即新君登基的翌日清晨，新任司徒莫多娄敬显、领军大将军尉相愿带着几个亲兵家将，早早埋伏在了千秋门，准备袭杀新任丞相高阿那肱。

莫多娄敬显在晋阳死里逃生，又新进帝国高层，油然而生使命感，总觉得该为北齐的未来做点什么，便再也瞧不上高纬的怯懦、无能，看不惯高阿那肱、韩长鸾等人谄媚、无知的嘴脸了。他与同样血性犹存的尉相愿一拍即合，决心除掉高阿那肱，拥立高氏皇族的主战派——新任太宰、广宁王高孝珩为帝。

孰料人算不如天算，第二天上朝时，高阿那肱居然改变了平时的路线，从另外一个门悠哉悠哉地进去了。更糟糕的是，还没等莫多娄敬显和尉相愿再次谋划，高孝珩却被外调到地方任职了。可能是高阿那肱、韩长鸾预感到了什么，也可能是得到了什么消息——高阿那肱改变上朝路线也许不是偶然的。他们担心高孝珩做出什么非常举动，便撺掇高纬外放他为沧州刺史。尉相愿听闻气得火冒三丈，拔出佩刀直砍柱子，慨叹大势已去。

一个月后——也就是高纬被周军俘虏并押回邺城不久，高孝珩、尉相愿会同任城王高湝，招募了四万将士，与北周大将宇文宪、杨坚的大军在信都城（在今河北省衡水市冀州区境内）对峙。尉相愿以观敌瞭阵为名，顺势投奔了周军，高孝珩与高湝誓死抵抗，最后双双被擒。

宇文宪亲手为高孝珩清洗、包扎伤口，并以礼相待。高孝珩喟然太息，恨自己没有兵权，不能大展拳脚，发泄完也毅然归顺了周室。一切既成定局，让他猛然想起李穆叔的一句话，不禁喃喃自语道：

> 李穆叔言齐氏二十八年，今果然矣！

感觉这一切都是上天注定，也就慢慢释然了。

高孝珩嘴里的李穆叔就是李公绪，字穆叔，也是一个博学多才的奇人，尤其擅长阴阳图纬、预言卜算等玄学。东魏时，李穆叔曾短暂担任过冀州司马，后因病去职，隐居于赞皇山（在今河北省赞皇县境内），在那里广收门徒，专心学术，计有《典言》《礼质疑》《古今略记》《玄子》《赵记》《赵语》等多种著作传世。

北齐肇建后，高洋曾征召李穆叔出任侍御史，但他无意仕途，最终婉言谢绝。他虽远离世事，但却一直留心观察，高孝珩所说的"齐氏二十八年"，就是李穆叔关于北齐的一种预言，最初是讲课时对自己学生说的，后来传之于世，原话是这样的：

> 吾每观齐之分野，福德不多，国家世祚，终于四七。

"四七"即为"二十八"，北齐从550年高洋肇始，到577年为北周所灭，正好历经二十八个年头。这不管是巧合还是附会，都是对北齐短命的一种哀叹。

宇文邕为了庆祝胜利，在云阳宴请北齐降将，席间自弹琵琶，命高孝珩吹笛助兴。高孝珩推辞，说亡国之音不值一听，宇文邕坚持要听，高孝珩只得勉为其难，笛子刚到嘴边，顿时泪如雨下。当年十月，高孝珩一病不起，不久驾鹤西游。

为了获取周军更为准确的消息，高纬特命长乐王尉世辩，率领一千多名骑兵去前线打探敌情。尉世辩出了滏口，登山一望，恰逢远处一群乌鸦腾空而起，误以为是周军旗帜，慌忙调转马头，一路狂奔跑回邺城，期间一眼也没敢回头看。这下高纬坐不住了，黄门侍郎颜之推、中书侍郎薛道衡、侍中陈德信等人也慌了神儿，劝高纬南渡黄河，另作图谋，实在不行就投奔南朝。

承光元年（577）正月初三，也就是幼主高恒登基后的第三天，太上皇高纬带着家眷仓皇南逃，留下右卫将军慕容三藏据守邺城。六天后（正月初九），幼主高恒也快马加鞭，追赶爹爹而去。

又过了六天（正月十五），北周大军抵达邺城城郊的紫陌桥，北齐大小官员闻风而降，周军没费吹灰之力便攻破了邺城。慕容三藏试图抵抗，宇文邕待之以礼，并以仪同大将军的职位相诱，他也就乖乖放下武器了。高欢时代的老将、领军大将军鲜于世荣不吃这一套，把宇文邕送来的玛瑙杯摔个粉碎，最后与同样意志坚定的莫多娄敬显一起被杀。

宇文邕进城后，下诏对北齐已故大将军斛律光追加封谥，并妥善改葬，其子孙按等级授予官职，充公的奴婢、田产一并发还。宇文邕看着诏书上斛律光的名字，一时感慨万千，说如果此人尚在，朕不可能这么快拿下邺城。

再过了六天（正月二十一），太上皇高纬一行渡过黄河到达济州（治所在今山东省聊城市茌平区境内）。也就在同一天，八岁的幼主高恒疲惫不堪，感觉这个皇帝当得实在不像那么回事，便自作主张，把皇位让给了远在瀛洲（治所在今河北省河间市）的任城王高湝。

为了衔接顺利，高恒还让人以新皇帝高湝的名义，草拟了一份诏书，尊称他的父亲——太上皇高纬为无上皇，称自己为守国天王。之后连同玺绶一起，让斛律孝卿给高湝送去，那意思，你当也得当，不当也得当。斛律孝卿也不含糊，快马加鞭直奔邺城，把玺绶当投名状，恭恭敬敬献给了北周皇帝宇文邕。

高纬喘息未定，又觉得济州离邺城太近不安全，便一面派太监田鹏折返向西，侦察周军动向，一面不顾疲劳，带了冯小怜、穆邪利、韩长鸾以及刚刚追赶上来的幼主高恒等几十个人，继续向东，朝几百里地之外的青州（治所在今山东省青州市境内）奔去。留下来镇守济州关的，是心腹爱将高阿那肱，一同留下的，还有疲惫不堪的胡太后。四天之后（正月二十五）高纬在青州做了俘虏，出卖他的正是"忠心耿耿"的高阿那肱。

高阿那肱见北齐大势已去，早就开始另谋出路了，他以打探消息为名，悄悄派人和周军取得联系，相约一起活捉高纬。此行径与太监田鹏对比鲜明，田鹏被周军队抓住，问他高纬在哪里，田鹏骗他们，说早就到了南方的南朝陈国了。周人不信，严刑拷问，将其胳膊腿儿一一打断，田鹏疼得龇牙咧嘴却始终不吐一言，最后被活活打死。高阿那肱就活泛多了，他一面派人给周军引路，一面派人向高纬频频报喜，说周军还远着呢，我已下令沿途烧桥断路，您就放心吧。高纬一听松了口气，便在青州歇了两天——他连日奔波实在太累了。

周军到达济州关后，高阿那肱立即放下武器投降，并充当周军的向导，径直去青州捉拿高纬。休闲中的高纬惊闻周兵从天而降，慌忙放弃一切珠宝、珍玩，只满满装了一袋金子系在马鞍上，带着冯小怜、穆邪利、高恒等十几人向南狂奔，到南邓村（在今山东省临朐县西南）时被周军撵上活捉，与胡太后一起解送邺城。

60

命若琴弦

做了北周的俘虏，高纬结束了二十多天狼狈不堪的逃亡之旅，而他那颗一直飘忽不定、孤独的心，似也终于尘埃落定。

两个月后，北周大军平定北齐全境，宇文邕胜利班师。北齐事实上的最后一任帝王高纬，被羁押着走在队伍最前面，身后是旧日的王公大臣以及周军不可胜数的战利品，中间是宇文邕的大驾车舆以及卫队、仪仗，最后是北周威武雄壮的胜利之师。队伍浩浩荡荡，一路高歌猛进。

回到长安，宇文邕诏封高纬为温国公，并关切地问他有什么需要。高纬相思之情喷薄欲出，小心翼翼地向宇文邕乞要挚爱冯小怜。宇文邕愣了一下，诧异他不关心母亲、儿子和臣子百姓，连起码的掩饰都没有。继而释然一笑，很痛快地答应了他。

之后君臣和谐，饮酒欢歌。酒至半酣，周帝宇文邕命新晋温国公跳舞助兴，高纬神态从容，舞姿翩跹，恍惚中似又重回与小怜朝夕相伴的燃情岁月。

多年以后，斯人已逝，佳人作古，任由世人评说。唐朝诗人李商隐赋诗曰：

> 一笑相倾国便亡，何劳荆棘始堪伤。
> 小怜玉体横陈夜，已报周师入晋阳。

说的是红颜祸国，却未道出高纬的孤独与寂寞。晚唐诗人李贺写道：

> 湾头见小怜，请上琵琶弦。
> 破得春风恨，今朝值几钱。
> 裙垂竹叶带，鬓湿杏花烟。
> 玉冷红丝重，齐宫妾驾鞭。

描绘的是小怜初入宫时的情形，高纬的影子星星点点，若隐若现。元朝诗人杨维桢也在《女史咏》十八首中以冯小怜为题遣怀：

> 前山较猎御同车，一笑平阳等战蜗。
> 挽得后衣才上马，琵琶又入代王家。

提到二人你侬我侬，视战场如情场，视国家如儿戏的梦幻人生。孔子的第四十七代孙、北宋文人孔武仲，在《平阳叹》诗中，对此也颇多感慨：

> 坏云如山压齐垒，六军颜色如灰死。

高郎元自解琵琶，万岁无愁作天子。

伯升何曾上青天，溅血遗痕芳草间。

长城万里自推仆，骏马只驮冯小怜。

奸臣百计为蟊贼，不但妖娥解倾国。

熊罴哮斗麾平阳，冯妃对镜娇梳妆。

死生契阔不相弃，双双刎颈长安市。

虽是同样的批判，却多了"死生契阔"的情感认可。于家国悲怆之外，透出些个体落寞的味道，也算另一种的人性诠释。

高、冯二人鸳梦重温，却未能维系长久。半年之后，宇文邕终究放心不下，以高纬意欲联合北周柱国、宜州刺史穆提婆谋反的罪名，将包括高纬、高延宗在内的高氏宗亲诛杀殆尽，冯小怜则被转赐代王宇文达为妾。宇文达也很喜欢冯小怜，然而热情似火，却始终未能获得后者的热烈回应。有一天他心情不错，让小怜弹琵琶助兴，弹着弹着，琴弦竟然断了，小怜触景生情，凄然吟伤：

虽蒙今日宠，犹忆昔时怜。

欲知心断绝，应看膝上弦。

吟罢不语，望着窗外，已是泪流满面……

停顿半晌，小怜拭干眼泪，接好琴弦，调试了几下琴音，开始弹奏那首魂牵梦绕的《无愁曲》。

琴声幽怨，如泣如诉，似在与爱人细语，又像与家国话别。在对往事的不断追忆中，她惊异地发现，过去并没有留下太多画面，大量的时间消失了——那个白手起家，在隐忍中肇建，在恐惧中延续，在疯狂中没落，最后在孤独中谢幕的北齐帝国，真的不复存在了。

尾声：余音袅袅入隋唐

灭亡北齐，北周的国运似乎也耗完了。在一竟全功的领土扩张中，它没能变得更加强大，反像吹大的气球，因膨胀而摇摇欲坠。

灭齐后的第二年（578），正值壮年的周武帝宇文邕在北征突厥途中暴病，回京后离世，终年三十六岁。长子宇文赟只当了一年皇帝便禅位给太子宇文阐，又当了一年太上皇（天元皇帝）后暴毙，终年二十二岁。期间他做了两件大事：一是杀了灭齐功臣齐王宇文宪；二是开展了一次全国性选美活动。北齐降臣、浙阳郡公陈山提的八女儿成功入选，拜为德妃，后为五皇后之一。陈山提也因皇后之故，超授上柱国，进封鄘国公。

宇文阐即位时年方七岁，搁现在刚上小学一年级，辅政大臣是柱国大将军、大丞相、隋国公杨坚——他也是宣帝宇文赟第一位皇后杨丽华的父亲。此后的事情顺理成章，宇文阐小朋友似乎就是来办交接的，年届不惑的杨坚先生也没客气，一年后（581）

接受禅让，改元"开皇"，定国号为"隋"。接受禅位之前，他下令恢复汉姓，不再打着鲜卑的幌子——此前他一直用着北周皇室所赐的鲜卑名字：普六茹坚。

隋朝建立八年后（589），杨坚平定南朝陈，结束了自汉末以来近四百年的乱世。平陈之前，北齐降臣高颎——也就是当年给高纬献策没被采纳的那位，终于遇到了知音，他的《取陈五策》受到隋文帝杨坚的嘉许，出征时还让他担任行军总管。

隋朝建立前一年，为北齐后主高纬"续命"的冯小怜自杀，没能踏入"开皇之治"的历史区间。亲历高光时刻的是高纬的母亲胡太后，这个享受过爱情与激情也饱尝苦闷与压抑的风情女人不顾一切地纵情享乐，以肉体的欢愉体验着盛世的繁华。

与胡太后一起目睹盛世的，还有北周唐国公大野昞之子大野渊，他恢复汉姓之后名叫李渊，其母是北周柱国独孤信的四女儿，小姨是隋文帝杨坚的皇后独孤伽罗。在姨夫杨坚的提携下，李渊在禁中担任千牛备身，而后飞黄腾达，三十七年后接受隋恭帝禅让，建国号为"唐"。

隋文帝杨坚驾崩的同一年（604），洮州刺史高颎坐罪免官，卒于家中。其子高士廉仕途也不顺利，由朝廷的治礼郎贬到遥远的交趾（今属越南），先后担任县主簿、司法书佐、行军司马等小官。被贬之前他结了一桩让他日后发达的姻亲：将妹妹嫁给了有"一箭双雕"美誉的右骁卫将军长孙晟。

长孙晟死后高士廉将妹妹及一对儿女接回家中照料，又做主结了另一桩姻亲：把外甥女嫁给了尚未发达的李渊之子李世民——亦即未来的唐太宗。李渊代隋后高士廉奉表归唐，几年后与外甥长孙无忌一起参与玄武门之变，助李世民登基后双双成为宰相。外甥女则变成名垂青史的文德皇后，与李世民生子李治，这就是唐高宗。

高宗永隆二年（681）五月十五，洛阳龙门石窟万佛洞迎来一位干净、儒雅的中年男人，他此行的目的是为过世的母亲赵氏祈福，并造地藏菩萨、观音菩萨像各一座，以做供养。两座菩萨位于万佛洞主室前壁右上方窟门右上角，像龛距地面 4.3 米。由于位置高偏且不起眼，龛下的一段造像题记直到 1996 年才被偶然发现。文字显示，供养人名叫高元简，是北齐兰陵王高长恭的亲孙子。

附录一：北齐高氏家族世系表

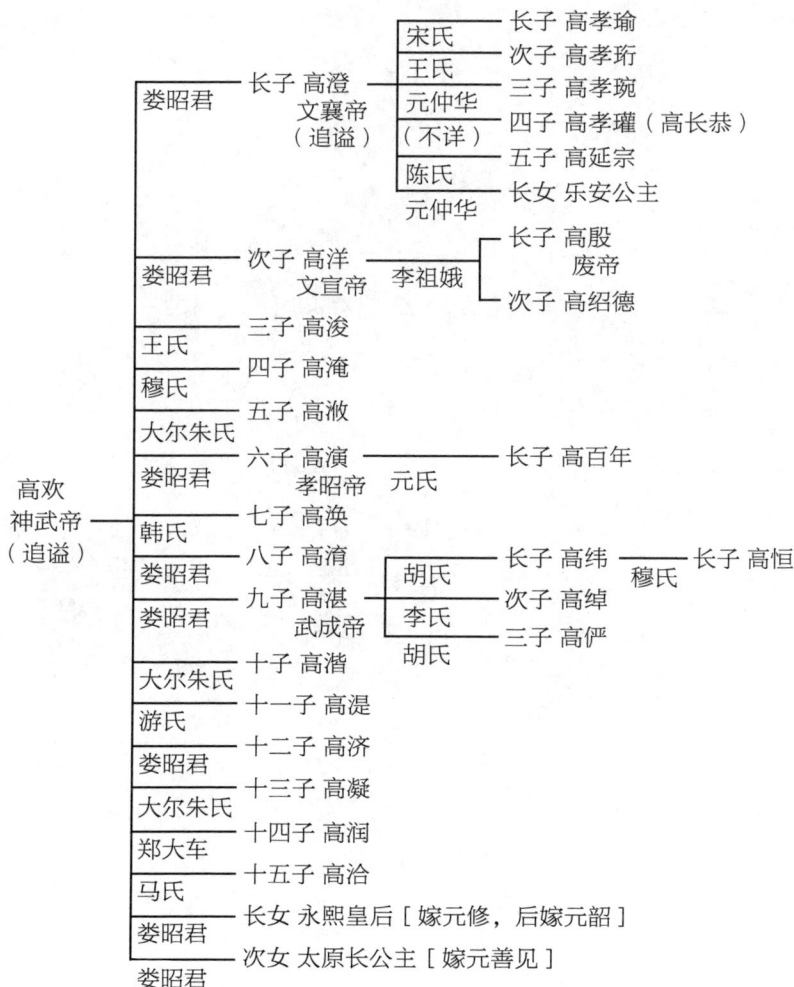

高欢 神武帝（追谥）

- 娄昭君 — 长子 高澄 文襄帝（追谥）
  - 宋氏 — 长子 高孝瑜
  - 王氏 — 次子 高孝珩
  - 元仲华 — 三子 高孝琬
  - （不详）— 四子 高孝瓘（高长恭）
  - 陈氏 — 五子 高延宗
  - 元仲华 — 长女 乐安公主
- 娄昭君 — 次子 高洋 文宣帝
  - 李祖娥 — 长子 高殷 废帝
  - 次子 高绍德
- 王氏 — 三子 高浚
- 穆氏 — 四子 高淹
- 大尔朱氏 — 五子 高浟
- 娄昭君 — 六子 高演 孝昭帝
  - 元氏 — 长子 高百年
- 韩氏 — 七子 高涣
- 娄昭君 — 八子 高淯
- 娄昭君 — 九子 高湛 武成帝
  - 胡氏 — 长子 高纬
    - 穆氏 — 长子 高恒
  - 李氏 — 次子 高绰
  - 胡氏 — 三子 高俨
- 大尔朱氏 — 十子 高湝
- 游氏 — 十一子 高湜
- 娄昭君 — 十二子 高济
- 大尔朱氏 — 十三子 高凝
- 郑大车 — 十四子 高润
- 马氏 — 十五子 高洽
- 娄昭君 — 长女 永熙皇后［嫁元修，后嫁元韶］
- 娄昭君 — 次女 太原长公主［嫁元善见］

注：高欢共有15子9女，高澄有6子2女，高洋有5子1女，高演有7子，高湛有13
子2女，高纬有5子1女。本世系表只列与本文有关的子女情况。

附录二：北齐皇帝一览表

庙号	谥号	姓名	在位时间	年号
显祖	文宣皇帝、景烈皇帝	高洋	550—559	天保
	济南闵悼王	高殷	559—560	乾明
肃宗	孝昭皇帝	高演	560—561	皇建
世祖	武成皇帝	高湛	561—565	太宁、河清
		高纬	565—577	天统、武平、隆化
		高恒	577	承光